“十四五”普通高等教育本科精品系列教材

数字化人力资源管理

▶主　编◎李贵卿
▶副主编◎文　革　　涂振洲

中国·成都

图书在版编目(CIP)数据

数字化人力资源管理/李贵卿主编;文革,涂振洲副主编.--成都:西南财经大学出版社,2025.5.
ISBN 978-7-5504-6649-4

Ⅰ.F243

中国国家版本馆 CIP 数据核字第 2025BK9162 号

数字化人力资源管理

SHUZIHUA RENLI ZIYUAN GUANLI

主　编　李贵卿
副主编　文　革　涂振洲

策划编辑:杨婧颖
责任编辑:雷　静
责任校对:周晓琬
封面设计:墨创文化　张姗姗
责任印制:朱曼丽

出版发行	西南财经大学出版社(四川省成都市光华村街 55 号)
网　址	http://cbs.swufe.edu.cn
电子邮件	bookcj@swufe.edu.cn
邮政编码	610074
电　话	028-87353785
照　排	四川胜翔数码印务设计有限公司
印　刷	郫县犀浦印刷厂
成品尺寸	185 mm×260 mm
印　张	13.625
字　数	333 千字
版　次	2025 年 5 月第 1 版
印　次	2025 年 5 月第 1 次印刷
印　数	1— 1500 册
书　号	ISBN 978-7-5504-6649-4
定　价	36.00 元

QIANYAN 前言

国务院于2021年12月印发了《“十四五”数字经济发展规划》。该规划指出：要优化升级数字基础设施，大力推进产业数字化转型，加快推动数字产业化，持续提升公共服务数字化水平，健全完善数字经济治理体系，着力强化数字经济安全体系，有效拓展数字经济国际合作。这给人力资源管理提出了新的要求。

在数字化时代，个人离不开数字化产品，企业更需要进行数字化转型，因此人力资源数字化的前提是企业实现数字化转型。一方面，数字技术引发了传统产业的变革，并将颠覆其商业格局；另一方面，无论是商业模式的转型，还是新形态下的组织结构调整，都要依赖人，企业人才管理水平的提升离不开以重视员工体验、鼓励创新文化为核心的人力资源管理的数字化转型。

在数字化时代，随着大数据、云计算、区块链、人工智能等技术的迅猛发展及其在人力资源管理中的运用，人力资源管理的具体业务正发生着根本性的变化。本书重点讲授企业数字化转型和数字化治理能力现代化、数字化人力资源管理转型与人才供需分析、数字化人力资源选聘与测评、数字化人才开发、数字化绩效与薪酬管理、数字化员工关系管理、面向大数据的人力资源管理、数字化人力资源服务业发展等内容，注重案例分析与应用。

本书注重理论与实践相结合，并提供丰富的国内外优秀企业人力资源数字化转型的案例；本书既可以作为高校人力资源管理专业及工商管理类专业本科生、管理类硕士研究生、MBA、EMBA学生的教学用书，也可以供企业事业单位人力资源管理人员阅读与参考。

本书第一章、第二章和第八章由李贵卿老师编写；第三章和第四章由文革老师编写；第五章、第六章和第七章由涂振洲老师编写。我们在本书的编写过程中，参考和借鉴了大量的相关书籍和论文，在此谨向这些书籍和论文的作者表示最诚挚的谢意。本书中引用的文献标注若有遗漏，还望海涵。由于编者知识和经验的限制，疏漏在所难免，我们恳切希望读者提出宝贵意见和建议，以不断充实和完善本书。

李贵卿

2024 年 9 月

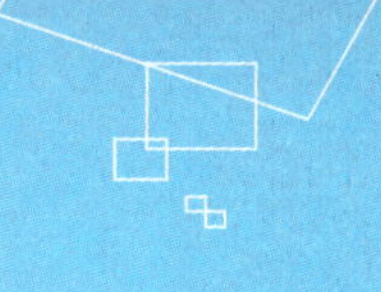

MU LU 目录

第一章 数字化转型和数字化治理能力现代化

【本章学习目标】

目标一：理解企业数字化转型的基本内涵、技术要求、管理要求以及作用；

目标二：了解企业数字化转型的主要内容；

目标三：理解企业数字化转型对提升治理能力现代化的作用；

目标四：理解企业数字化转型对人力资源管理体系的作用；

目标五：理解企业数字化转型对相关人员的角色转型要求。

第一节 数字化转型的内涵和要求

国务院于2021年12月12日印发《"十四五"数字经济发展规划》，这是我国数字经济转向深化应用、规范发展、普惠共享的新阶段后，国家全面推动数字经济发展的重要举措。

该规划的发展目标：到2025年，我国数字经济核心产业增加值占GDP比重达到10%，数字化创新引领发展能力大幅度提升，智能化水平明显增强，数字技术与实体经济融合取得显著成效，数字经济治理体系更加完善，我国数字经济竞争力和影响力稳步提升。展望2035年，数字经济将迈向繁荣成熟期，我国力争形成统一公平、竞争有序、成熟完备的数字经济现代市场体系，数字经济发展基础、产业体系发展水平位居世界前列。

《"十四五"数字经济发展规划》指出：要优化升级数字基础设施，大力推进产业数字化转型，加快推进数字产业化，持续提升公共服务数字化水平，健全完善数字经济治理体系，着力强化数字经济安全体系，有效拓展数字经济国际合作。

在此基础上，企业开展规模化的数字化转型。

一、数字化转型的基本内涵

数字化转型指的是运用数字技术对传统行业加以改造的过程①。这个过程包括对企业上下游的生产要素和组织协作关系进行数字化处理和科学分析，从而实现资源的全链条优化整合。通过这种方式，企业可以实现主动转型，提高经济效益，或开发出新的商业模式。我们以“数字化转型”为关键词，不设定年限范围，在中国知网 CNKI 数据库中搜索到 2 452 篇相关主题 CSSCI 文献，运用 CiteSpace 文献分析软件制作文献关键词图谱，如图 1-1 所示。

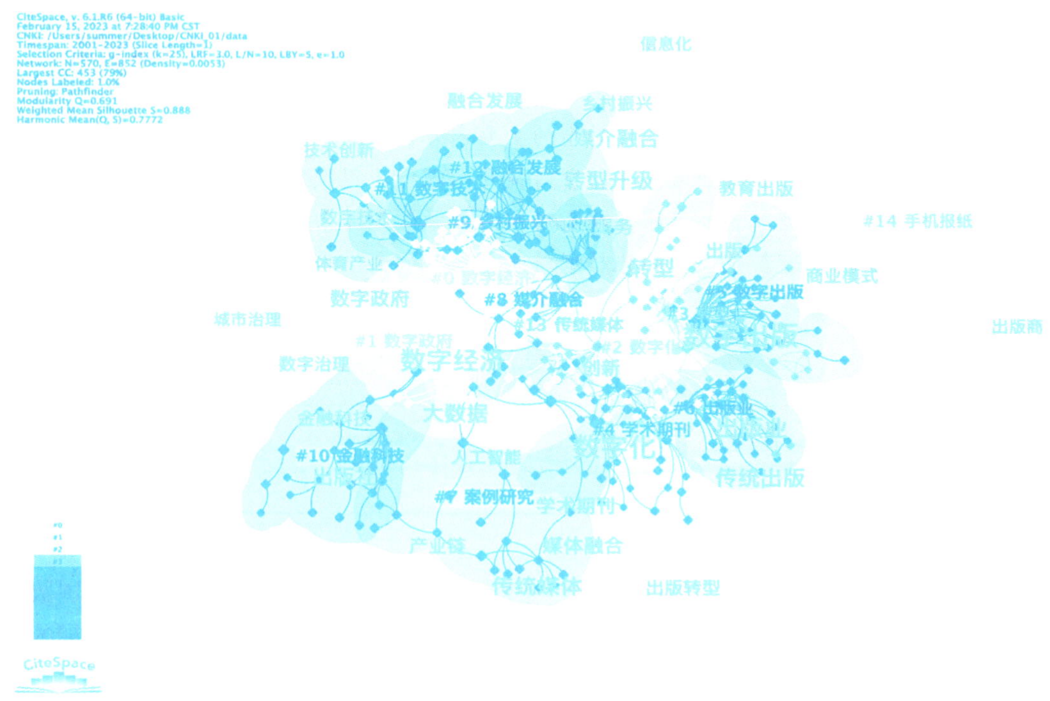

图 1-1　数字化转型相关文献关键词聚类图谱

从关键词聚类图谱中可以看到，“数字经济”“大数据”“数字化”“人工智能”和“数字政府”等主题词成为研究热点，受到越来越多的学者关注。研究者们提出了许多有效的方法来推动相关研究，促进经济发展和提升政府管理的效率。此外，数字经济、大数据等领域的发展，也为社会带来了许多新的机遇和挑战。因此，未来的研究将着重于如何利用这些技术来解决实际问题，以及如何更好应对未来的挑战。

国内外文献研究对数字化转型（digital transformation，DT）的概念已经作出了非常详尽的定义。下表 1-1 列举了国内外学者对数字化转型的不同定义。

---

① 国务院印发《“十四五”数字经济发展规划》。

表 1-1　国内外学者对数字化转型的定义

研究学者	年份	数字化转型的定义
王永贵等	2021	企业在核心业务的发展与改进上运用全新的数字技术，以改善客户体验、简化运营流程或创新商业模式①
易露霞等	2021	使用数字技术革新企业现有的组织模式，消除部门之间信息不对称导致的数据鸿沟②
翟云等	2021	数字化转型是在信息技术应用不断创新和数据资源持续增长的双重驱动下，推动经济、社会和政府变革与重塑的过程③
Xiaoyan Teng	2022	数字化转型的关键要素是与业务阶段相适应的技术、人（技能）和战略④
Christian Matt	2015	数字化转型战略是用来支持公司管理由于采用数字技术而产生的变革，并支持转型后的运营⑤
Gregory Vial	2019	通过信息、计算、通信和连接技术组合，通过触发实体属性的重大变化来改进实体的过程⑥

数字化的概念经历了三个发展阶段：数码化（digitization）、数字化（digitalization）和数字化转型（digital transformation）。数字化转型是当今社会发展的重要趋势，对社会的各个领域如经济、政治等产生了深刻的影响。

2020 年，国家发展和改革委员会在《数字化转型伙伴行动倡议》中，提出政府和社会各界应共同努力，构建“政府引导、平台赋能、龙头引领、机构支撑、多元服务”的联合推进机制，打造数字化产业链，支持经济高质量发展。本书以“数字经济”“数字化转型”为关键词，在国务院、国家发展和改革委员会、工信部和科技部等平台上搜索相关的政策信息，运用 NVivo12.0 软件制作词云图，如图 1-2 所示。图中可以看到，“数据”“企业”“经济”“服务”“数字化”“资源”等关键词的出现频率较高。近年来，随着科技的发展，数据资源变得越来越重要，因此，政府和企业应该采取有效的政策和措施来推动数字化领域的发展。随着以数据为核心的数字经济迅速发展，数字化已经成为当今世界各国变换增长赛道的不二选择，企业进行数字化转型已然成为未来前进之路的必然方向。

---

① 王永贵，汪淋淋. 传统企业数字化转型战略的类型识别与转型模式选择研究［J］. 管理评论，2021，33（11）：84-93.

② 易露霞，吴非，徐斯旸. 企业数字化转型的业绩驱动效应研究［J］. 证券市场导报，2021（8）：15-25，69

③ 翟云，蒋敏娟，王伟玲. 中国数字化转型的理论阐释与运行机制［J］. 电子政务，2021（6）：67-84.

④ TENG X，WU Z，YANG F. Research on the relationship between digital transformation and performance of SMEs［J］. Sustainability，2022，14（10）：6012.

⑤ MATT C，HESS T，BENLIAN A. Digital Transformation Strategies［J］. Business & Information Systems Engineering，2015，57（5）：339-343.

⑥ VIAL G. Understanding digital transformation：A review and a research agenda［J］. The Journal of Strategic Information Systems，2019，28（2）：118-144.

图 1-2 数字化转型政策文本词云图

二、数字化转型的技术条件和管理要求

1. 技术条件

技术支持是有效施行数据资产管理框架功能活动和促进正常组织管理机制运行的关键支持，包括新一代数字技术和技术平台。技术支持系统在加强创新技术研究与应用、促进数据资产管理平台架构演进和优化管理能力方面发挥着重要作用。以云计算、大数据、人工智能、物联网、边缘计算、移动应用、区块链等为代表的数字技术为数字化转型提供了强有力的技术支持①。

2. 管理要求

数字化转型是经济发展的重要趋势，涉及企业在组织结构、管理模式、技术架构和业务流程等方面的全面变革。数字化与信息化并不完全相同，信息化是 IT 支撑业务的概念，IT 为了实现业务的功能才建设信息系统。数字化是将信息技术与业务流程相结合的过程，不仅仅是实现业务功能，还需要通过数字化手段支持业务，应用数字化手段进行运营等。提供完善的数字化转型管理保障，是保障和指导数字化转型的各项工作有序开展的基础。

首先，数字化转型可以带来企业的组织结构变革，从而提高企业的效率和增强竞争力。此外，数字化转型还可以改变企业的技术架构，提升企业的灵活性和可操作性。例如，企业可以采用云计算技术，提升企业的灵活性和可操作性。

其次，数字化转型可以改变企业的业务流程，从而提高企业的效率和增强竞争力。例如，企业可以改变传统的管理模式，采用更加灵活的业务流程，提高企业的效率和增

① 莫国柱. 发电企业数据资产管理体系规划与建设［J］. 现代科学仪器，2021，38（5）：255-259.

强竞争力。此外，数字化转型还可以改变企业的技术架构，提升企业的灵活性和可操作性。例如，企业可以采用大数据技术提升企业的灵活性和可操作性。

最后，数字化转型也会带来一些挑战。例如，企业可能面临技术上的挑战，如技术架构的变革、数据安全和隐私保护等。此外，企业还可能面临管理上的挑战，如管理模式的变革、人才培养和组织文化的调整等。

综上所述，数字化转型可以带来企业的组织结构变革、技术架构变革和业务流程变革，从而提高企业的效率和增强竞争力。但是，数字化转型也会带来一些挑战，如技术架构的变革、数据安全和隐私保护等，以及管理模式的变革、人才培养和组织文化的调整等。因此，企业在进行数字化转型时，应该充分考虑这些挑战，并采取有效的措施来应对这些挑战。

图 1–3 展示了企业数字化管理在业务战略、客户需求、行业机遇与挑战、技术趋势、内部能力五个方面的具体要求。

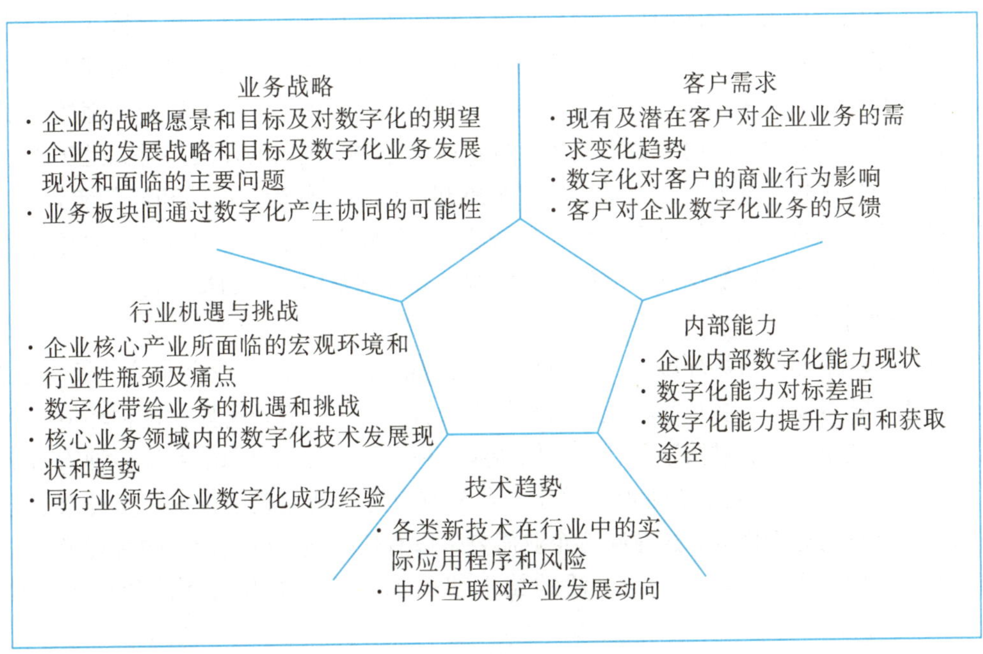

图 1–3　企业数字化管理要求①

三、国家、社会、企业对数字化转型的要求

1. 国家政策

国家对数字化转型的要求是促进这一过程发展的重要推动力。国家层面不断出台配套政策，以优化产业发展环境，加速数字化转型进程。

2021 年，国家发布了《中华人民共和国国民经济和社会发展第十四个五年规划纲要和 2035 年远景目标》（简称“十四五”规划），其中第五篇内容为“加快数字化发

① “知乎”企业数字化转型到底是什么. https://www.zhihu.com/question/399551791/answer/2802312559? utm_id=0.

展，建设数字中国”，明确提出通过整体数字化转型来推动生产方式、生活方式和治理方式的变革，确立数字化转型的战略定位，并强调“迎接数字时代，激活数据要素潜能，推动网络强国建设，加快数字经济、数字社会和数字政府建设”。

2020 年 8 月，国资委发布了《关于加快推进国有企业数字化转型工作的通知》，系统地明确了国有企业数字化转型的基础、方向、重点和措施。该通知旨在引导国有企业在数字经济时代准确识变、科学应变、主动求变，加速提升传统动能，并培育和发展新的动能。

党的二十大报告指出，要加快构建新发展格局，推动战略性新兴产业融合发展，培育新一代信息技术、人工智能、生物技术、新能源等新兴增长引擎，加快发展数字经济，推动数字经济与实体经济的深度融合。

2. 社会层面

随着数字中国建设的不断推进，新一代信息技术在政府、市场和社会中广泛应用，正迅速拓展应用场景。中国的社会治理正迅速迈向数字化转型，这一转变旨在应对传统治理手段难以有效解决的重大难题，特别是在系统治理、综合治理和源头治理方面存在的不足。我们致力于采用新理念和新手段，提升社会治理水平。推动社会治理的数字化进程，涵盖了推动数字政府、数字经济、数字社会等多个领域的发展，目标是实现社会系统的全面数字化，增强对社会系统的数字感知、识别、分析、反馈和调节能力①。在这一过程中，很重要的特性是全局性和全域性。这意味着数字化转型需要全面考虑各个方面的协同，确保不同层次和领域的统一协调，以实现整体效能的最大化。

3. 企业发展

竞争日趋激烈的市场环境中，企业面对的挑战可能来自同行业企业的升级与创新，还可能源于技术变革、客户需求变化以及新进入者的冲击。企业需要在这种环境中不断提升自身的竞争力，通过数字化转型、创新业务模式以及优化资源配置等多种策略来应对多方面的挑战②。因此，企业必须善于学习和有效应用新的数字技术，通过数字化转型来维持自身的竞争优势。这意味着企业需要采取有效措施，改变传统的管理模式，以提升效率和增强竞争力。此外，灵活的技术架构也是企业提升灵活性和可操作性的关键。

综上所述，无论从国家政策、社会竞争还是企业自身发展的角度来看，数字化转型是企业不可或缺的发展路径。只有通过数字化转型，企业才能保持竞争优势，与经济的发展趋势保持一致。

四、数字化转型对构建新业态、新模式的作用

新业态和新模式朝着多元化、多样化和个性化的方向发展，形成了新的商业形态、业务环节、产业组织和价值链条。这些新型模式和结构推动了企业和行业的发展，促进

① 关晓晴. 深化转型发展，从“规划+”走向“智慧+”：访广东国地规划科技股份有限公司联席总裁张鸿辉［J］. 中国测绘，2022（7）：70-73.

② 李树，王雨. 企业数字化转型与内部收入不平等［J］. 产业经济评论，2023（1）：81-104.

了经济增长和创新。云计算、人工智能、大数据、边缘计算等数字技术是其迭代升级的关键驱动力①。

云计算通过共享计算资源与网络数据的边界访问，增强了部门间的协同办公能力，并降低了管理数字资源的门槛②。应用大数据，顾名思义就是从海量数据中深入挖掘出对企业有价值的信息，广泛应用于生产优化、减少能耗和精准营销等领域③。人工智能赋予机器学习交互能力，推动智能制造、药物研发和无人驾驶等多领域的应用创新。

企业积极采用数字化手段来突破发展瓶颈，依靠数据、信息、技术和知识等要素，探索新的模式、价值和商机。数字化转型不仅能显著降低成本、增加营收，帮助企业快速适应市场变化和新需求，还能实现在危机中找到转机。随着越来越多的企业深刻体验到数字化带来的优势，它们开始深入探索和规划与基础设施适配的转型路径、方法和模式。

五、企业数字化转型的实施路径及推进策略

大量企业的转型案例表明，企业的数字化转型道路是一条因企业所处行业不同、规模不同、生命周期阶段不同、人力资源配置不同、技术支撑能力不同和资金状况不同等多重内在因素不同而呈现差异化的道路。企业的数字化转型是一个复杂的系统工程，涉及多个关键方面，包括转型模式的选择、商业模式的创新、组织结构的优化以及资产管理方式的转变。这一过程需要企业全面考虑内部和外部的各种因素，协调各方资源，制定和实施有效的战略，以实现整体的数字化升级和竞争力的持续提升。具体而言，企业的数字化转型路径包括以下四个方面。

1. 立足企业发展规模和所处阶段实行差异化转型

大型企业凭借其体量优势，能够更好地链接产业链的上下游企业。因此，大型企业的数字化转型不仅是自身的转型，还能起到带动其他企业转型的作用，旨在实现共赢。通过推动整个产业链的数字化转型，大型企业可以优化资源配置，提升整体效率和增强竞争力，同时促进上下游企业的共同发展④。

对于中小企业而言，由于资源与体量的限制，通常难以单独承担高昂的转型成本。因此，中小企业的转型模式与大型企业恰恰相反，中小企业在数字化转型过程中，应该紧密关注上下游企业，通过与供应链上的大型企业形成协同关系来推动自身的转型进程。此外，企业还应根据自身的发展阶段和实际条件，实施差异化的转型策略。

在转型的初期阶段，企业需要集中精力于网络化和智能化制造，以提升产品质量，奠定数字化转型的基础。在中期阶段，企业需要特别关注品牌建设和拓宽产品营销渠道，这对数字化转型的成功至关重要。品牌与公司的利润与声誉密切相关，卓越的品牌

---

① 王琼洁，高婴励．数字经济新业态新模式发展研判［J］．软件和集成电路，2020（8）：82-86.

② 宋元明．企业数字化的方案设计与实施步骤——基于中国石油、中国石化和中国海油的多案例分析［J］．管理会计研究，2021（4）：13-21，87.

③ 郭克莎，田潇潇．加快构建新发展格局与制造业转型升级路径［J］．中国工业经济，2021（11）：44-58.

④ 李开潮．企业数字化转型文献综述［J］．现代商业，2021（31）：26-28.

形象不仅能吸引消费者的持续关注，还能增强企业的竞争力和提高市场地位①。数字化转型后期阶段的重点是高度整合企业资源。首先，企业要实现组织结构的全面数字化，推动组织部门和流程的网络化和数字化。其次，企业需要构建数字化供应链，增强供应链的市场响应能力，以低成本和快速响应为核心指标。最后，企业应建立数字化研发沟通平台，畅通研发部门的沟通渠道，解决数据孤岛问题。

2. 以消费者增权为核心推动商业模式创新

互联网的广泛普及和大数据技术的深入应用，极大地拓展了网络空间的边界。这不仅使消费者能够参与企业的商业模式创新，还使大数据平台能实现历史数据与实时数据的整合和个性化应用。消费者的深度参与不仅为商业模式的创新注入新的活力，使其更加开放、更具科学性，还增强了企业与消费者之间的互动和联系。

新一代数字技术有效解决了企业与消费者之间的信息不对称问题，从而让消费者拥有了更强的影响力和决策权。这种趋势推动了各种基于消费者需求和互动的新型商业模式的兴起和发展。企业应积极利用数字化平台与消费者建立紧密的互动关系，深入了解市场动态，精准解读消费者的个性化需求，以此为基础提升产品和服务的质量和效率。

因此，企业数字化转型成功关键在于，有效地整合和应用消费者的参与和反馈等相关信息，以确保在产品研发、生产、市场营销、售后服务等全价值链环节中，始终保持对消费者需求的高度敏感和及时响应。这不仅提升了企业的竞争力，也推动了整体商业环境向更加开放和互动的方向发展。

3. 以提高管理效率为目标打造敏捷组织

数字化时代要求组织间的信息传递迅速且准确。为了应对数字化转型的必要性和组织进化的复杂性，敏捷组织作为一种具备快速反应能力的新型组织形式应运而生。敏捷组织采用分布式网状结构，强调端到端的责任。它是学习型组织，具备强大的自我反馈和调整能力，以消费者为中心、以客户为驱动，通过高度协作的方式快速响应客户需求，从而创造企业价值。

敏捷组织的建立需要解决三大核心问题：一是增强组织的开放性和互联性，鼓励跨部门多维协作，促进内部互动；二是激发组织成员的创造力和智慧，建立协同共生的工作环境；三是优化组织管理决策，打破部门壁垒，构建统一高效的数据管理平台，确保长期管理决策的一致性和持续性。

4. 资产管理重点由物理资产转向数据资产

随着经济的发展，生产要素也发生了显著变化。在农业经济时代，土地和劳动力是核心要素；工业时代的生产要素则以技术和资本为主；而在当前的数字经济时代，数据成为至关重要的要素。数据被誉为未来社会的“石油”，是支撑经济社会发展的新能源。随着经济形态的演变，企业资产管理的方法和重点也相应调整②。

在数字化时代，企业资产管理的关注点从传统的物理资产转向了数据资产。数据不同于有形和无形资产，其价值难以简单衡量，却是企业竞争力的关键所在。因此，有效

① 李辉，梁丹丹. 企业数字化转型的机制、路径与对策［J］. 贵州社会科学，2020（10）：120-125

② 李辉，梁丹丹. 企业数字化转型的机制、路径与对策［J］. 贵州社会科学，2020（10）：120-125.

管理和利用好数据资产成为企业数字化转型成功的关键。

第一，企业应将数据视作战略性核心资产，并充分发挥其在组织变革、流程优化和技术升级中的作用。这包括通过促进数据在企业内部的快速流动，打破数据流动障碍，实现信息的高效整合和利用。

第二，企业需要提升数据的治理能力。面对数据爆炸时代的挑战，有效地清洗和整理大数据，获取其中有价值的信息，是保障数字化转型成功的重要步骤。

第三，深入分析数据背后的逻辑和商业信息，挖掘隐藏的商业价值，有助于企业更好地进行创新发展，并在数字经济时代保持竞争优势。

通过这些策略，企业能够有效管理和利用数据资产，将其转化为持续创新和发展的动力源，从而在数字化转型的道路上走得更稳更远。

第二节　数字化转型的主要内容

一、建设数字化技术平台

首先，建设数字化技术平台需要建立一个完善的技术架构。这个架构应该包括硬件基础设施、软件基础设施、数据基础设施和应用基础设施等。

其次，建设数字化技术平台需要建立一个安全的网络环境。网络安全指防止网络攻击、网络监控等，数据安全指防止数据泄露、进行数据加密等，应用安全指防止应用漏洞、进行应用审计等。

再次，建设数字化技术平台需要建立一个可靠的服务体系，包括系统管理、数据管理、应用管理。系统管理是指系统安装、系统升级等，数据管理是指数据备份、数据恢复等，应用管理是指应用部署、应用维护等。

最后，建设数字化技术平台需要建立一个可持续的发展环境。这个发展环境应该包括技术创新、人才培养、资源整合等。技术创新是指技术研发、技术改进等，人才培养是指人才引进、人才培训等，资源整合是指资源共享、资源优化等。也就是说，建设数字技术平台还需要注重技术创新，不断推动技术的发展，提升技术的性能，满足社会的需求。同时，还要注重人才培养，培养更多的专业人才，提高技术的水平，推动技术的发展。最后，还要注重资源整合，利用现有的资源，提高效率，降低成本，提升数字技术平台的整体性能。

二、建设数字化管理体系

随着时代的变化，企业的竞争对手从传统的同行业竞争，延伸到跨界竞争，企业面临着市场、资源、人才等的不确定性竞争，传统的管理方式很难解决新时代的新问题，此时就需要更加快速的决策和更加精细化的管理体系。而数字化管理可以提高企业运营效率、增强竞争力，实现信息化、智能化、精细化的管理。第一，建设数字化管理体系需要整合信息技术、业务管理、组织架构等多方面的资源，需要公司高层的明确战略意图和领导力支持。第二，对业务流程进行优化再进行数字化改造，而不是只是将原有的业务流程数字化。第三，建设数字化管理体系需要从数据质量、数据管理、数据分析等多个方面入手，构建企业数据中心，实现数据的价值最大化。第四，建设数字化管理体系需要注重系统集成，不同的系统需要有良好的接口和互联互通，避免信息孤岛的出现。第五，建设数字化管理体系需要注重信息安全，建立完善的信息安全管理制度和技术体系，确保企业信息安全。

三、构建数字化治理体系

数字化治理体系建设是现代治理能力的核心组成部分。它涵盖了建立符合新型能力要求的数字化治理机制，通过应用架构方法来统筹协调和推动人员、财务、物资以及数据、技术、流程和组织等资源要素的协同创新和持续改进。此外，数字化治理还强调安全可控技术应用的重要性，致力于构建和完善安全可控及信息安全管理机制，以确保治理过程的安全性和有效性。其主要包括六个方面：第一，明确数字化治理的目标和战略。企业需要明确数字化治理的目标和战略，确定数字化治理的范围和重点，以及数字化转型的路线图和时间表。第二，建立数字化管理架构。企业需要建立数字化管理架构，制定相关的管理规范和流程，确保数字化管理的标准化和规范化，同时建立数字化管理团队和专业人才队伍。第三，确定数字化技术支持。企业需要确定数字化技术支持，包括数字化平台、数据中心、大数据分析和人工智能等技术支持，确保数字化技术能够支撑企业的数字化转型。第四，建立数字化数据中心。整合企业内部的数据资源，实现数据的共享和管理。第五，推进数字化文化建设。企业推进数字化文化建设，可以有效激发员工的数字化意识和创新意识，推动数字化转型的顺利进行。第六，完善数字化风险管理机制。企业需要完善数字化风险管理机制，对数字化风险进行识别、评估和应对，确保数字化管理的安全性和可靠性。为了建设现代的数字化治理体系，完善的信息数据库不可缺少，并且可以有效加强与政府服务的管理，提升数字政府客户端的服务效能。进一步加强数据基础设施建设，应用先进的技术工具，推动不同治理主体的有序协同，是推动数字化治理体系建设的关键措施①。

四、完善管理治理体系

企业数字化转型是当今企业发展的重要趋势，管理治理体系的完善对于企业成功转型至关重要。第一，制定明确的数字化战略。企业应制定清晰、具体的数字化战略，明确转型的目标、路径和优先级。这意味着要识别关键业务流程、技术需求，确定数字化能力的发展方向。同时，数字化战略应与企业整体战略相协调，避免资源浪费和执行效率低下。第二，建立高效的组织结构。企业应调整组织结构，以支持数字化转型的实施。这包括设立数字化转型领导小组，负责制订转型计划和监督执行；建立跨部门的项

① 李开潮. 企业数字化转型文献综述［J］. 现代商业，2021（31）：26-28.

目团队，进行协同创新；以及构建敏捷开发团队，快速响应市场和客户需求。第三，实施数据驱动的决策制度。利用大数据等技术提升企业的数据分析能力，并将数据分析成果应用于决策。例如，采用数据仪表盘来实时监控关键业务指标，进行风险预警和问题诊断，通过数据分析，挖掘潜在的商业机会和竞争优势。第四，强化公司文化和员工能力。企业应培育数字化的公司文化，鼓励员工主动拥抱变革、创新和协作。此外，企业还须投资员工培训，提升员工的数字化素养和技能，如数据分析、项目管理和敏捷开发等技能。第五，拓展生态系统合作。企业与外部合作伙伴进行协同创新，共享资源和价值。这包括与产业链上下游企业合作，实现产业链数字化；与技术供应商合作，引进先进技术和解决方案；以及与政府、行业协会等合作，参与到行业标准制定和监管政策研究中。第六，优化风险管理和合规性。在数字化转型过程中，企业需要加强数据安全、网络安全和信息隐私保护，防范潜在风险。此外，企业还须关注法规和行业标准的变化，确保转型过程符合合规要求。

五、提高管理防护水平

随着企业数字化转型的加速推进，企业的信息安全问题也逐渐显露，提高管理防护水平是企业数字化转型中不可或缺的一部分。第一，建立完善的安全管理制度。首先，企业应该设立特别的安全部门，负责制定安全管理制度、规范企业安全管理行为、制定安全应急预案等。其次，企业应该健全信息安全风险评估机制，定期对企业信息系统进行安全风险评估，及时发现和解决安全隐患。最后，企业应该制订员工安全教育培训计划，加强员工的安全意识、丰富其安全知识，确保员工能够遵守安全管理制度，防范安全风险。第二，加强安全技术保障。采用先进的安全技术手段，提升企业信息系统的安全性。同时企业还应该建立安全事件监测系统，实时监测企业信息系统的安全事件，及时发现并处理安全事件，确保企业信息系统的安全运行。第三，强化供应链安全管理。企业数字化转型过程中，涉及众多供应链环节，供应链安全管理也是防范安全风险的重要环节。企业应加强对供应商的监控和管理，如要求供应商签署安全协议做好保密等，确保供应链的安全性。同时，企业还应建立供应链安全事件应急处理机制，及时应对供应链安全事件，减少安全损失。第四，加强合规性管理。企业按照相关法律法规和行业标准，规范企业信息系统的运行和管理，加强对敏感数据的保护，确保企业的合规性。

六、产品创新的数字化

信息技术可以通过多种技术手段增强产品和服务的创新能力。第一，用户研究与数据驱动。在产品创新过程中，了解用户需求和行为趋势至关重要。通过运用大数据等技术，企业可以实时动态收集、分析并运用用户数据，以便在产品开发和优化过程中做出更精准的决策。根据用户画像以及用户反馈等信息，企业可以更好满足用户需求，提升产品的市场竞争力。第二，敏捷开发与迭代。数字化带来了更高的开发效率，企业可以采用敏捷开发的方法，适应不断变化的市场环境。在产品创新过程中，及时对产品进行迭代，优化用户体验，根据实际使用情况对产品进行持续改进，是确保产品竞争力的关键。第三，跨界融合与生态构建。企业可以通过数字化手段，拓展产品边界，实现跨界融合，为客户提供更加多元化的解决方案。同时，通过与其他企业和行业的深度合作，共同构建产品生态，实现资源共享，提升产品的竞争力和市场份额。第四，智能化与个性化。利用机器学习等技术，企业可以实现产品的智能化，提高产品功能的附加值；同时，通过对用户数据的深度挖掘，实现产品的个性化定制，以满足不同用户群体的多样化需求。

七、用户服务的敏捷化

数字化转型中，用户服务的敏捷化是至关重要的一环，消费者的需求升级，不再仅仅满足于标准化商品，还希望在商品的设计和生产过程中融入独特的理念和个性化元素，他们往往会同时看重产品本身与产品附加的服务。第一，提供多元化的用户服务渠道，包括电话、邮件、社交媒体和自助服务等。这些渠道的整合可以帮助企业更好的满足不同用户的需求，还可以提高企业的服务效率和响应速度，让用户拥有更好的服务体验。第二，建立协作式的用户服务团队，让不同职能部门之间更好地协作，提供更好的服务。例如，销售团队可以提供销售数据，帮助服务团队更好了解客户需求，研发团队可以帮助服务团队解决技术问题，从而提高服务效率和质量。第三，管理用户反馈，不断优化服务。用户反馈是企业改进服务和产品的重要依据，企业应建立有效的用户反馈管理机制，及时回应用户的需求和提出的问题，然后针对用户反馈和评价进行改进优化，提供更加个性化的服务，从而提升用户满意度和忠诚度①。

八、产业体系的生态化

全球化的产业链对企业提出了更高的要求，如增强供应链的韧性，提供全产品周期的服务等。为了应对这些挑战，企业需要更精准地定义用户需求，动态配置资源，以及高效地提供个性化服务。此外，还需要发展新的服务模式，如远程诊断维护、全生命周期管理、总承包服务和精准供应链管理。

在新发展理念的引导下，新兴业态更加注重创新、绿色发展和高质量服务等要素的驱动。它们通过深挖价值链的每个环节，重新定义商业模式，展现出产品快速迭代、用户深度参与、边际效益递增和创新消费需求的特征。

企业之间的互动更加紧密，共享技术、资源和能力。这种合作共赢的模式有助于构建以产业生态为核心的价值创造机制。随着技术、标准、专利创新等竞争的加剧，企业也要随之应变②。第一，建立开放的产业平台，吸引更多的企业和创新者加入。开放的产业平台可以提供技术支持、数据共享、市场推广等服务，帮助企业更好协作和创新。此外，开放的产业平台还可以帮助企业更好地了解市场需求和行业趋势，提升企业的竞争力。第二，促进数字化技术的普及和应用。数字化技术是推动产业生态化的重要力量，企业应该促进数字化技术的普及和应用，帮助企业更好地适应数字化转型的趋势。

---

① 宋元明. 企业数字化的方案设计与实施步骤——基于中国石油、中国石化和中国海油的多案例分析［J］. 管理会计研究，2021（4）：13-21，87.

② 李树，王雨. 企业数字化转型与内部收入不平等［J］. 产业经济评论，2023（1）：81-104.

例如，企业可以通过数字化技术实现智能化制造、数字化营销、物联网等的应用，从而提高生产效率、销售效率和服务质量，同时促进产业的升级和转型。第三，建立产业联盟和合作伙伴关系。实现资源共享、技术共享、市场共享等合作，从而提高产业的整体效益。产业联盟和合作伙伴关系可以帮助企业更好地了解市场需求和行业趋势，同时促进企业之间的协作和创新，提高整个产业的竞争力。第四，建立数字化生态系统。数字化生态系统可以促进企业之间的协作和创新，提高整个产业的竞争力。数字化生态系统可以帮助企业更好地了解市场需求和行业趋势，同时促进数字化技术的应用和互联互通①。

第三节　数字化转型对提升治理能力现代化的作用

一、推进产品创新数字化

在企业数字化转型过程中，推进产品创新数字化是非常关键的一环。通过采用数字技术和方法，企业可以实现更高效、灵活和创新的产品设计与开发。第一，建立数字化战略。包括识别关键业务流程、客户需求和商业模式的变化，以及确定如何使用数字化技术实现这些目标。第二，数据驱动决策。建立数据驱动的决策机制，确保产品创新过程中的关键决策基于实时、可靠和全面的数据。包括收集和分析市场趋势、客户反馈、竞争对手信息等数据，以便更好的了解客户需求和市场机会。第三，数字化设计与开发工具。企业应积极引入数字化设计与开发工具（如 CAD 与 CAM 等），以提高产品设计的精度和效率。此外，数字化原型和仿真技术还可以帮助企业在实际生产之前更快地验证和优化产品设计。第四，敏捷与迭代。为了应对不断变化的市场环境，企业需要采用敏捷的产品开发方法，允许快速试错和迭代。这意味着将产品开发过程分为多个小型、可管理的阶段，每个阶段结束时都进行评估和反馈，以便在后续阶段持续改进。第五，跨部门协作。数字化转型需要企业内部各部门之间的紧密合作，企业可以实现更高效的沟通与协作，确保产品项目能够及时跟上市场和客户需求的变化。第六，数字化技能培训。包括对现有员工进行培训和提升，以及招聘具备数字化专业知识的新员工②。第七，开放创新与合作。企业可以通过与外部合作伙伴（包括供应商、客户、研究机构等）开展合作，共享数据和资源，加速数字化产品创新。这种开放创新的方式可以帮助企业获得新的市场机会和竞争优势。

二、推进生产运营智能化

随着全球数字化转型的加速，数字化生产已经成为企业转型的重要方向之一，数字

① 新业态新经济 | 星云财经（https://www.xyfinance.org/hot/263684）

② 廖福崇. 数字治理体系建设：要素、特征与生成机制［J］. 行政管理改革，20 227（7）：84-92.

化生产技术可以有效地提高生产效率和优化产品质量，同时降低生产成本。这些改进措施有助于增强企业的竞争力，扩大市场份额。可以通过以下几方面来推进生产运营的智能化。第一，建立数字化生产管理体系。将生产全过程数字化，搭建生产数据采集、监控和分析系统，实现生产计划、过程控制和质量管理的数字化和智能化。这可以大幅提高生产效率和优化产品质量。第二，实现生产设备智能化。将传感器、自动控制和人工智能技术应用于生产设备，实现设备的精准控制和自动优化。第三，建立智能运维体系。利用大数据、人工智能和 AR/VR 等技术，实现设备数字孪生、预测性维护、智能运维等，降本增效。第四，优化生产流程。利用过程模拟、数字孪生等技术进行仿真模拟和优化，实现最优生产方案，这可以显著提高生产效率和产出①。第五，培养数字化人才。加大对生产运营人员的数字化技能培训，增强其整体数字化素养。这是其他举措得以实施的基础，对企业数字化转型至关重要。

以上几点，是企业推进生产运营智能化，实现数字化治理的关键举措。通过生产管理体系数字化、生产设备智能化、运维体系智慧化、流程优化和人才培养等措施，可以全面提高企业生产运营的智能化水平，大幅度提升数字化治理能力。

三、推进用户服务敏捷化

当企业在营销和销售方面越来越依赖数字化技术时，提供高质量、个性化的用户服务体验已成为企业赢得市场竞争优势的关键所在。第一，建立用户数据体系。收集和整合用户数据，建立用户画像，深入了解用户需求和行为。在建立用户数据体系的过程中，必须加强用户数据隐私保护措施，确保企业合法、透明地收集、存储和使用用户数据，并遵守相关法律法规和行业标准。第二，提高智能化水平。企业可以进一步提高智能化水平，分析用户数据，使用人工智能预测用户需求，实现智能推荐和智能客服。例如，采用机器学习和自然语言处理等技术，实现更准确、更智能的预测和推荐，提高服务响应速度和精准度。第三，提供全渠道服务。构建包括 app、小程序、公众号、电话等全方位的服务渠道。这可以最大限度覆盖用户，随时随地为用户提供服务。第四，实现快速响应。通过用户数据分析，预测热点问题和用户诉求，建立问题库和响应方案。这可以快速响应用户的个性化需求。第五，优化服务流程。利用数字化技术对服务流程进行再造，简化流程，最小化用户等待和反复申诉时间。这可以显著提高用户满意度。第六，引入敏捷组织机制。建立专注用户与技术的敏捷团队，鼓励灵活运作和快速决策。这可以保证企业对用户需求的敏锐洞察和快速响应。第七，提供个性化体验。基于用户画像为每个用户提供个性化服务和体验。这是用户服务敏捷化的目标所在。

四、推进产业体系生态化

第一，构建产业链数据基础设施。整合上下游企业数据，建立产业链企业画像和用户画像，分析产业链全局数据。这为实现产业链协同和个性化服务奠定基础。第二，打通产业链业务流程。利用区块链等技术对产业链关键业务流程实现联通，简化跨企业协

① 万倩，康婕. 企业经营管理视角下数字化转型的发展研究［J］. 商场现代化，2023（12）：91-93.

作流程。第三，推进产业链标准化。在产品设计、生产、物流配送等环节推进标准化，实现产业链企业的高度兼容。这可以降低合作成本，增强协同效果。第四，共享产业链资源。构建产业链资源协同平台，实现关键资源如设备、仓储等的共享，提高资源利用率。这可以减少重复投资，降低产业链成本。第五，培育生态合作伙伴。鼓励产业链上下游企业开展战略合作，通过投资、技术对接等方式实现利益捆绑。这可以推动产业链一体化发展。第六，打造产业链品牌。推出联合品牌和市场活动，强化产业链在用户心中的品牌印象。这有利于产业链获取用户高度认知和依赖，提升产业链影响力。第七，共享客户资源。通过客户数据和需求整合，构建产业链品牌官网和服务体系，实现用户全生命周期管理。这可以增强客户黏性，扩大产业链。

综上，要实现产业体系生态化，企业需要加强与产业链的上下游企业合作。通过数据基础设施共建、业务流程协同、标准规范一致、资源共享等措施，形成产业生态。这可以带来协同效应，降低成本，扩大市场份额，从而提升数字化治理能力。这是企业数字化转型的重要举措。

第四节　数字化转型对人力资源管理体系的作用

一、数字化人力规划

数字化人力规划是人力资源管理数字化转型的重要方面之一。数字化人力规划通过数字化技术，帮助企业更好地识别和分析人力资源需求和供给，制定和实施更加科学和有效的人力资源规划，提高人力资源管理效率和准确性。从数字化人力规划角度来看，数字化转型对人力资源管理体系的作用有：第一，实现精细化人力规划。数字化转型可以帮助企业实现精细化人力规划，即通过数字化技术，对人力资源需求和供给进行精细化分析和管理，精准匹配人才需求，提升人力资源管理效率和准确性。第二，提供数据支撑和决策支持。数字化转型可以帮助企业实时获得最全面准确的数据，为人力资源决策提供数据支撑和决策支持，提高人力资源管理的科学性和有效性。第三，优化人才招聘和培养。数字化转型可以帮助企业优化人才招聘和培养，通过数字化技术，实现招聘和培训的个性化和定制化，更好地吸引和培养人才，增强竞争力。

二、数字化岗位分析

通过数字化岗位分析，企业可以更好地了解员工的需求和潜力，优化人才配置，提高整体工作效率。同时，数字化岗位分析还可以帮助企业制定更加合理的招聘、培训和薪酬制度，提升员工的满意度和忠诚度。第一，岗位信息化。数字化转型使得企业能够更好地收集和分析岗位相关数据。通过对岗位需求、岗位职责、关键绩效指标（key performance indicator）等方面进行数字化分析，人力资源管理者能够更准确地评估员工的工作表现，从而对员工进行更有效的管理。第二，人才配置优化。数字化岗位分析有助于企业更精确地掌握员工的能力和潜力。通过对员工的技能、经验、兴趣等方面进行数据分析，人力资源管理者可以合理安排员工，使其在不同岗位上发挥作用，提高团队整体的工作效率。第三，招聘与选拔。数字化岗位分析可以提供更多关于岗位需求的详细信息，从而使招聘和选拔过程更加精确。通过对候选人的简历和面试表现进行数据分析，企业能够更好地筛选出符合岗位需求的人才。第四，培训与发展。通过数字化岗位分析，企业可以更好地了解员工在岗位上的需求和发展潜力。这样，企业可以根据员工的个人发展计划，提供有针对性的培训和发展机会，帮助员工不断提升自己的职业能力。第五，薪酬体系调整。数字化岗位分析可以为企业提供更多关乎员工绩效的数据支持，有助于企业更科学地制定薪酬政策。通过对不同岗位的工作负荷、绩效表现、市场情况等因素进行分析，企业可以建立起适合企业的薪酬体系。第六，员工沟通与满意度。数字化岗位分析可以帮助人力资源管理者更好地了解员工的需求和期望，从而提高员工的满意度。通过收集和分析员工对岗位的反馈信息，企业可以不断优化岗位设置，提升员工的工作体验。

三、数字化人才招聘

企业数字化转型可以全面提高人才招聘和管理的效率与质量，为企业人才竞争力的提升提供有力支持。第一，提高人才招聘效率。通过数字化的人才招聘平台和系统，可以实现自动化筛选、分类和推荐，大大提高人才招聘的效率。第二，拓宽人才来源渠道。通过数字化技术，企业可以在更广泛的渠道发布招聘信息，吸引更多优质人才。同时也可以通过大数据分析找到潜在的人才资源。第三，改变人才评估方式。数字化转型可以采用更科学的数据驱动方式来评估人才，不仅看简历和面试，也可以通过在线技能测试、视频面试等新的方式来全面评估人才。第四，优化人才入职流程。通过数字化系统，企业可以实现人才招聘后自动化的入职流程，提升新员工的入职体验和生产力，减少人工成本。第五，建立人才数据库。通过数字化转型，企业可以建立自己的人才数据库，实时跟踪人才变化，为未来的人才需求做好储备。

四、数字化行为分析

企业数字化转型使得人力资源工作变得更加需要数据驱动，行为分析结果更加准确可靠，这有助于企业做出更精细化的人力资源管理决策。第一，实现大数据分析。通过数字化技术，企业可以收集和分析更丰富的人力资源数据，得出更精确和全面的人力资源行为分析结果。第二，分析工作流程和沟通模式。可以通过数字化手段跟踪员工的工作流程和沟通模式，分析工作效率和协作效果，为优化组织流程和强化团队建设提供依据。第三，分析培训效果。可以通过数字化训练和测试系统来评估培训效果，分析员工的学习情况和能力提升情况，为后续的培训决策提供支持。第四，监测员工满意度。可以通过数字化员工满意度调查和反馈系统来实时监测员工的满意度和工作体验，及时发现员工隐忧和职场痛点。第五，预测流失风险。通过人力资源数字化系统收集的各类员工数据，可以建立员工流失预测模型，实时计算每个员工的流失风险，方便企业采取相应措施进行挽留。第六，分析薪酬效果。可以通过数字化的薪酬和绩效管理系统来评估薪酬方案的激励效果，判断是否存在分配不平衡或工资压力，为薪酬体系的优化提供数据支持。第七，优化招聘流程。可以通过分析数字化招聘管理系统中的数据，评估当前招聘流程的效率和质量，找到改进机会，获取人才竞争优势。

五、数字化培训体系

企业数字化转型可以帮助人力资源部门打造更高效、更科学和更个性化的培训体系，持续提高企业学习与发展的能力，培养出与数字化转型相匹配的人才。第一，建立数字化学习平台。企业可以建立数字化学习管理系统和在线学习平台，实现培训管理和学习的数字化、自动化和智能化。第二，提高培训效率。数字化学习平台可以实现自动化课程推荐、在线知识检测和学习进度管理，大大提高培训的效率。第三，拓展培训渠道。数字化技术支持各种新型学习方式，如微学习、视频学习等，企业可以拓展更多培训渠道，打破时间和空间限制。第四，优化培训体验。数字化学习工具和系统可以根据个人学习习惯进行定制，对学习过程进行干预和引导，优化学习体验，提高学习兴趣和效果。第五，实现精准培训。通过数字化技术收集的大数据，企业可以分析员工的知识结构和技能，设计更精准的培训方案，实现个性化学习推荐。数字化培训管理系统还可以通过学习数据来评估每门课程的学习效果和价值，帮助企业评估培训投资回报率，并不断优化培训决策。第六，培养数字化人才。企业可以通过数字化学习平台和系统来培养员工的数字化思维和技能，获取转型红利。

六、数字化绩效管理

企业数字化转型对人力资源绩效管理有很好的促进作用。它使绩效管理更加精细、实时、个性化，确保实现全员渗透，并推动工作流程的数字化，有助于提升绩效管理的有效性。第一，使绩效管理更精细化和标准化。通过企业资源规划、流程标准化等手段，数字化转型可以使绩效管理体系更加规范化、标准化，从而提高绩效的精度和比较性。第二，使绩效管理更实时和有针对性。企业可以实时分析员工的工作绩效，发现问题和隐患，并作出调整。第三，实现更个性化的绩效管理。领导和人力资源部门可以基于每个员工的优缺点、兴趣爱好等因素，定制有针对性的绩效管理方案，激发每个员工的潜力发展。第四，使绩效管理渗透全员。通过企业社交 app、HR 云平台等数字化工具，所有员工都可以接触绩效管理方案，充分理解企业期望，同步进行绩效管理。这有助于增强员工对企业战略和目标的理解。第五，推动绩效管理的工作流程和决策流程的数字化。数字化可以使绩效评估、薪酬绩效分配、绩效提升方案制定等方面的工作流程和决策流程更加流畅高效，从而缩短周期。

七、数字化薪酬管理

企业数字化转型在人力资源的薪酬管理方面具有重要的作用，可以帮助企业提升薪酬管理的效率、透明度、数据分析和预测能力，以及响应速度和灵活性。第一，提高薪酬管理的效率。数字化转型可以帮助企业实现薪酬管理的自动化和数字化，比如通过人力资源管理系统（HRMS）集成薪酬管理模块，实现薪酬数据的自动化处理和报表生成，减少人为错误和重复性工作的发生，提高薪酬管理的效率和准确性。第二，提升薪酬管理的透明度。数字化转型可以帮助企业实现薪酬管理的透明度，比如通过员工自主查询薪酬信息、薪酬数据的可追溯性等方式，增强员工对薪酬管理的信任度和满意度，减少员工与企业之间的误解和纠纷。第三，加强薪酬管理的数据分析和预测。数字化转型可以帮助企业进行薪酬数据的分析和预测，比如对薪酬数据进行挖掘和分析，发现薪酬结构中的问题和趋势，为企业调整薪酬策略和制定未来的薪酬规划提供数据支持。第四，改善薪酬管理的响应速度和灵活性。数字化转型可以帮助企业实现薪酬管理的快速响应和灵活调整，比如通过 HRMS 的薪酬管理模块，实现薪酬数据的实时更新和调整。

八、数字化用工管理

企业数字化转型对人力资源的用工管理方面具有重要的作用，可以帮助企业优化招聘流程、提高员工的培训和发展、加强员工的沟通和协作，以及提高用工管理的数据分析和预测能力，从而提高企业的用工效率和管理水平。第一，优化招聘流程。数字化转型可以帮助企业实现招聘流程的自动化和数字化，比如通过在线招聘平台、人力资源管理系统（HRMS）等工具，实现信息发布、简历筛选、面试安排、人才库管理等环节的自动化处理。第二，落实员工的培训和发展。数字化转型可以帮助企业实现员工的在线培训和发展，比如通过在线学习平台、虚拟培训课程等工具，为员工提供自主学习和发展的机会。第三，加强员工间的沟通和协作。数字化转型可以帮助企业实现员工间的在线沟通和协作，提供员工在线交流和协作的平台，加强员工之间的沟通和协作，提高团队协作效率和改善工作质量。第四，提高用工管理的数据分析和预测能力。数字化转型可以帮助企业进行用工管理的数据分析和预测，比如通过人工智能和数据挖掘技术，对员工的绩效、流动和离职等数据进行分析和挖掘，发现问题和趋势，为企业制定用工策略和管理措施提供数据支持。

第五节　数字化转型对相关人员的角色转型要求

一、员工的数字化素养

中央网络安全和信息化委员会发布的《提升全民数字素养与技能行动纲要》（简称行动纲要）强调了数字素养在现代社会中的重要性，涵盖了公民在学习、工作和生活中应具备的一系列能力和素质。具体来说，行动纲要特别提到了提升产业工人的数字技能，要求完善企业员工的职业技能培训体系，建立共享的职工培训中心和网络学习平台等培训载体。此举旨在丰富数字素养与技能培训内容，以提升员工的职业胜任力，并为加强数字化生产能力奠定基础。另外，行动纲要还着重强调了提升企业管理人员的数字素养的重要性。管理人员具备好的数字素养有利于增强企业的数字化经营能力①。

总体而言，这些措施旨在建设一个具备高水平数字素养和技能的劳动力队伍，以适应快速发展的数字经济和产业转型需求。持续培训和系统建设，能够有效提升全民和企业人员在数字化环境中的应对能力和创新能力。

数字素养金字塔模型如图 1-4 所示。

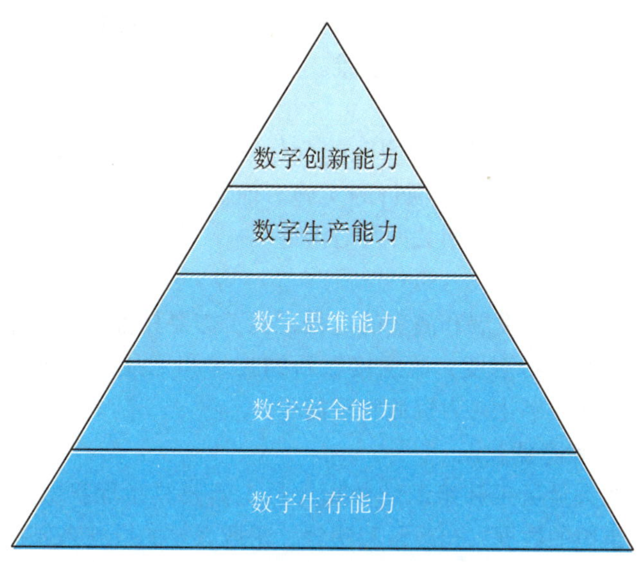

图 1-4　数字素养金字塔模型②

二、员工的数字化思维

员工要具备的数字化思维与价值观，是指在数字化时代，员工具有能够以数据为基础，运用数字化技术和工具，进行创新、协作、决策和解决问题的能力和态度。具体来说，数字思维与价值观包括以下几个方面：

一是数据驱动：能够有效地收集、分析、利用和沟通数据，从数据中发现问题和机会，基于数据制定目标和策略，评估结果和效果，持续进行优化改进。

二是创新求变：能够敏锐地捕捉数字化时代的变化和趋势，敢于尝试新方法、新模式、新路径，突破传统的思维框架和行为模式，寻求更高效、更优质、更有价值的解决方案 。

三是协作共赢：能够利用数字化平台和工具，与不同的人、组织和社区进行有效的沟通和协作，分享信息和知识，整合资源和力量，实现多方的互利互惠和共同发展。

四是责任担当：能够遵守数字化时代的伦理准则和法律规范，保护个人和他人的隐私和权益，尊重数据的真实性和完整性，避免数字技术的滥用和误用，为数字化社会的公平正义和可持续发展贡献力量。

---

① 钟葳，梁丽芝，张运．基于用户技术接受模型的政府数据开放平台研究——以深圳政府数据开放平台为例［J］．湖南工业大学学报（社会科学版），2022，27（6）：47-54.

② https://www.163.com/dy/article/I40LVCFA0514S562.html.

三、员工的数字化能力

（一）对员工的要求

1. 数据分析能力

数字化转型使得大量的员工数据和组织数据可用，员工需要具备一定的数据分析能力，从海量数据中提炼有效信息，支持人力资源决策和战略规划。他们应该熟悉基本的数据分析方法和工具，并具备数据驱动思维。

2. 协作和沟通能力

数字化转型通常涉及跨部门和跨团队的合作，员工需要具备良好的协作和沟通能力，与各部门共同推动数字化转型项目的实施。他们应该善于分享信息、解释技术术语，做到与其他团队成员和利益相关方及时沟通。

3. 自主学习和适应能力

数字化转型是一个不断发展和演变的过程，员工需要具备主动学习和适应变化的能力。他们应该有积极的学习态度，愿意接触新的技术和工具，主动掌握相关知识和技能，以应对不断变化的数字化人力资源管理需求。

4. 保护数据安全和隐私意识

数字化转型涉及大量员工和组织的数据，员工需要具备保护数据安全和隐私的意识。他们应该遵守组织的数据安全政策和法规，采取必要的措施来保护敏感数据，确保数据不被未经授权的人访问或使用。

这些要求并不是固定不变的，随着技术和数字化解决方案的不断发展，可能会出现新的要求。因此，员工应保持学习和适应的态度，与数字化转型保持同步，并不断提升自己的技能和知识。

（二）对职能经理要求

1. 数字化技能

职能经理需要具备一定的数字化技能和知识，能够熟练使用人力资源管理软件、数据分析工具和其他相关的数字化工具。他们应该能够理解和操作数字化系统，以便更好地管理和分析人力资源数据，支持决策和战略规划。

2. 数据驱动决策

数字化转型提供了更多的数据和信息，职能经理需要具备数据驱动的思维方式，能够从大量数据中洞察和提取有效信息，支持人力资源决策。他们应该熟悉基本的数据分析方法和工具，能够理解和解读数据，并将其转化为可行的行动计划。

3. 项目管理能力

数字化转型通常涉及复杂的项目和跨部门合作，职能经理需要具备良好的项目管理能力，能够规划、执行和监控数字化转型项目。他们应该具备项目管理的知识和技能，包括项目规划、资源分配、风险管理和团队协作等方面的能力。

4. 领导力与变革管理

数字化转型往往需要组织文化和业务流程的变革，职能经理需要具备领导力和变革管理能力，能够推动和引领数字化转型的实施。他们应该具备沟通和影响他人的能力，

能够有效地与团队成员、高层管理者和其他利益相关者合作，共同推动变革。

5. 持续学习和创新意识

数字化转型是一个不断发展和演进的过程，职能经理需要具有持续学习和创新的意识，与技术和行业趋势保持同步。他们应该主动追求新的知识和技能，积极探索创新的数字化解决方案，以不断提升人力资源管理的效能和质量。

这些要求将随着数字技术的进一步发展和应用而不断演变。因此，职能经理应保持敏锐的观察力和适应能力以迎接新的挑战与机遇。

6. 服务意识

人力资源管理数字化转型对职能经理提出更高的服务意识要求。在数字化转型的背景下，人力资源部门不再仅仅是执行者，更是为员工和业务部门提供优质服务的伙伴和顾问。数字化人力资源管理系统赋予了职能经理更多的自主权和数据透明度，使他们能够更便捷地查看员工数据、绩效信息以及培训记录等。因此，职能经理需要具备更强的服务意识，及时响应员工需求。通过积极参与数字化人力资源管理系统的使用，职能经理能更好地理解员工状况，更灵活地应对业务需求，从而提高团队绩效和员工满意度，推动整个组织的成功和发展。

7. 利他精神

人力资源管理数字化转型对职能经理提出了更强的利他精神要求。在数字化转型中，职能经理不仅需要关注自身业务和团队的需求，还需要更加注重员工的个人发展和幸福感。数字化人力资源管理系统提供了更多员工数据和反馈，使职能经理能更好地了解员工的需求、挑战和职业目标。

在这种背景下，职能经理需要以利他精神来指导他们的决策和行动。他们应该关注员工的个人成长和发展，鼓励员工发挥潜力帮助员工实现职业目标。他们应该倾听员工的意见和反馈，及时解决问题，关心员工的福祉，为员工创造良好的环境与机遇。

通过具备利他精神，职能经理能够更好地激励员工。同时，职能经理的利他精神也有助于形成积极向上、团结协作的团队文化，推动整个组织朝着共同的目标前进。总之，利他精神在人力资源管理数字化转型中是职能经理必备的品质，它不仅有助于员工的个人成长，也促进了组织的发展和进步。

（三）对人力资源管理者要求

1. 数字技能

人力资源管理者需要具备良好的数字技能，包括熟悉使用人力资源管理软件、人力资源信息系统（HRIS）和其他数字工具。他们需要能够利用数据分析和数据可视化工具来获取、分析和解释人力资源数据，以支持决策和战略规划。

2. 数据驱动的决策能力

数字化转型使人力资源管理者能够获得更多的人力资源数据和指标。他们需要能够理解和解读这些数据，并将其转化为实际的行动。人力资源管理者需要具备数据驱动的决策能力，能够基于数据做出准确的决策，并为组织提供战略性的人力资源建议。

3. 技术意识和学习能力

数字化转型是一个不断发展和变化的领域，人力资源管理者需要具备技术意识，并保持对新技术和工具的学习能力。他们应该积极关注数字化转型的最新趋势和发展，并不断更新自己的知识和技能，以适应新的技术和工具。

4. 战略思维和创新能力

数字化转型要求人力资源管理者具备战略思维和创新能力。他们需要能够将数字化工具和技术与组织的战略目标相结合，制定和实施创新的人力资源策略和解决方案。人力资源管理者还需要不断思考如何改进和优化人力资源管理过程，并引入新的方法和工具来提高工作效率和员工满意度。

5. 沟通和合作能力

数字化转型通常涉及不同部门和利益相关者之间的合作和沟通。人力资源管理者需要具备良好的沟通和合作能力，能够与技术团队、管理层和员工有效地沟通和协作。他们需要能够向非技术人员解释和传达数字化转型的概念和影响，并促进各个部门之间的合作和协调。

总之，数字化转型对人力资源管理者提出了更高的技能和能力要求，需要他们具备数字技能、数据驱动的决策能力、技术意识和学习能力、战略思维和创新能力，以及良好的沟通和合作能力。这些要求将帮助他们更好地迎接数字化时代的人力资源管理挑战，并为组织提供更有价值的支持。

（四）人力资源领导者要求

1. 投资能力

人力资源领导者的投资能力是指他们在人力资源管理和发展方面做出的决策和行动，以确保企业能够有效地投资于员工的培训、发展和福利，从而提高员工的绩效、满意度和忠诚度，推动组织的发展和成功。

投资能力包括对人才的发现和吸引，在招聘过程中选择最佳人选，为公司引入素质高、适应性强的员工。此外，投资能力还体现在对员工的培训和发展上，确保员工不断提升自己的技能和增加自己的知识储备，以适应不断变化的业务环境和市场需求。

通过优秀的投资能力，人力资源领导者能够实现员工与企业的共赢。

2. 数字体系构建能力

人力资源领导者的数字体系构建能力是指他们在数字化转型过程中，能够规划、设计和建立高效、智能的人力资源管理体系和信息系统的能力。这包括对企业的人力资源流程、数据和技术进行全面分析，根据业务需求和战略目标，制定合理的数字化规划和战略。

优秀的人力资源领导者能够识别出数字化转型所需的关键技术和工具，选择合适的人力资源管理软件、数据分析平台、人工智能技术等，以支持企业内部的数据收集、分析和共享。他们会关注员工的数字素养和培训需求，提供培训计划和支持，使员工能够熟练应用数字工具和系统，更好地参与数字化人力资源管理。

数字体系构建能力还包括建立合理的数据隐私和安全措施，确保人力资源数据的合法、安全和保密，以保护员工的隐私权和信息安全。同时，他们还需要与其他部门进行协作，整合不同业务系统的数据，实现数据的流动和共享，为决策提供全面、准确的数据支持。

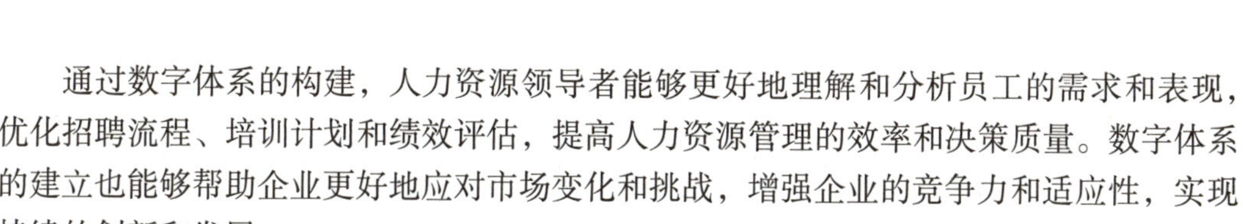

通过数字体系的构建，人力资源领导者能够更好地理解和分析员工的需求和表现，优化招聘流程、培训计划和绩效评估，提高人力资源管理的效率和决策质量。数字体系的建立也能够帮助企业更好地应对市场变化和挑战，增强企业的竞争力和适应性，实现持续的创新和发展。

3. 引导员工进行数字化转型的能力

人力资源领导者引导员工进行数字化转型的能力是指他们在组织中起到推动和引导作用，鼓励员工积极接受和参与数字化转型的过程。这种能力体现在他们能够向员工传递数字化转型的重要性和必要性，激发员工对数字化技术的兴趣和学习热情，帮助员工适应和应对数字化转型带来的变革和挑战。

优秀的人力资源领导者会积极推动数字化转型的宣传和培训活动，向员工阐述数字化转型对企业的意义和价值，以及对员工个人职业发展的影响。他们会组织培训和工作坊，帮助员工掌握数字化工具和技能，提升员工在数字环境下的工作效率和竞争力。

此外，人力资源领导者还会强化数字化转型所带来的积极影响，如提供更多的发展机会、改善工作灵活性、提高员工参与度等，从而增强员工对数字化转型的接受度和支持。

引导员工进行数字化转型的能力对于组织的转型至关重要。员工的积极参与和支持能够加速数字化转型的实施，提高项目的成功率。人力资源领导者在这个过程中也扮演着引领者和榜样的角色，通过自身的表现和实践，激发员工的学习动力和信心，营造数字化转型的积极氛围，推动整个组织朝着数字化和智能化方向迈进。

四、企业数字化的能力模型

企业数字化的能力模型如图 1-5 所示。

提升数字化能力的措施如下：

第一，建立培训和学习计划。企业可以制订数字化人才培训和学习计划，包括内部培训、外部培训和在线学习资源。这些计划可以涵盖数字技术、数据分析、创新思维、项目管理等方面的内容，帮助数字化人才不断提升自己。

第二，提供实践机会。除了培训，提供实践机会也是培养数字化人才的重要途径。通过让数字化人才参与实际的数字化项目和业务活动，他们可以将所学知识应用到实际工作中，并从中获得经验和技能的提升。

第三，寻找外部合作伙伴。与高校、研究机构或专业顾问公司建立合作关系，可以为企业提供专业的培训和指导，帮助数字化人才进行能力提升。外部合作伙伴还可以提供最新的行业趋势和技术动态，帮助数字化人才保持知识和技能的更新。

第四，鼓励跨部门合作和知识共享。数字化人才需要与不同部门和团队进行合作，共享知识和经验。企业可以通过组织跨部门的项目组、定期举行分享会议或知识分享平台，鼓励数字化人才之间的交流和合作，促进他们的能力提升。

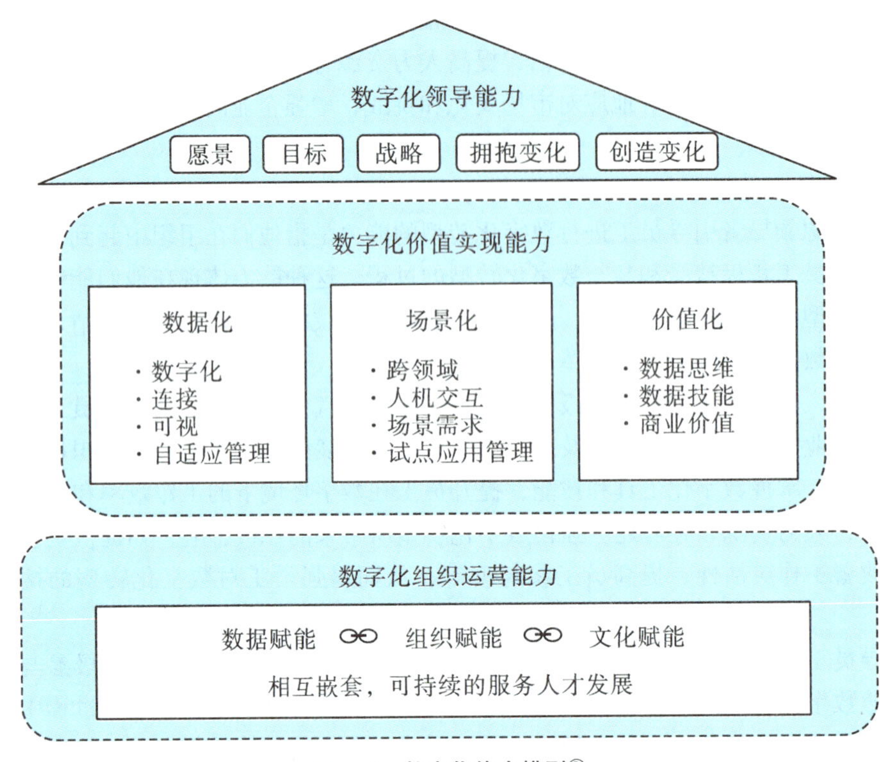

图 1-5　数字化能力模型①

第五，提供良好的工作环境和文化。为数字化人才提供积极的工作环境和文化是重要的培养方式和能力提升策略。这包括给予他们自主权、鼓励创新和实验、提供学习和发展机会，以及建立支持和团队合作的文化氛围。

第六，建立激励机制。激励机制可以激发数字化人才的积极性和动力。企业可以设立奖励制度，例如，给予取得卓越成就的数字化人才晋升机会、奖金或其他福利待遇，以鼓励他们不断提升自己的能力。

第七，持续关注和适应变化。数字化技术和趋势在不断变化，企业需要持续关注并适应这些变化。数字化人才的能力提升应与技术和行业的发展保持同步，定期评估培训计划的有效性，并进行调整和更新。

【本章内容小结】

在国家大力发展数字技术和数字产业的背景下，运用数字技术对传统行业加以改造，在核心业务发展与改进上运用全新的数字技术，以优化客户体验、简化运营流程或创新商业模式，在不断创新和数据资源持续增长的双重驱动下，推动经济社会的变革与重塑，推动数字经济发展与实体经济融合，培育壮大新兴产业，推动传统产业转型升级，并加强数字人才培养，提升数字经济的发展和应用能力。

本章在《“十四五”数字经济发展规划》指引下，介绍了数字化转型的基本内涵、

① https://www.163.com/dy/article/GAJAP3B50531WA1P.html

技术要求、管理要求，以及其作用；介绍了数字化转型的主要内容，主要包括建设数字技术平台、建设数字管理体系、构建数字治理体系、提升管理防护水平、产品创新的数字化、用户服务的敏捷性、产业体系的生态化等内容。深刻理解数字化转型对提升治理能力现代化的作用，主要包含推进产品创新数字化、推进生产运营智能化、推进用户服务敏捷化、推进产业体系生态化等。

本章要求学生理解数字化转型对人力资源管理体系的作用，主要包括数字化人力规划、数字化岗位分析、数字化人才招聘、数字化行为分析、数字化培训体系、数字化绩效管理、数字化薪酬管理、数字化用工管理等。理解数字化转型对相关人员的角色转型要求，员工方面包括：员工的数字化素养、员工的数字化思维、员工的数字化能力；企业方面主要指企业数字化的能力模型。通过本章的学习，我们可以对数字化转型有深入的理解。

【讨论思考题】

1. 请简述数字化转型的技术要求和管理要求。
2. 请简述数字化转型对人力资源管理体系的作用。
3. 请分析数字化转型对员工能力和企业能力有哪些要求？

【案例 1-1】

安踏——从员工数字化思维到员工数字化能力

安踏之所以开始关注员工数字化能力的提升，甚至进行重塑，主要是出于公司整体数字化转型战略的驱动。该转型包括从消费者体验的角度审视官网、私域、小程序等沟通渠道，以创造更多能够直接触达消费者的端口，真正了解其需求，提供有价值的顾客体验。此外，员工也需要适应公司的变革，包括重塑不适应线上推广的员工的能力。消费者在互联网时代的多样化需求和商品迭代速度的提升，要求企业提供更个性化和便捷的服务。因此，安踏集团推进数字化教育工作，以适应这一数字化转型战略。

在数字化教育的背景下，管理层对安踏各岗位员工的数字化能力进行了评估。公司所有岗位都需要普及数字化工具，提升工作效率。在 2021 年，安踏以“文化先行，技能在后”的理念推动数字化教育工作。通过全员数字化知识的普及，员工对数字化概念和战略有了初步了解。此外，通过引入外部数字化课程和内部高管授课，以及数字化词条大赛等方式，促使员工更深入地了解数字化领域的知识。

在数字化转型中，安踏着重提升几个主要岗位的数字化能力，包括 IT 岗位、业务部门兼任数字化系统开发的项目经理以及数据分析人员。对于 IT 岗位，公司加强了对产品经理的招聘，并通过培训和外部顾问的支持提升其能力。对于业务部门的项目经理，公司进行了系统培训，重点关注需求挖掘和分析。而对于数据分析人员，公司实施了数据分析工具认证班，通过押金制、小组课题练习等方式促进学员学习，并将学到的模型应用于业务数据分析。

在评估数字化能力差距方面，安踏采用测评方式，包括行为前测和行为后测。通过行为量表的设计，对员工进行自评和互评，然后根据评估结果找出知识缺失点。项目结束后，再次使用同样的量表进行全方位比对，观察学员的行为是否发生变化。在价值层面，通过业务指标、效率指标等进行前后比较，定义不同项目的价值。

然而，在数字化教育工作中，安踏面临一些挑战。作为人才发展岗，他们既非业务领域也非 IT 领域，需要更好地承担数字化教育的引领者角色。为了克服这一挑战，管理层通过大量阅读数字化相关材料、加强与专业团队的沟通，并定期与 IT 副总裁进行沟通，以更清晰地理解数字化战略下的人才发展需求。此外，他们需要更好地理解技术，以更有效地推动数字化教育工作。举例来说，公司曾开设了一门 Python 认证班，旨在让员工掌握这一数据技术。然而，最初的设想与实际存在差距。大量员工被 Python 的广告吸引，蜂拥而至报名。然而，实际上 Python 作为一个编程工具，如果没有一定的数据分析和逻辑思维能力，学习起来可能会非常困难。这一问题被及时发现，公司在第二个认证班中进行了调整，限定了报名资格，只有专职的数据分析者才能报名。这一调整取得了良好效果，第二个班的学员在数据建模和数模型方面表现更优秀，从而提高了运营效率。

总体而言，数字化教育是一个相对新颖的领域，对于人才发展而言，其既不是业务部门也不是 IT 部门，理解数字化的内容和价值是一个挑战。在面对这一挑战时，公司通过不断学习数字化相关材料和书籍，加强与内外部专家团队的沟通，以及与数字化转型负责人的定期沟通，逐渐更清晰地理解数字化战略下人才发展的需求。最大的挑战之一是作为设计者，公司自身数字化技能也需要提升，而在短时间内成为专家是不现实的。因此，公司认识到如何连接内外部各种专家资源是至关重要的。

（本案例内容来源：安踏体育用品有限公司人才研修院 https://business.sohu.com/a/589529796_121124319）

思考题：

1. 请思考如何评价员工的数字化思维？
2. 请思考如何评价员工的数字化能力？

第二章 数字化人力资源管理转型与人才供需分析

【本章学习目标】

目标一：理解数字化人力资源管理的内涵和工作主线；
目标二：理解数字化人力资源管理转型的思路与方法；
目标三：了解数字化人力资源管理平台特征；
目标四：掌握数字化人力资源需求分析；
目标五：掌握数字化人力资源供给分析。

第一节 数字化人力资源管理内涵

随着科技的不断发展和互联网的普及，数字化已经成为当今社会的一个重要趋势，为各行各业都带来了深远的影响。人力资源管理在组织中肩负着重要职能，也逐渐走向数字化转型①。

一、数字化人力资源管理的定义

为了有效减轻企业的经济负担和提高运营效率，人力资源管理领域在早期便引入了信息系统。然而，随着科技的飞速发展和人力资源管理在企业战略中地位的提升，仅仅依赖传统的信息系统来支撑企业的运营已显得力不从心。在数字化浪潮的席卷之下，人力资源管理面临着前所未有的机遇与严峻挑战。

数字化技术的迅猛进步极大地提升了组织活动的效率和协调性，推动了合作模式的创新步伐。因此，人力资源管理的对象不再仅限于企业员工，还包括被数字化技术赋能的人力资源系统。然而，对于数字化人力资源管理的定义，学界存在多种观点，但本质上都是从不同角度对其进行逐步诠释。

① 王世婷．数字化时代制造业企业人力资源管理思考［J］．合作经济与科技，2024（17）：115-117.

国外学者雷蒙德认为，人力资源管理涉及诸多方面，旨在全面影响员工的行为、态度和绩效，确保企业高效、稳定地运转。这一过程涵盖了岗位分析与设计、人力资源规划、招聘与甄选、培训与发展、薪酬体系管理、绩效评估以及员工关系维护等多个关键领域①。

国内学者李晟认为，数字化人力资源管理是借助数字化技术，获取、分析和应用有价值的数据，以数据驱动决策为核心，构建新型的人力资源管理运作机制，旨在提升组织效率的一种管理模式②。

李亚杰在 2023 年认为，人力资源管理数字化指的是利用移动互联网、大数据、人工智能和云计算等前沿数字化技术，构建一个整合统一的数字化工作平台。该平台致力于通过先进的数字化人力资源管理手段，建立起与企业战略需求相契合的人力资源供应体系。这一举措有助于企业实现人力资源管理的自动化和流程化，从而全面推动人力资源管理全过程的数字化管理③。

本书认为，数字化人力资源管理是指利用信息技术手段对人力资源管理的各个环节进行全面数字化的过程。数字化人力资源管理可以帮助企业在招聘、员工培训、工作流程、管理等各个环节实现高效化、智能化、个性化。将传统人力资源管理的各个环节与数字技术相结合，有助于提高效率、增强决策的科学性和精确性，进而实现人力资源管理的战略性转变。

二、数字化人力资源管理的意义

（一）提高效率和精确性

数字化人力资源管理利用信息技术和数据分析手段，实现人力资源数据的快速采集、整理和分析，从而提高管理决策的效率和精确性。人力资源管理者可以更准确地了解员工的情况和组织的需求，有针对性地采取措施，提升人力资源配置的效果。

（二）优化员工体验

数字化人力资源管理提供了一系列的自助服务平台和工具，使员工能够更便捷地进行各类操作，如申请假期、查询薪资等。同时，数字化人力资源管理还能够通过数据分析和预测，提供个性化的发展和培训建议，帮助员工实现自身职业发展的规划和目标。

（三）促进战略性人力资源管理

数字化人力资源管理提供了更多数据支持，使人力资源管理者能够更好地参与组织战略决策的制定和执行。通过数据分析和模型预测，人力资源管理者可以更准确地预测组织的人力资源需求，并制定相应的招聘、培训和绩效管理策略，为组织的长远发展提供支持。

（四）促进组织创新和变革

数字化人力资源管理赋予了人力资源管理者更多创新和变革的机会。通过数字工具

---

① 庄宇韬. 企业数字化人力资源管理探讨［J］. 合作经济与科技，2023（4）：113-115.

② 李晟，刘海真. 高精尖企业人力资源管理数字化转型策略［J］. 合作经济与科技，2023（18）：130-132.

③ 李亚杰. 大数据时代企业人力资源管理数字化转型的对策研究［J］. 中小企业管理与科技，2023（8）：82-85.

和平台，人力资源管理者可以更好地实施人才招聘、绩效评估、员工关系管理等工作，从而提升组织的灵活性和创新能力。数字化人力资源管理还能够通过数据分析和人工智能技术，发现组织内部的潜在问题和机会，并及时采取相应的措施，促进组织的持续创新和变革。

（五）提升员工执行力①

数字化人力资源管理借助现代数字技术和工具来优化招聘、培训、绩效管理和沟通等方面，从而显著提升员工的执行力。数字化招聘平台筛选合适候选人，数字化培训资源提高其技能水平，数字化绩效管理实时反馈与目标追踪激励员工，以及数字化沟通工具促进团队协作，以上措施使员工获得更高效、灵活的支持与反馈，最终增强工作效率与绩效表现。

（六）便于员工培训

数字化人力资源管理为员工培训提供了便利和灵活性。通过数字化培训平台，员工可以根据自己的时间表和兴趣选择学习内容，无须受限于传统的固定培训时间和地点。在线学习资源丰富多样，涵盖广泛的主题和技能，员工可以根据自身需求进行定制化学习，从而提升专业知识和技能。此外，数字化培训也支持随时随地学习，使员工在工作间隙或在家中都能进行学习，从而更加高效地提升自己的能力和素质。

（七）福利灵活多样化供员工自选

数字化人力资源管理使福利选择更加便捷和多样化，为员工提供了自主权和个性化体验。员工可以通过数字平台浏览和了解各种福利选项，根据自身需求和兴趣，自主选择适合自己的福利计划，如从健康保险到弹性工作时间等各类福利。这种灵活性不仅满足了员工多样化的需求，也增强了员工对企业的满意度和忠诚度，进而调动其工作积极性，提高绩效。数字化人力资源管理还可以更好地跟踪员工福利使用情况并进行反馈，帮助企业不断优化福利计划，以更好地满足员工的期望和需求。

三、数字化人力资源管理的工作主线

人力资源数字化主要包含三条主线——人力资源计量化（HR Metric）、人力资源分析化（HR Analytics）以及人力资源智能化（HR Intelligence）②。

计量化、分析化、智能化层层递进，助推企业迈向高效管理。

（一）计量化

在人力资源数字化中，计量化是将人力资源相关的数据和信息转化为可量化的形式，以便于分析、跟踪和优化人力资源管理过程的方法。这包括将员工的绩效评估、培训记录、招聘进展、福利待遇、员工满意度调查等各种人力资源活动和指标转换成数字形式，通常使用各种软件和信息系统来收集、存储和分析这些数据。通过计量化，企业和组织可以更加准确地了解员工的表现、需求和反馈，发现潜在的问题和机会，并作出

---

① 孙刚俭. 人工智能时代人力资源管理的创新发展策略研究［J］. 商展经济，2024（11）：177-180.

② 冯雅力. 数字化转型背景下酒店人力资源管理课程改革效果差异性研究［J］. 陕西开放大学学报，2024，26（2）：83-89.

相应的战略决策和优化措施。此外，计量化也可以帮助人力资源部门更好地与其他部门进行数据共享和跨部门协作，提高整体组织的效率和绩效。总之，人力资源数字化中的计量化是一种强有力的工具，可以帮助企业更加科学地管理和利用人力资源，提升组织的竞争力和可持续发展能力。

（二）分析化

在人力资源数字化中，分析化是指利用数据分析技术和方法对人力资源相关数据进行深入挖掘和解释的过程。通过分析化，人力资源部门可以从海量的数字化数据中提取有价值的信息和见解，以支持更智能化的决策和战略规划。这包括运用统计学、机器学习、数据挖掘等技术手段，对员工绩效、离职率、薪酬结构、员工满意度等方面的数据进行综合分析，从中识别趋势、模式和关联，为人力资源管理提供科学依据。

分析化的优势在于能够发现隐藏在数据背后的规律和问题，帮助企业预测员工的离职倾向、优化人才招聘策略、提高员工满意度、优化薪酬体系等，从而更有效地管理人才、提升员工绩效和企业整体绩效。同时，分析化也为人力资源部门提供了更好的数据驱动决策的能力，让决策者能够更快速、准确地做出决策，提高人力资源部门的运作效率和决策质量。总体而言，人力资源数字化中的分析化是实现数据驱动的关键环节，为企业在人力资源管理方面带来更大的价值和竞争优势。

（三）智能化

在人力资源数字化的浪潮中，智能化扮演着至关重要的角色。智能化不仅是指利用人工智能和自动化技术，更是使整个人力资源管理流程变得更加智能、高效和自动化的过程。借助先进的算法、机器学习和自然语言处理等技术，人力资源部门能够深入分析和处理海量的人力资源数据。

智能化的引入，为人才招聘带来了前所未有的便利。通过数据分析和模型预测，我们可以更精准地匹配和推荐候选人，大幅提高招聘的效率和质量。同时，在培训与发展方面，智能化技术能够根据员工的学习能力和兴趣，为他们提供个性化的培训方案和学习资源，助力员工快速成长。

在绩效管理方面，智能化同样展现出其独特的优势。它能够识别出绩效较低的员工，为他们提供改进建议，同时激励和奖励表现优秀的员工。这不仅有助于提升整体绩效，还能增强员工的归属感和工作动力。

通过智能化，人力资源部门能够更从容地应对复杂多变的人才管理挑战，提升决策的准确性和效率，降低管理成本。同时，员工的满意度和组织绩效也将得到显著提升。然而，在享受智能化带来的便利时，我们也必须关注数据隐私和伦理等问题，确保在合法、合理的范围内使用人力资源数据，并切实维护员工的权益和保护某个人隐私。

综上所述，人力资源数字化中的智能化是推动人力资源管理迈向更高水平的重要趋势。它不仅将为企业带来更大的竞争优势和更多的发展机遇，还将助力企业实现可持续发展。

【案例 2-1】

易路——以薪酬为核心的人力资源全景数字化云平台

易路人力资源科技自 2004 年起，一直致力于为中大型企业打造以薪酬为核心的人力资源数字化解决方案。其服务内容广泛，涵盖核心人力资源管理、薪酬计算与发放、劳动力调度与优化、人才发展规划、持续绩效跟踪以及数据深度洞察等多个关键环节。公司的核心团队由来自 SAP、ADP、微软、Oracle、IBM 等行业领军企业的精英组成，他们凭借丰富的经验和专业知识，为易路的发展提供了强大的支撑。

目前，易路的服务已经触及全球 20 多个国家，并深入国内 310 多个城市，成功帮助 300 多家中大型企业提升了人力资源数字化的效能。这一变革不仅优化了企业的管理流程，更为超过 300 万用户带来了前所未有的数字化工作体验。

凭借多年的人力资源数字化业务实践，易路已经积累了丰富的经验和成功案例，能够迅速响应并满足不同行业和地区企业的多样化需求。其主打产品 People+更是一站式解决方案的典范，集成了核心人力、薪酬管理、劳动力管理、人才发展、持续绩效以及数据洞察等多个模块，为企业提供了全面、深入的人力资源管理支持。

通过 People+，企业可以更加高效地构建和管理团队，实现精准的人力资源配置和绩效跟踪。同时，该产品还能够帮助企业激发员工的潜能，留住优秀人才，提升整体业绩。此外，People+还为企业提供了全局视角，使决策者能够更加清晰地了解企业的人力资源状况和发展趋势，从而做出更加明智的决策。

图 2-1 是以薪酬为核心的人力资源全景数字化云平台产品与服务。

图 2-1 以薪酬为核心的人力资源全景数字化云平台产品与服务

（资料来源：艾瑞咨询系列研究报告 2022 年第 7 期的《中国人力资源·数字化研究报告》）

易路专注于服务行业中大型企业及成长迅速的公司，深耕细分市场，并致力于打造标杆客户。我们致力于提供卓越的交付服务，通过积累并展示已验证的大型企业成功案例，将易路产品的核心价值广泛传播至整个行业和市场。借助领头羊效应，我们为客户选择易路产品提供了坚实的信心支撑[①]。

① 陈同扬，包心怡. 构建数字化人力资源管理系统［J］. 人力资源，2024（11）：112-113.

第二节　数字化人力资源管理转型的思路与方法

随着科技发展和数字化浪潮汹涌而来，各行业面临转型机遇。人力资源管理作为组织核心驱动力，需实现数字化转型。数字化转型指将传统人力资源管理与现代信息技术融合，提升效能、精准度和战略价值。转型旨在使管理更高效、精准，以服务组织战略和员工发展。

一、数字化人力资源管理转型的思路

（一）树立数字化理念

企业需要认识到数字化转型对人力资源管理的重要性，积极倡导和推动数字化理念在人力资源管理中的普及和应用。通过培训、宣传等方式，提升员工对数字化转型的认识和接受度。

（二）明确转型目标

企业应根据自身的发展战略和业务需求，明确数字化人力资源管理转型的目标。这些目标可以包括提高管理效率、优化人才配置、提升员工体验等。

（三）制定转型规划

在明确目标的基础上，企业需要制定详细的数字化转型规划，包括转型的时间表、重点任务、资源配置等。规划应具有可操作性和可衡量性，以便有效指导转型工作的实施。

（四）强化数据驱动决策

企业应通过数据分析和挖掘，揭示人才管理中的规律和问题，为决策提供有力支持。这有助于企业更精准地制定人才策略，优化人才配置，提高人力资源管理的效率和效果。

（五）优化数字化工具与平台

企业应积极引进和应用先进的数字化工具和平台，如人力资源管理信息系统、人才测评工具、在线学习平台等，以提升人力资源管理的专业化和智能化水平。同时，企业还应关注这些工具和平台的易用性和安全性，确保员工能够方便、高效地使用，同时保障数据安全。

（六）培养数字化人才

企业应注重培养员工的数字化能力，通过培训、实践等方式提升员工的数字化素养和技能水平。同时，企业还应积极引进具有数字化背景和经验的人才，为数字化转型注入新的活力和动力。

（七）关注员工体验与反馈

在数字化转型过程中，企业应始终关注员工的体验和反馈，及时调整和优化数字化应用和服务。通过收集员工的意见和建议，企业可以不断改进和优化数字化转型的策略

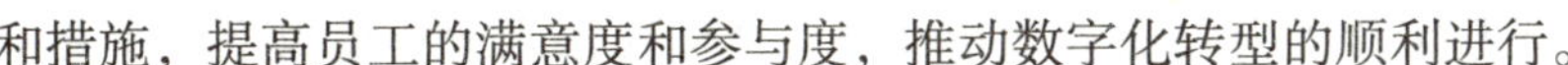

和措施，提高员工的满意度和参与度，推动数字化转型的顺利进行。

（八）持续评估与改进

数字化转型是一个持续的过程，需要企业不断评估和改进。企业应定期对数字化转型的进展和效果进行评估，发现问题和不足，及时制定改进措施。同时，企业还应关注行业动态和新技术发展，及时调整数字化转型的策略和方向，保持与时俱进。

综上所述，数字化转型的思路应包括树立数字化理念、明确转型目标、制定转型规划、强化数据驱动决策、优化数字化工具与平台、培养数字化人才、关注员工体验与反馈以及持续评估与改进等方面。通过全面而深入地推进数字化转型，企业可以实现人力资源管理的现代化和智能化，为企业的发展提供有力支撑[①]。

二、数字化人力资源管理转型的方法

（一）数据驱动决策

通过收集和分析人力资源数据，企业可以更加精准地了解员工的需求和绩效，为人才招聘、培训、激励等决策提供有力支持。同时，数据驱动决策还可以帮助企业发现管理中存在的问题和不足，及时进行调整和优化。

（二）引入智能技术

人工智能、大数据等智能技术的应用，可以进一步提升人力资源管理的效率和效果。例如，通过智能招聘系统，企业可以快速筛选和匹配合适的候选人；通过智能绩效管理系统，企业可以实时跟踪和评估员工的绩效表现。

（三）优化流程体验

数字化转型应关注员工的使用体验，通过优化人力资源管理流程提升员工满意度和忠诚度。例如，企业可以开发移动端应用，方便员工随时随地进行自我管理和查询；通过自助服务平台，员工可以自主解决常见问题，减轻 HR 的工作负担。

（四）协同合作创新

数字化转型需要企业内外各方的协同合作。企业可以与人力资源服务商、技术提供商等合作伙伴建立紧密的合作关系，共同研发和推广数字化人力资源管理解决方案。同时，企业还应鼓励员工积极参与数字化转型的过程，发挥他们的创新精神和专业能力。

总之，数字化人力资源管理转型是企业提升管理水平和竞争力的重要途径。通过树立数字化理念、明确转型目标、制定转型规划以及采用数据驱动决策、引入智能技术、优化流程体验、协同合作创新等方法，企业可以逐步推进数字化转型的进程，实现人力资源管理的现代化和智能化。这将有助于企业更好地应对市场挑战和变化，提升员工满意度和绩效表现，进而推动企业的持续发展和创新。

三、数字化人力资源管理转型的要点和挑战

在人力资源管理领域，数字化转型早已超越了单纯的技术升级范畴，它实际上是由数字经济、人口老龄化、教育改革以及科技智能等多重因素共同推动而产生的企业管理

---

① 李方方. 数字化时代的人力资源转型［J］. 财经界，2024（15）：174-176.

刚性需求。因此，实现数字化人力资源管理转型需要全面而深入地考虑以下四个关键方面①。

（一）认知变革

数字化人力资源管理转型中的认知变革是指在该转型过程中，人力资源管理者和员工需要逐步改变对数字技术和数据应用的看法和认知，接受和拥抱数字化工具和方法的应用，以实现更高效、智能和以数据驱动的人力资源管理，包括意识到数字化转型的必要性、学习和适应数字化工具、培养数据驱动的决策思维等。

（二）企业文化变革

企业实现战略的关键在于人力资源的有效运用。企业需将宏大的整体战略细化为阶段性的具体目标，并将这些目标层层递进地分解至各个层级，直至落实到每一位员工的实际工作中。这样，每个员工都能明确自己的职责和期望成果，从而确保整体战略能够得到有效执行。

（三）数字化业务变革

深度推进企业数字化转型的核心目标在于实现线上线下的无缝融合，打造自动化的工作方式，并优化业务流程和操作模式，从而达到提升效率、降低成本的根本目的。同时，对管理风险的全面关注、精准预测及有效防控也是数字化转型不可或缺的一环。

数字化人力资源管理不仅是组织和管理的数字化变革，更是对数字化时代工作模式的深度适应和创新。这意味着我们需要构建数字化的组织协同机制，涵盖业务分解协作、任务目标反馈、知识管理等多个维度，实现信息的高效流通和共享。

（四）人才变革

在当今数字化时代，“90 后”和“00 后”已逐渐崭露头角，成为人力资源市场中的核心力量。他们成长于信息爆炸、科技迅猛发展的 21 世纪，深受互联网和数字化技术的熏陶，展现出了独特的职业特性和价值观念。

（五）实践变革

数字化人力资源管理转型中的实践变革是指将数字化转型的理念和策略付诸实际行动的过程，通过引入数字技术、数据驱动和智能化工具来优化人力资源管理实践。例如，应用人力资源信息系统（HRIS）、数据分析平台和人才管理软件，改进招聘、培训、绩效评估等流程，推动组织实现更高效、灵活和智能的人力资源运作，从而提升员工满意度、绩效和企业整体竞争力。

四、数字化人力资源管理转型的驱动要素②

（一）技术发展和数字化趋势

随着技术的不断发展和数字化趋势的兴起，企业意识到数字化转型对于提升效率、优化员工体验和应对市场竞争的重要性。新兴的技术，如云计算、大数据分析、人工智

---

① 曾歌，冷德俊，高佳薇，等. 大数据背景下民办高校人力资源管理数字化转型研究［J］. 经济师，2024（6）：204-206.

② 黄曼. 数字化时代事业单位人力资源管理模式研究［J］. 环渤海经济瞭望，2024（5）：107-110.

能和自动化等，为人力资源管理提供了创新的解决方案和工具，推动了数字化转型的需求。

（二）组织战略和业务需求

企业战略和业务需求是推动数字化转型的重要因素。企业高层领导应意识到数字化转型对于实现组织战略目标和增强竞争优势的关键性作用。数字化转型可以帮助企业提高人力资源管理的效率、优化员工体验、增强人才管理能力等，与企业的战略和业务需求相契合。

（三）提升效率和降低成本

数字化转型可以提高人力资源管理的效率，减少烦琐的手动工作和重复劳动，降低管理成本。通过自助式服务、自动化流程、数据驱动决策等手段，企业可以实现资源的有效利用和管理效率的提升。

（四）数据驱动决策和人才管理优化

数字化转型可以为人力资源管理提供更多的数据收集和分析工具，帮助企业进行数据驱动的决策。通过分析员工数据、绩效评估、培训记录等，企业可以更好地了解员工需求、优化绩效管理和人才发展策略，从而提升组织绩效。

（五）员工体验和参与度

数字化转型可以改善员工体验和参与度，增强员工对企业的归属感和满意度。自助式服务、在线培训、智能化工具等提供了更便捷和个性化的员工服务和体验，激发员工的积极性和参与度。

（六）竞争压力和市场需求

企业面临着日益激烈的竞争和不断变化的市场需求。数字化转型可以帮助企业更好地应对市场挑战和灵活调整组织结构和人力资源策略，提高企业的灵活性、敏捷性和竞争力。

综上所述，技术发展、组织战略、效率提升、数据驱动决策、员工体验以及市场需求等因素共同推动了人力资源管理的数字化转型。企业需要综合考虑这些关键驱动因素，并制定相应的数字化转型策略，以实现持续的改进和创新。

【案例2-2】

人力资源管理数字化转型的企业实践——以微软公司为例

在微软公司发展的历史长河中，鲍尔默担任首席执行官的时期无疑是一个充满挑战与变革的阶段。在这段时期，微软面临着市值下滑、业务困局，以及内部体制的僵化等多重问题。然而，自从萨蒂亚·纳德拉于2014年接任首席执行官以来，他以其独特的战略眼光和领导力，引领微软走上了一条复兴之路。

纳德拉的变革之路并非一帆风顺。他首先对公司战略进行了重大调整，从“设备+服务”转向“云为先+移动为先”。这一战略转型不仅体现了微软对未来技术趋势的敏锐洞察，也彰显了纳德拉对公司发展方向的坚定决心。然而，战略转型并非一蹴而就，它需要组织架构、文化以及人力资源管理等多个方面的配合与支持。

在组织架构方面，纳德拉采取了一系列措施来优化公司的业务结构和运营模式。他首先将Windows操作系统与硬件业务合并，以守住现金流并聚焦核心业务。随后，他进一步推动以云为核心的企业服务发展，并逐渐将业务重心转向智能云和智能尖端领域。这些举措不仅提升了微软的业务竞争力，也为公司的未来发展奠定了坚实基础。

在纳德拉的领导下，除了对战略和组织架构进行必要的调整之外，他还格外强调组织文化的塑造与强化。他重新界定了公司的使命、愿景以及核心价值观，将赋能作为核心使命，致力于助力全球范围内的个人和组织实现卓越的成就。在这一过程中，纳德拉尤为关注同理心和成长性思维在组织变革中的关键作用。

在推动企业变革的征途上，微软充分借助了数字化技术和实证研究方法，对人力资源管理进行了深度优化。利用 Office 365 工作场所分析模型等先进工具，微软深入剖析了员工的日常行为特征和团队协作网络，为组织行为的改进和业绩的提升奠定了坚实基础。此外，微软还通过收购领英和 Glint 等平台，进一步拓展了组织行为分析的广度和深度，为企业变革提供了更为全面和精准的数据支持。

在萨蒂亚·纳德拉的卓越领导下，微软的转型之旅取得了骄人的成绩。公司的营业收入实现了显著增长，市值也重返巅峰状态。更为重要的是，微软的企业文化得到了全面焕新，形成了合作、包容和持续创新的良好氛围。员工们纷纷摒弃了传统的思维定式和行为习惯，整个组织成功实现了向云时代的行为转变和技能提升。

综上所述，萨蒂亚·纳德拉的领导才能和变革精神为微软带来了前所未有的发展机遇。他通过战略调整、组织架构优化、文化建设以及数字化技术的运用等多元化手段，成功引领微软走出了困境，实现了复兴。微软的成功经验不仅对其他企业具有宝贵的启示作用，也为整个科技行业树立了可供学习的典范。

（本案例内容来源：萨提亚·纳德拉. 刷新：重新发现商业与未来［M］. 陈召强，杨洋，译. 北京：中信出版社，2018.）

第三节　数字化人力资源管理的发展趋势

随着信息技术的快速发展和智能化应用的广泛普及，数字化人力资源管理已成为现代组织中不可或缺的重要组成部分。数字化技术的广泛应用为企业的人力资源管理带来了许多新的机遇和挑战。本节将探讨数字化人力资源管理的发展趋势，以帮助读者了解当前行业的变化和未来的发展方向①。

一、数字化人力资源管理发展目标

（一）理念：业务人力一体化

在深入探讨人力资源与业务的关系时，我们不难发现两者之间存在一种紧密且相互

① 王骁. 从数字化到智慧化：高校人力资源管理系统的应用现状与发展趋势［J］. 人力资源，2020（2）：68-69.

依赖的联系。它们并非孤立存在，而是相互融合、相互促进，共同构成了企业运营的两个核心要素。当前，随着企业对人力资源价值的日益重视，越来越多的企业开始认同并实践"HR 工作应始于理解业务和业务需求"的理念，同时也认识到"人力资源管理非人力资源部独担，业务部门亦须参与"的重要性。

确实，人力资源数字化在实际操作中遇到的挑战不容忽视。尽管有了明确的共识和理念指导，但企业在实施数字化转型时，确实会面临各种实际问题和困难。这反映出，尽管人力与业务一体化的理念得到了广泛认可，但在实际操作中，如何真正将两者紧密结合，发挥人力资源管理的深层次价值，仍然是一个亟待解决的问题。

为了解决这一问题，一些数字化服务商开始积极倡导业务人力一体化的理念，并通过优化产品或服务，从覆盖场景和功能等角度帮助企业更好地实现人力与业务的连接。这些服务商通过提供先进的数字化工具和技术，帮助企业更好地了解业务需求、优化人力资源管理流程、提高管理效率，从而推动企业实现人力与业务的深度融合。

（二）技术：智能化

拓展 AI 技术在人力资源管理中的应用，不仅有助于提升工作效率，更能推动管理模式的深刻变革。当前，尽管 AI 在人力资源领域的应用已经取得了一些进展，但整体上仍处于初步发展阶段，亟须进一步拓展其应用的广度和深度。

在技术的演进与市场的成熟推动下，AI 在人力资源管理中的应用正逐步由单一的弱人工智能领域如视频识别、语音识别等，向更为广泛的领域延伸。尽管当前这些技术主要聚焦于招聘和培训环节，但未来的发展趋势预示着 AI 将在更多的人力资源管理场景中发挥更为核心和深入的作用。

例如，在员工绩效评估和薪酬管理等方面，AI 可以通过大数据分析和机器学习算法，实现对员工绩效的精准评估和薪酬的科学制定，从而提升企业的管理效率和员工的满意度①。

（三）产品：SaaS 化

快迭代、易访问和社会化集成等功能为供需双方提供多重价值。

人力资源数字化产品的 SaaS（软件即服务，software as a service）化是大势所趋，目前已有诸多实践，部分以本地部署软件起家的厂商也开始进行 SaaS 化的尝试。与此同时，在人力资源数字化相关领域中，资本市场对 HR SaaS 的关注度逐渐增加。与本地部署相比，SaaS 云端部署不仅能节省企业的初始投资成本，还能凭借灵活配置、快速迭代和便捷化等特征优化企业体验。SaaS 产品还具备社会化集成、AI 等功能，对数字化服务商而言，不但利于拓展附加模块，扩大产品或服务覆盖面，而且更易于提升产品或服务的精准度，是能够帮助提升自身盈利能力的更具延展性的商业模式。

（四）产品：一体化

随着产品发展的不断进步，一体化的趋势日益显著，这被视为众多领域追求的理想目标。在我国人力资源数字化发展的初级阶段，产品供应商主要依托自身的技术优势与市场的实际需求，专注于某一特定的专业细分领域，精心打造单一的模块软件。然而，

---

① 孙刚俭．人工智能时代人力资源管理的创新发展策略研究［J］．商展经济，2024（11）：177-180.

随着企业管理的需求日趋复杂多变，采购单模块软件所带来的弊端也逐渐浮出水面，诸如员工数据分散、信息无法有效整合等问题愈发凸显。

尽管软件集成的方式在一定程度上能够缓解这些痛点，但许多企业仍然渴望能够通过一个统一的平台或入口，全面、高效地解决所有人力资源管理场景下的各种问题。然而，实现一体化并非一蹴而就的简单任务。目前，市场上大部分的服务商所提供的服务链路仍然相对分散，缺乏足够的整合性，这使得他们在追求一体化的过程中面临着诸多挑战和困难。

这些挑战不仅来源于行业经验的积累和产品技术的完善需要时间和实践的检验，更涉及服务链条的复杂性。在销售、交付、客户成功等多个关键环节，服务商都需要具备强大的实力和能力，以确保能够提供稳定、可靠的一体化服务。

产品一体化服务旨在通过提供更全面、更集成的人力资源管理解决方案，帮助企业实现人力资源管理的优化和升级。这不仅能够满足当前市场对于一体化服务的迫切需求，更能够推动整个人力资源管理行业向更高水平、更成熟阶段迈进。

（五）市场：生态化

为了构建高效且稳固的产业生态系统，产业链上下游的协同合作以及内外部的深度融合显得尤为关键。在这一背景下，数字化服务商为实现一体化目标，普遍采取了两种策略路径。首先，有些服务商选择广泛布局，涉足多个领域，力求在多个层面实现覆盖。然而，这种广度优先的策略往往导致在某一具体领域的深度挖掘不够，可能难以形成核心竞争力。另一种策略则是服务商通过生态化的方式，不断补齐自身的能力短板，努力将自己打造成一个“六边形战士”，即打造成在多个维度都具备强大能力的综合服务商。这种策略强调的是全面性和深度性的结合，旨在通过构建完整的生态系统，满足市场的多元化需求。

二、数字化人力资源管理平台

HR SaaS 指的是基于云计算模式提供的人力资源管理软件服务（Human Resources Software as a Service）。它通常由专业的软件开发公司或供应商提供，企业可以通过订阅的方式使用这些软件，而不需要购买和维护自己的硬件设备或软件系统。如图 2-2 所示，HR SaaS 主要分为三大模块：人力资源、人才管理和人才技术。

第一，人力资源模块。人力资源模块是 HR SaaS 的核心模块，涵盖了基础的人事管理功能，包括员工档案管理、假勤管理、薪酬福利管理和组织架构管理。这些功能帮助企业管理和优化人力资源的基本运作，确保组织内部的人事流程高效顺畅。

第二，人才管理模块。人才管理模块是在人力资源模块的基础上的延伸和扩展，主要关注于人才的发掘、培养和管理，包括绩效管理、招聘管理、继任计划、培训管理等功能。人才管理模块通过能力识别模型将各个子模块连接起来，帮助企业全面评估和提升员工的能力和潜力。

第三，人才技术模块。人才技术模块是对人才管理模块的进一步延伸，专注于应用各种人才相关的技术手段和工具。涉及能力模型的建立和应用、测评技术的使用、领导力评估、员工调查和在线考试等，旨在提升员工在工作中的技能和表现。

这三大模块共同构成了 HR SaaS 系统的全生命周期管理功能，覆盖了员工从招聘、选拔、入职、管理、发展到留用的所有关键环节。通过 HR SaaS，企业可以更高效地管理和优化人力资源，提升组织的整体运作效率和员工满意度。

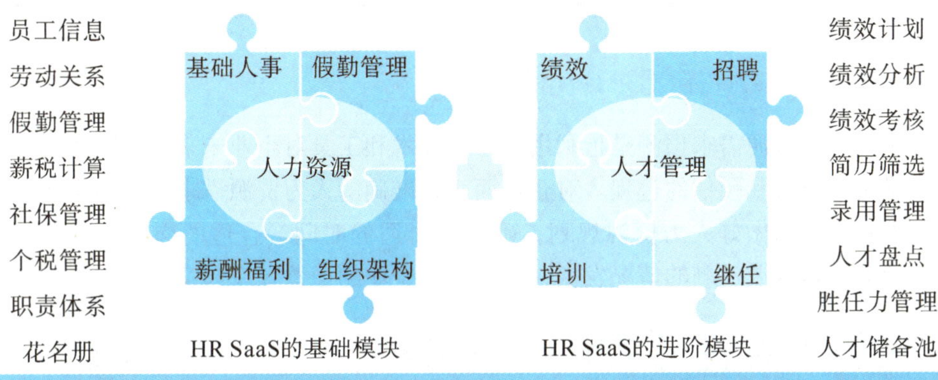

图 2-2　HR SaaS 的主要功能模块

HR SaaS 相对于传统的本地部署 e-HR 软件展现了独特的价值：通过订阅模式降低了初始投资成本，提供灵活的部署和扩展能力，自动化更新和维护减少了管理负担，同时保证了高级别的安全性和全球化支持，为企业提供了现代化、高效的人力资源管理解决方案。管理层可以通过 HR SaaS 统筹员工薪资和绩效，更科学地制定人才发展战略。而对于员工来说，HR SaaS 的自动化软件能够替代处理日常琐碎、机械化的人力资源管理任务，增强了员工的数字化意识，并满足了个性化的工作需求。

随着企业数字化转型的深入，新的应用场景不断涌现，HR SaaS 在不断地迭代优化过程中，将更加关注与企业需求的紧密匹配，以满足和应对不同企业的特定需求和挑战。

HR SaaS 的核心价值如图 2-3 所示。

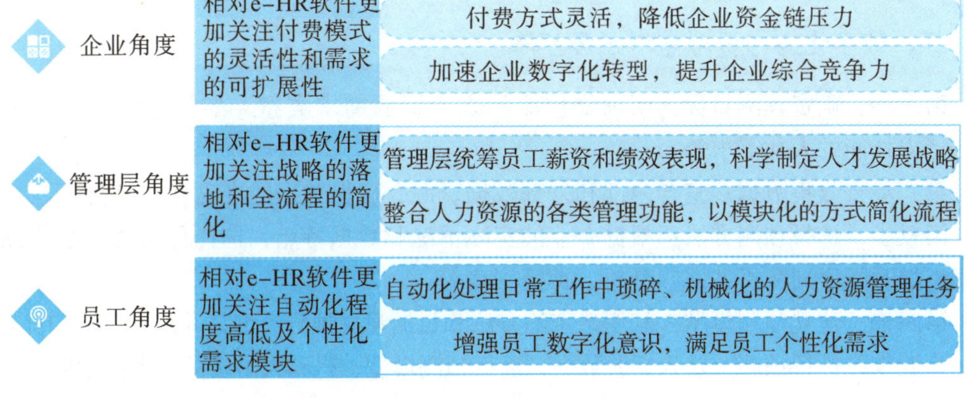

图 2-3　HRsaas 的核心价值①

① 《2020 年中国 HR SaaS 行业研究报告》

第四节　数字化人力资源需求预测

一、数字化人力资源需求预测的内涵

数字化人力资源需求预测是指利用数字化技术和工具对企业未来一段时间内的人力资源需求进行分析和预估的过程。对企业而言，准确的人力资源需求预测至关重要。它可以帮助企业提前做好人力资源规划，确保在合适的时间、合适的岗位上有合适的人才，避免人才短缺或过剩的情况发生，从而提升企业的运营效率和竞争力。

二、数字化技术在人力资源预测中的应用

（一）大数据分析

通过收集和分析大量的内部数据（如员工绩效数据、离职率、业务增长数据等）和外部数据（如行业趋势、劳动力市场数据等），企业可以发现人力资源需求的潜在趋势和规律。例如，根据历史销售数据和员工数量的关系，预测随着销售增长所需的新增销售人员的数量。

（二）人工智能与机器学习

采用人工智能技术，可以处理复杂的数据集，建立预测模型。这些模型能够自动学习数据中的模式，不断优化预测结果。例如，利用机器学习算法预测不同项目阶段对特定技能人才的需求。

（三）人力资源管理系统

现代的人力资源管理系统可以提供详细的员工信息和业务数据，为需求预测提供数据支持。人力资源管理系统可以跟踪员工的技能、经验、培训情况，帮助企业评估现有员工能否满足未来业务需求，以及确定是否需要招聘新员工或进行内部培训。

三、数字化人力资源需求预测步骤

第一步，确定预测目标：明确要预测的人力资源需求类型，如特定岗位的人员数量、特定技能的人才需求等。

第二步，收集数据：整合内部和外部数据资源，确保数据的准确性和完整性。

第三步，选择预测方法：根据企业的实际情况和数据特点，选择合适的数字化预测方案，如时间序列分析、回归分析、神经网络等。

第四步，建立预测模型：利用选定的方法和数据建立预测模型，并进行验证和优化。

第五步，进行预测：输入相关数据，运行预测模型，得到人力资源需求的预测结果。

第六步，评估和调整：对预测结果进行评估，与实际情况进行对比，不断调整和完善预测模型。

总之，数字化人力资源需求预测为企业提供了更科学、准确的人力资源规划依据，

有助于企业在快速变化的市场环境中更好地应对人才挑战。

四、数字化人力资源需求预测的内容

（一）组织战略与业务需求

分析组织的战略目标和业务发展方向，明确人力资源管理在其中的角色和定位。确定哪些人力资源管理环节需要通过数字化手段进行优化和提升，以支持组织战略和业务目标的实现。

（二）流程优化与自动化

对现有的人力资源管理流程进行全面梳理，识别其中的瓶颈和冗余环节。评估哪些流程可以通过数字化手段实现自动化或优化，以提高效率和准确性。

（三）员工体验与满意度

关注员工在人力资源管理过程中的体验和感受，了解他们的需求和期望。设计数字化解决方案时，注重提升员工体验，增强员工的满意度和忠诚度。

（四）数据管理与分析

分析现有的人力资源数据资源，包括员工信息、绩效数据、培训记录等，确定需要收集、存储和分析哪些数据，以支持决策制定和业务优化。

（五）技术与平台选择

评估市场上现有的数字化人力资源解决方案和技术平台，选择适合组织需求的技术和平台，确保其能够与现有系统无缝集成，并满足未来的可扩展性需求。

五、数字化人力资源需求预测常用方法

数字化人力资源需求预测，一般常用的较为简便的方法包括工作负荷法、趋势分析法、多元回归分析法等。

1. 工作负荷法

工作负荷法即按照历史数据，先算出对某一特定的工作每单位时间（每天）的每人的工作负荷（产量），再根据未来的生产量目标（或劳务目标）计算出需要完成的总工作量，然后根据前一标准折算出所需的人力资源数。

例：某工厂新设一车间，其中有四类工作。现拟预测未来三年操作所需的最低人力数。

第一步：根据现有资料得知这四类工作所需的标准任务时间为：0.5 小时/件，2.0 小时/件，1.5 小时/件，1.0 小时/件。

第二步：估计未来三年每一类工作的工作量，即产量（见表 2-1）。

表 2-1　某新设车间的工作量估计　　单位：件/年

工作	第一年	第二年	第三年
工作 1	12 000	12 000	10 000
工作 2	95 000	100 000	120 000
工作 3	29 000	34 000	38 000
工作 4	8 000	6 000	5 000

第三步：折算为所需工作小时数（见表 2-2）。

表 2-2　某新设车间的工作小时数估计　　　　单位：小时/年

工作	第一年	第二年	第三年
工作 1	6 000	6 000	5 000
工作 2	190 000	200 000	240 000
工作 3	43 500	51 000	57 000
工作 4	8 000	6 000	5 000
总计	247 500	263 000	307 000

第四步：根据实际的每人每年可工作小时数，折算所需人力。假设每人每年工作小时数为 1 800 小时，从表 2-2 数据可知，未来三年所需的人力数分别为：138 人、147 人和 171 人。

2. 趋势预测法

这是比较简单的方法。预测者必须拥有过去一段时间的历史数据资料，然后用最小平方法求得趋势线，将这趋势线延长，就可预测未来的数值。

趋势预测法以时间或产量等单个因素作为自变量，人力数为因变量，且假设过去人力的增减趋势保持不变，一切内外影响因素保持不变。

例：某公司，已知过去 12 年的人力数量如表 2-3 所示，现预测未来第三年的人力数量。设 y 为人力数量，x 为年度，则可利用最小平方法，求出直线方程 $y = a + bx$ 中 y 的值。

其中

$$a = \bar{y} - b\bar{x}$$

$$b = \frac{\sum_{i=1}^{n}(x_i - \bar{x})(y_i - \bar{y})}{\sum_{i=1}^{n}(x_i - \bar{x})^2}$$

$$\bar{y} = \frac{\sum_{i=1}^{n} y_i}{n}$$

$$\bar{x} = \frac{\sum_{i=1}^{n} x_i}{n}$$

得出：$a = 390.7$　　　$b = 41.3$　　　$y = 390.7 + 41.3x$

则可预测未来第三年的人数为：$y = 390.7 + 41.3 \times 15 = 1\,010$（人）

表 2-3　某公司过去 12 年人力数量

年度	1	2	3	4	5	6	7	8	9	10	11	12
人数	510	480	490	540	570	600	640	720	770	820	840	930

3. 多元回归预测法

与上一种方法不同的是，它是一种从事物变化的因果关系来进行预测的方法，它不再把时间或产量单个因素作为自变量，而将多个影响因素作为自变量。它运用事物之间的各种因果关系，根据多个自变量的变化来推测与之有关的因变量变化。组织中人力资源需求的变化总是与某个或某几个因素关联的，所以，我们找出和确定人力资源需求随各因素的变化趋势，就可推测出将来的数值。

这个方法有五个步骤：

第一步：确定适当的与人力资源需求量有关的组织因素。组织因素应与组织的基本特征直接相关，而且它的变化必须与所需的人力资源需求量变化成比例。

第二步：找出历史上组织因素与员工数量之间的关系。例如，医院中病人与护士数量的比例关系，学校中学生与教师的比例关系等。

第三步：计算劳动生产率。例如，表 2-4 为某医院 2008—2014 年每三名护士平均日护理病人的数量。这样，每年病人数的总数乘以同一年的劳动生产率即得护士的总数。

表 2-4　某医院从 2008—2014 年病人与护士数量比例

时间	病人数	劳动生产率（护士数/病人数）	人员需求
2008 年	3 000	3/15	600
2010 年	2 880	3/12	720
2012 年	2 800	3/10	840
2014 年	1 920	3/6	960

第四步：确立劳动生产率的变化趋势以及对趋势的调整。要确定过去一段时间中劳动生产率的变化趋势必须收集该时期的产量和劳动力数量的数据，依此算出平均每年生产率变化和组织因素的变化，这样就可预测下一年的变化。

第五步：预测未来某一年的人员需求量。表 2-5 列出了 2008—2020 年实际和预测的组织因素水平（每年的病人数）及劳动生产率。其中，2016—2020 年的病人数可以运用趋势法和社会需求分析法预测，劳动生产率是经过对历史数据分析调整后的数值，这两个变量一旦确定，便可以计算出对护士的需求量。

表 2-5　对该医院 2016—2020 年护士需求量的预测

时间	病人数	劳动生产率（护士数/病人数）	人员需求
2008 年	3 000	3/15	600（实际）
2010 年	2 880	3/12	720（实际）
2012 年	2 800	3/10	840（实际）
2014 年	1 920	3/6	960
2016 年	1 400	3/4	1 050（预测）
2018 年	1 520	3/4	1 140（预测）
2020 年	1 660	3/4	1 245

很显然，多元回归法由于不只以时间作为预测变量，能够考虑组织内外多个因素对人力资源需求的影响，因此它预测的结果要比趋势法准确，但是这种方法比较复杂。

第五节　数字化人力资源供给预测

一、数字化人力资源供给预测的内涵

数字化人力资源供给预测是借助数字化手段对企业在未来一定时期内能够获得的人力资源数量和质量进行预估的过程。准确的人力资源供给预测能帮助企业合理规划人力资源战略，确保企业在需要的时候能够获得足够的合适人才，维持企业的正常运营和发展；同时，也有助于企业提前做好人才储备和培养计划，提高人力资源管理的效率和效益。

二、人力资源供给预测的分析方法与工具

一是数据分析工具：利用 Excel、SPSS 等数据分析工具，对收集到的人力资源数据进行统计分析，提取有价值的信息和洞察。

二是人力资源信息系统（HRIS）：HRIS 是数字化人力资源供给分析的重要工具，它可以提供全面的员工数据和档案，支持数据分析和决策制定。

三是大数据与人工智能技术：通过大数据分析和人工智能技术，可以对海量的人力资源数据进行深入挖掘和智能分析，发现潜在的人才趋势和供给风险。

三、数字化人力资源供给预测的步骤

第一步，确定预测范围和目标，明确要预测的人力资源供给类型，如内部供给还是外部供给，特定岗位的人才供给还是整体人才供给等。

第二步，收集数据，整合内部和外部数据资源，包括企业内部员工数据，人才市场数据，行业分析报告等，确保数据的准确性和完整性。

第三步，选择预测方法，根据数据特点和预测目标，选择合适的数字化预测方法，如趋势分析、比率分析、马尔科夫分析等。

第四步，建议预测模型，利用选定的方法和数据建立预测模型，并进行验收和优化。

第五步，进行预测，输入相关数据，进行预测模型，得到人力资源供给预测结果。

第六步，评估和调整，对预测结果进行评估，与实际情况进行对比，不断调整和完善模型。

四、数字化人力资源供给预测的主要内容

（一）内部供给分析

1. 员工数据与档案

利用人力资源管理信息系统（HRIS）等工具，收集和分析员工的年龄、性别、学历、技能、绩效等基本信息，以评估组织内部的人力资源结构和潜力。

2. 离职与退休预测

通过历史数据和趋势分析，预测未来一段时间内员工的离职率和退休率，以评估内部人力资源的流失风险。

3. 晋升与调动潜力

分析员工的职业发展规划和内部晋升机会，评估组织内部的人才流动和晋升潜力。

（二）外部供给分析

1. 劳动力市场趋势

利用大数据和人工智能技术，对外部劳动力市场的趋势进行分析，包括行业发展趋势、人才流动情况、薪酬水平等。

2. 招聘渠道与效果

评估不同招聘渠道（如在线招聘平台、社交媒体、校园招聘等）的效果和成本，以确定最有效的招聘策略。

3. 人才储备与培养

关注外部人才市场的潜力人才和关键岗位人才，通过合作培养、定向招聘等方式，建立组织的人才储备库。

【案例 2-3】

用马尔可夫分析法进行人力资源供给预测

马尔可夫分析法是一种统计方法。该方法的基本思想是：找出过去人事变动的规律，以此来推测未来的人事变动趋势。下面我们以一个会计公司的人事变动作为例子来加以说明（见表 2-6）。分析的第一步是制作一个人员变动矩阵表，表中的每一个元素表示从一个时期到另一个时期（如从某一年到下一年）在两个工作之间调动的雇员数量的历年平均百分比（以小数表示）。一般以 3~5 年为周期来估计年平均百分比。

表 2-6　某会计公司人力资源供给情况的马尔可夫分析

职位层次	人员调动概率				
	G	J	S	Y	离职
高层领导人（G）	0.80	—	—	—	0.20
基层领导人（J）	0.10	0.70	—	—	0.20
高级会计师（S）	—	0.05	0.80	0.05	0.10
会计员（Y）	—	—	0.15	0.65	0.20

例如，表 2-6 表明，平均每年有 80% 的高层领导人留在原工作岗位，有 20% 离职。平均每年有 65% 的会计员留在原工作岗位，有 15% 被提升为高级会计师，同时有 20% 离职。用这些历年数据来代表每一种工作中人员变动的概率，就可以推测出未来的人员变动（供给量）情况。将计划初期每一种工作的人员数量与每一种工作的人员变动概率相乘，然后纵向相加，即得到表 2-7 的组织内部未来劳动力的净供给量。

表 2-7　某会计公司人力资源供给情况的马尔可夫分析

职位层次	初期人员数量	G	J	S	Y	离职
高层领导人（G）	40	32				8
基层领导人（J）	80	8	56			16
高级会计师（S）	120		6	96	6	12
会计员（Y）	160			24	104	32
预计的人数供给量	40	62	120	110	68	

我们再看表 2-7，如果下一年与上一年相同，“预计的人数供给量”为：下一年将有同样数目的高层领导人（40 人），以及同样数目的高级会计师（120 人），但基层领导人将减少 18 人（即 80-62），会计员将减少 50 人（即 160-110）。这些人员变动的数据，与正常的人员增加、减少或维持不变的计划相结合，就可以用来决策怎样使预计的劳动力供给与需求相匹配。

五、数字化人力资源需求预测和供给预测的结果应用

1. 支持人力资源规划

根据分析结果，制定符合组织战略和业务发展需要的人力资源规划，确保组织能够持续获得符合需求的人才。组织可以更好地了解自身的人力资源状况和市场趋势，从而做出科学的人力资源规划和决策。

2. 招聘与选拔

优化招聘渠道和选拔流程，提高招聘效率和人才质量，降低招聘成本。

3. 员工培训与发展

根据员工的职业发展规划和企业的内部晋升机会，制订针对性的培训和发展计划，提升员工的技能和绩效。

4. 组织变革与创新

支持组织的变革和创新，通过优化人力资源配置和流程，增强组织的竞争力和适应能力。

【本章内容小结】

数字化人力资源管理是将信息技术与人力资源管理相结合的新兴领域，通过数字工具和平台的运用，实现了人力资源管理的数字化转型和升级。数字化人力资源管理提高了管理效率和精确性，优化了员工体验，促进了战略性人力资源管理，同时也促进了组

织的创新和变革。通过数字化人力资源管理转型，组织能更快适应市场变化，增强竞争力和灵活性。这能提升管理效率和准确性，并提供实时数据支持决策，增强员工参与度和满意度。

数字化人力资源需求预测可以帮助企业提前做好人力资源规划，确保在合适的时间、合适的岗位上有合适的人才，避免人才短缺或过剩的情况发生，从而提高企业的运营效率和竞争力。数字化人力资源供给预测可以帮助企业合理规划人力资源战略，确保企业在需要的时候能够获得足够的合适人才，维持企业的正常运营和维持发展。同时，也有助于企业提前做好人才储备和培养计划，提高人力资源管理的效率和效益。

有效平衡人力资源需求和供给，企业能更好地了解自身的人力资源状况和市场趋势，从而做出科学的人力资源规划和决策，为提升企业竞争力做好充分准备。

【讨论思考题】

1. 试分析数字化人力资源管理转型存在哪些困境?
2. 试分析数字化人力资源平台的主要内容和结构?
3. 请分析数字化人力资源需求预测和供给预测在内容和方法上有什么区别和联系。

【案例 2-4】

腾讯 HR 助手——腾讯的企业人力资源管理平台系统

在数字化迅猛发展的当下，移动互联网、云计算、大数据、人工智能及 5G 等先进技术的发展日新月异，为企业带来了前所未有的转型升级挑战。为了紧跟这一浪潮，不少企业已将数字化转型列为战略核心。在这一过程中，人力资源作为企业的重要支柱，其管理方式和效能的升级显得尤为关键。

AI 技术通过深度学习和自然语言处理等领域的先进技术，实现了对文本内容的智能分析和优化。它能够帮助企业快速识别并去除冗余信息，同时保留关键内容，从而实现对文本的精准分析。这不仅可以降低企业在内容处理方面的成本，还能提高处理效率，为企业创造更多价值。

面对复杂多变的市场环境，企业的人力资源决策愈发需要依赖于更加客观、精准的数据和模型分析。这意味着新一代的人力资源从业者必须摒弃传统的直觉型决策方式，转向更为科学、理性的数字驱动型决策模式。同时，他们还需要具备结构化、逻辑化、系统化的思维模式，以更好地应对各种复杂的人力资源问题。

腾讯 HR 助手作为 HR 产品化的领军者和先驱，凭借其鲜明的移动互联网特色及深厚的内部实战经验，深受年轻员工的青睐，并引领着新一代 HR 产品的发展潮流。该平台以管理驱动和员工与组织驱动为核心，提供多元化的产品服务，涵盖企业运营的多个关键环节，有效提升了企业的管理效能。

腾讯 HR 助手不断将内部优秀产品云化并对外开放服务能力。目前，已推出 E 人事、E 入职、E 背调、电子工资单、假勤管理、薪酬管理、目标管理、绩效管理、360 评估、视频面试及团队贺卡等核心应用。这些应用能够满足企业在人事管理、合规背调、快速入职、绩效评估及人才体验提升与服务等多方面的组织管理与人才服务需求，从而推动企业实现 HR 数字化管理的全面升级。

综上所述，随着数字化技术的不断进步和应用，企业的人力资源管理正经历着深刻的变革。腾讯 HR 助手作为行业佼佼者，将继续发挥创新优势和实践经验，为企业提供更加高效、智能的 HR 产品和服务，推动企业实现数字化转型和升级发展。

一、腾讯 HR 助手人力资源解决方案

腾讯 HR 助手凭借管理驱动和自组驱动两大引擎助力数字化战略的长期发展。以招聘、绩效、组织、培训为主的管理驱动依托人事管理模块，以流程和数据为核心提升组织效能。而场景深化、用户触达、员工激发、组织激活等自主驱动能力，凭借数字化手段触达管理链条关键用户。

1. E 人事：简洁直观的一站式组织人员全生命周期管理

E 人事，作为一款先进的 HR 核心人事解决方案，其独特之处在于其 PC 端与移动端的无缝融合，为企业提供了前所未有的人事管理便利。在 PC 端应用中，E 人事展示了其强大的功能集，包括组织岗位管理、人员管理、人员异动处理、假期配置和报表查询等核心模块。这些功能的结合，使得企业能够构建一个既高效又系统的人事管理平台，极大地提升了人事管理的效率与准确性。

一站式核心人事解决方案，连接其他平台的互联互通能力。通过核心人事底座与云上中台能力，实现与企业内部系统的互联互通，满足不同企业个性化需求的同时打造一体化的用户体验。

通过微信或企业微信接入，无须下载 app 即可访问。微信公众号、企业微信应用作为移动端入口，为员工提供个人信息查看/维护、同事/下属信息查询、移动提醒、自助审批等功能，提升员工体验。

组织架构调整一步到位。快速响应企业组织架构变化，支持组织平移，自动识别并调整发生变动的岗位关系与汇报链关系，自动生成员工调动记录，保障组织、岗位、员工数据正确清晰。

汇报链变动智能捕捉，员工异动放心变。员工入职、离职、调动所导致的汇报链变动，系统将智能识别捕捉，并提醒 HR 确认操作，保证汇报链条的正确完整。

智能人事提醒，规避用工风险。系统会对入离调转、合同等相关人事操作进行页面提醒和邮件触达，提前预警，帮助企业用工合规合法，降低用工风险。

2. 视频面试：全流程在线面试平台

HR 助手还是专业的全流程在线面试平台，小程序链接快速进入，批量面试安排一键导入，灵活调整面试时间。支持最多 16 人群面、实时简历查看、实时面试记录、面试公告展示等。

此外在面试前还支持员工背景核实调查，管理员仅需通过 3 个字段，即姓名、手机号码、邮箱地址即可批量触发背调订单委托，简洁高效。链接公安数据库，通过符合法律的途径，进行候选人信息核实，防范风险。

3. E 入职：人人“易”入职

初始化配置、一键添加入职、完善入职资料、资料审核、现场报到，腾讯 HR 助手实现一站式入职办理，全面电子化，无须重复资料录入，无纸化办公，助力提效。

入职无须再填表，每个步骤都有指引，电子签约，专业高效打造有温度的服务；端到端入职流程闭环，候选人入职管理，帮助公司预警监控。

4. 考勤管理：让企业管理更合规精准

多场景考勤。支持 Wi-Fi、蓝牙、GPS 打卡，精准度可控，提供多平台、多设备类型一致的用户体验。考勤端到端解决方案。考勤闭环流程，覆盖无感自助数据采集，审批与数据校准，核算，结果应用与数据洞察，助力管理层决策、HR 高效工作、提升员工体验。

打破数据孤岛，通过考勤数据汇总联动薪酬结算，灵活管控各类复杂考勤规则，流程自动化，让企业的管理更精准、高效。

5. 薪酬管理：更懂 HR 的薪酬平台

薪酬全过程管理，数据可追溯、过程可追踪、结果广应用、系统强连接；乐高式薪酬方案配置，自动纠错，极大简化薪酬设计难度；强大的计算引擎，快速准确完成算薪。多维度数据分析，赋能动态薪资激励决策；开放集成平台，灵活快速连接适配薪酬上下游系统，集成安全、高效、易管理。

6. 背调

E 背调提供候选人身份验证，不良社会安全记录、教育背景核实等背调需求服务，人脸识别授权、精准鉴别、秒级快速交付，还原候选人真实履历，有效防范招聘风险。

7. 电子工资单

为用户提供线上薪酬信息管理平台，该平台致力于简化薪资管理过程。员工能够便捷地查询个人薪资明细，实现透明化薪资管理。同时，该平台支持灵活授权，无论是组织还是个人，都能轻松查看下属薪资情况，实现精准的薪酬管理。

8. 目标管理

薪酬方案灵活可配，算薪自动同步入转离调、社保、税务、假勤数据，计算高效，稳定。看板呈现人力成本分布，为企业规划提供可视化分析工具。重点解决企业内业务差异大、存在多种管理周期难题，为企业提供灵活可配置的目标管理业务管理方案。支持目标指定、目标对齐、目标跟踪等全流程闭环功能，助力企业内目标实施落地。

9. 360°评估

腾讯的 360°全面评估工具，不仅广泛适用于管理干部评估、人员晋升评估、组织绩效评估等多样化场景，更以其轻量化和高灵活性，满足员工各类评估需求。员工可轻松自定义评估模型，实时追踪评估进展，确保评估过程的高效与顺畅。无须复杂操作，轻松应对各种评估挑战。

10. 团队贺卡

团队协作送祝福，一人邀请全员响应。无论何种场合，我们都相伴左右。为管理者提供贴心的下属生日提醒服务，让员工不再错过每一个重要的日子。

二、产品优势

腾讯 HR 助手具备以下六大特点：

1. 多接入方式

支持微信、企业微信等多种接入方式，可根据客户需求定制，提供便捷的一体化入口。

2. 高度自定义

允许企业自定义业务规则、内容及个性化皮肤，强调去腾讯化，提供强大的开放和定制能力。

3. 智能数据管理

腾讯运用智慧数据决策技术，实现人力资源数据的实时流转、整合与直观展示，确保决策精准高效。

4. 开放生态

在拓展生态和合作伙伴关系方面，HR 助手积极开放接口和生态系统，以支持第三方服务提供商无缝接入腾讯 HR 助手平台。这一举措旨在进一步丰富 HR 助手的产品线，为用户提供更为多元化和个性化的服务。

5. 全站加密

依托腾讯云提供数据加密、域名加密、协议加密等全方位安全保护。确保企业数据在端到端的网络传输中安全可靠。

6. 多级权限管理

提供灵活的权限配置功能，支持多角色权限设置，严格管控企业角色和权限分配，确保各类管理角色高效运转。

三、应用场景

1. 普通型场景

针对小型企业且尚未应用 e-HR 产品的情况，我们推出基于 E 人事的解决方案，融合高效能产品，旨在提升企业管理效率，降低 HR 日常工作的出错率。此方案的最大亮点在于，无论企业是否具备 HR 信息化基础，腾讯 HR 助手均可提供全方位的解决策略。

2. 集成型场景

在针对中大型企业的需求时，特别是当这些企业已具备完善的底层人事管理系统，但希望进一步引入腾讯 HR 助手的部分功能或服务时，提出一种高效且灵活的集成方案。该方案的核心是利用 E 人事（数据通）作为连接桥梁，将腾讯 HR 助手的服务无缝对接至客户的现有底层数据系统，从而实现数据维护的自动化与智能化。

3. 场景型场景

针对大型企业，若已拥有全面的人力资源管理平台，并期望通过腾讯 HR 助手实现创新管理业务的实施，团队将量身定制咨询解决方案，并根据企业实际需求对相关产品的功能和用户界面进行个性化定制。该方案的核心优势在于，为大型企业打造一体化解决方案，支持个性化部署和混合云部署两种模式，以满足企业多样化的需求。深圳市税务局便是我们成功案例之一，通过应用腾讯 HR 助手方案，企业成功实现了更加高效、创新的人力资源管理。

图 2-4 展示了腾讯企业人力资源管理平台系统。

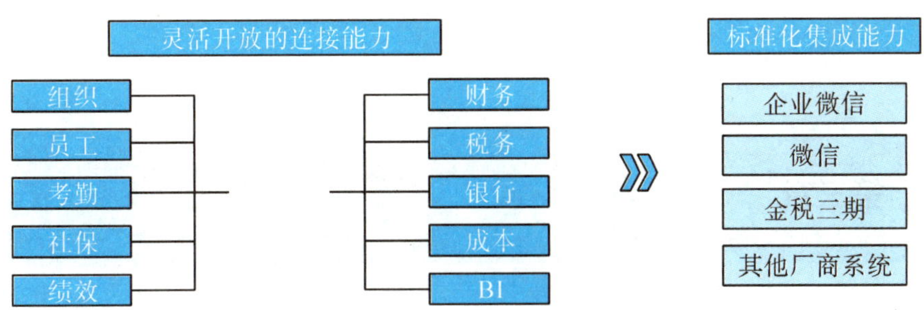

图 2-4　腾讯企业人力资源管理平台系统

思考题：

1. 请根据案例的分析，腾讯 HR 助手主要有哪些功能？
2. 腾讯 HR 助手对你未来设计数字化人力资源系统有什么借鉴意义？

第三章 数字化人才选聘与测评

【本章学习目标】

目标一：了解数字化人才选聘与测评的特点及其与传统招聘的差异；

目标二：理解岗位需求分析的数据统计内容以及月度环比分析的方法；

目标三：掌握数字化招聘渠道运作的方法以及数字化人才测评的具体内容；

目标四：掌握人才选聘数据分析的方法，并能灵活运用。

第一节 数字化人才选聘与测评的新模式

数字化人才选聘与测评基于数据进行分析和决策，可以更好地把握求职者的需求和企业的人才需求，提高招聘精准度和成功率。其主要特点体现为招聘流程自动化、招聘渠道多样化、招聘信息发布互动化、测评手段精细化等。

一、招聘流程智能化

招聘流程是指从发出用人需求到最终找到合适人选入职的整个过程。招聘流程一般包括收集岗位需求信息、发布招聘信息、筛选简历、发出面试邀请、面试候选人、录用等几个步骤。随着大数据、AI 等技术逐渐走向成熟及应用领域不断拓展，在招聘领域，大数据、AI 等技术也得到了深入应用，特别是 AI 技术下的语义分析、机器学习等分支技术使得招聘各环节更加智能和高效，从而带动整个招聘流程的智慧化升级，使招聘的效率得到显著提升。

（一）人岗智能匹配

对求职者而言，AI 技术能够获取求职者的文字或语言表述信息、简历投递记录等，并结合大数据技术对这些信息进行精准分析，从而掌握求职者的求职偏好与目标岗位，为其推荐合适的岗位。对招聘方而言，AI 技术能够智能优化发布的职位信息等，同时

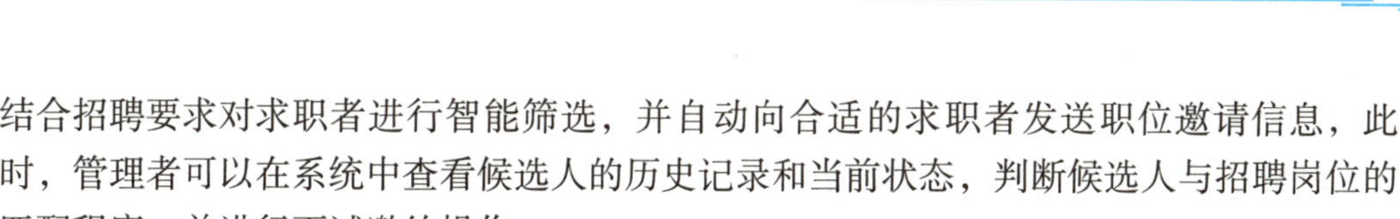

结合招聘要求对求职者进行智能筛选，并自动向合适的求职者发送职位邀请信息，此时，管理者可以在系统中查看候选人的历史记录和当前状态，判断候选人与招聘岗位的匹配程度，并进行面试邀约操作。

（二）面试智能处理

通过智能 AI 技术，面试官和候选人都可以通过视频面试进行沟通，从而大大节省时间和成本。此外，数字化面试技术会记录候选人的面试，并评估他们的用词、说话方式和面部表情等因素，以预测候选人是否适合该职位，提供反馈和建议。

（三）入职智能管理

AI 结合大数据技术，对员工入职信息进行智能分析，并根据员工技能和岗位要求制定个性化的培训方案，进一步提升人岗匹配度。

大数据、人工智能等技术赋能招聘活动，并非利用智能机器人等代替人工来开展招聘工作，而是简化招聘流程中各环节的工作，提升各环节的处理效率，从而提升招聘专员对于细节工作的专注度，最终提高招聘工作的效率。

二、招聘渠道多元化

招聘渠道是开展招聘工作的重要途径，渠道的选择直接影响招聘效率。在数字化时代，除了传统的现场招聘会、校园招聘、媒体招聘、网络招聘、猎头招聘、内部员工推荐等招聘渠道，还出现了短视频、直播带岗、微招聘等新的招聘渠道。

（一）传统招聘渠道

1. 现场招聘会

现场招聘会是指用人单位到某一个特定的地点“摆摊设点”，收集简历并与应聘者进行简单的现场交流等。现场招聘会的优点是：用人单位可以与候选者进行面对面交流，且费用较低。现场招聘会也有它的不足之处：受地域影响较明显，一般只能满足一定范围内的应聘者；受主办方知名度的影响较明显，如果主办方的影响力不大，或者过往组织的招聘会效果一般，前来求职的人员数量和质量都得不到保证。

2. 校园招聘

校园招聘是到学校进行专场招聘会，主要以双选会、宣讲会、校企合作等方式进行招聘。校园招聘的优点是：招聘成本较低，所需人才的针对性较强。校园招聘的不足之处是：应届生往往对自己的认知不足，而且期望较高，容易出现“眼高手低”的现象，离职率也普遍较高；应届生往往重理论、轻实践，实操能力不强。

3. 媒体招聘

媒体招聘是指通过在媒体上发布广告进行招聘的形式，如在机场、地铁、电梯等展示招聘广告。媒体招聘的优点是：辐射面比较广，提升雇主品牌形象的同时，为企业做了广告宣传。媒体招聘的不足之处在于：费用较高，同时，面向的群体没有区分，导致应聘者的数量可能会很多或者质量参差不齐。

4. 网络招聘

网络招聘是指通过在专业的招聘网站上发布招聘信息来进行招聘的形式，如智联招聘、前程无忧、助聘、BOSS 直聘等。网络招聘的优点是：专业招聘网站的知名度一定程度上可以保证求职者的数量，操作简单。网络招聘的不足在于：要想让更多的求职者关注到招聘信息，需要在特殊页面购买广告等，导致费用较高；另一方面，由于在网上投放简历的成本很低甚至零成本，大量求职者在网上任意投自己的简历，企业虽然获得了大量的求职信息，但由于求职者的盲目性，大多数简历在企业看来是无效的。

5. 猎头招聘

猎头招聘是指委托专门进行人才甄选的第三方公司进行招聘的形式。最初的猎头公司是以推荐高端人才为主，现在也会有一些公司将普通的职位委托给猎头公司进行招聘。猎头招聘的优点是：有猎头公司前期把关，应聘者的质量及与岗位的匹配度较高；可以大大减轻招聘专员的工作量。猎头招聘的不足之处在于：成本高，需要向猎头公司缴纳一定的费用；耗时较长，因为要经过猎头公司的筛选、面试、谈判等。

6. 内部员工推荐

内部员工推荐是指已经在职的员工推荐自己的亲戚、朋友、熟人等到公司应聘的一种招聘形式。内部员工推荐的优点是：费用相对于猎头招聘要少得多，一般会根据级别不同给予相应的内推奖励，级别越高，激励越高；应聘者的信誉比较有保证，因为内部员工在推荐应聘者的时候也会考虑到对自己的影响。内部员工推荐的不足之处是：容易形成小群体，特别是一个人推荐多人时，离职可能会相互影响，出现一个人离职导致他推荐来的人一起离职的问题，会对业务部门的工作产生较大影响。

（二）数字化招聘渠道

1. 短视频

短视频招聘是一种新兴的招聘方式，通过短视频平台发布招聘信息，吸引求职者关注和投递简历。短视频招聘的优点：可以让招聘方和职位更加生动形象地展示，使得求职者更好地了解公司的环境和文化；短视频招聘可以通过社交媒体、视频平台等渠道进行传播，从而让更多的人看到并了解公司的招聘信息，扩大招聘范围；可以降低招聘成本。不足之处在于：需要依赖于先进的视频制作和传播技术，对于一些组织来说可能存在技术限制；如果短视频招聘的内容过于繁杂或重复，可能会导致求职者信息过载，影响其招聘效果；对于某些特定职位的针对性可能不够。

2. 直播带岗

直播带岗，是指邀请用人单位进入直播间，通过直播间互动交流，针对求职者关心的岗位需求、薪资待遇、发展前景等问题，现场连线作答，精确对接用人单位和求职者。直播带岗是一种新兴的招聘方式，通过直播的形式展示岗位情况和工作环境，让求职者更好地了解岗位，从而做出适合自己的职业选择。直播带岗招聘的优点是：不受时间和地点的限制，非常灵活；可以通过网络直播的方式传播，覆盖更多的求职者，扩大招聘范围；可以吸引更多的年轻人才，帮助公司提升人才储备。不足之处在于：直播带岗招聘的流程相对传统招聘方式更加复杂，需要投入更多的时间和精力；需要依赖于先进的现场录制、播放技术，如果追求效果，还需要一些比较专业的设备。

3. 微招聘

微招聘是指通过微博、微信或者组织的微官网进行招聘的一种新型模式。微招聘发布的信息比较简短，使用碎片化简历模式。微招聘的优点是：成本低，不需要花费大量的时间和资金去招聘网站或人才市场，只需要确定招聘需求后，在微博、微信或微官网上发布招聘信息即可；互动性强，招聘方和求职者可以通过即时互动，直接交流。不足之处在于：由于字数的限制，招聘信息往往只能简略地介绍职位和要求，无法详细地展示公司和职位信息；适用范围有限，微招聘主要适用于小型组织和初创企业，对于大型组织和高端职位的招聘效果可能不太理想。

三、互动交流即时化

招聘互动及时化是现代招聘的趋势，其实现得益于技术手段和社交媒体普及，也是人才竞争加剧和招聘体验的改善需要。及时的互动交流可以提高招聘的效率和准确性，为招聘方和求职者提供更好的招聘体验。

技术方面，现代信息技术的发展，特别是互联网和移动通信技术的普及，为招聘提供了更加便捷、快速的交流方式。通过即时通信、在线测试、视频面试等技术手段，可以实现招聘方与求职者的即时互动和交流；社交媒体的普及也为招聘互动即时化提供了便利，通过社交媒体，招聘方可以更广泛地发布招聘信息，吸引更多的求职者，并且招聘方与求职者可以通过社交媒体进行实时交流，提供更及时的信息反馈。

同时，随着人才竞争的加剧，招聘方需要更快地找到合适的员工。通过及时的互动交流，招聘方可以更快地了求职者的能力和背景，进行更准确的招聘决策；求职者也可以更快地了解招聘方的招聘标准和要求，更好地匹配自己的能力和兴趣。

及时的互动交流可以提高招聘的体验，通过及时的反馈和更新，雇主和候选人可以更快速地了解彼此，提高招聘的效率和准确性。

四、测评手段精细化

数字化时代为人才测评提供了更加全面、精准、个性化的手段和方法，使得人才测评可以更加精细化，原因有以下几点：

（一）数据信息的全面性

数字化时代可以收集到大量、多维度的数据，包括个人的基本信息、工作经历、学历经历、专业与兴趣、能力素质、周边评价等。这些数据为人才测评提供了更加全面的信息。

（二）数据处理的智能化

通过大数据分析、人工智能等技术，企业可以对收集到的人才数据进行分析和解读，从数据中挖掘出更深层次的信息，为人才测评提供更加精准的依据。AI 技术能够结合心理学知识，对求职者进行智能测评，从而得到更加客观、公正的测评结果。

（三）结果反馈的实时性

数字化时代可以实时收集、处理、分析求职者的数据，并快速生成测评结果，这种实时化的反馈可以让人才测评更加及时、有效。

（四）测评方式的个性化

数字化时代可以通过数据分析，对每个人的特点和不足进行精准识别，与组织的用人要求进行精准对比，而提供个性化的培训和提升方案，使得人才测评更加符合个人的发展需求，同时，也能为组织提供更加具有参考价值的结论。

第二节　岗位需求数据分析

岗位需求分析是指组织在招聘员工时，对所需要的人才情况进行综合分析。

通过岗位需求分析，可以帮助招聘方更好地了解相关岗位的工作内容、技能和经验要求、招聘人数等，从而确保招聘进来的人才能够满足组织的业务需求和发展方向。

一、岗位需求分析的作用

（一）满足公司战略需求

岗位需求分析是公司战略规划的重要组成部分。通过岗位需求分析，可以确定哪些职位对公司的未来发展至关重要，并优先考虑这些职位的招聘。这可以满足公司的战略需求，为公司的未来发展奠定坚实的基础。

（二）明确招聘标准

通过岗位需求分析，公司可以明确相关岗位的具体要求和标准，从而制定出更加精准的招聘广告和招聘流程，提高招聘的效率和效果。

（三）吸引合适人才

通过岗位需求分析，公司可以确定相关岗位所需要的技能和经验，从而吸引更多具备相关技能和经验的求职者前来应聘。这不仅可以提高招聘的质量，还可以缩短招聘的时间。

（四）降低招聘成本

通过岗位需求分析，公司可以确定相关岗位的具体要求如年龄、性别等，从而有针对性地选择招聘渠道，精准匹配符合要求的人才，从而有效减少招聘成本，提高招聘的效率和改善质量。

（五）提高招聘质量

通过岗位需求分析，公司可以制定出更加科学的招聘标准，进而选择更合适的测评标准，对求职者的能力和素质进行更加全面和准确的评估。这可以提高招聘的质量，降低人才流失的风险。

二、岗位需求统计分析

岗位需求统计表是招聘各项数据分析的基础，主要针对岗位名称、需求单位、招聘人数、工作地区、性别要求、年龄要求、学历要求、职称/技术等级要求、工作年限要求、要求到岗日期等内容进行统计，具体如表 3-1 所示。

表 3-1 岗位需求分析表 单位：人

岗位名称	需求单位	招聘人数	工作地区	性别要求	年龄要求	学历要求	职称/技术等级要求	工作年限要求	要求到岗日期

审核人： 制表人： 填表日期： 年 月 日

（一）岗位名称

要求岗位名称与岗位说明书、组织架构图中的一致，以免引起麻烦。

（二）需求单位

需求单位指需要招聘的组织，可以是一个部门，也可以是一个分支机构，如成都分公司。

（三）招聘人数

招聘人数是对组织在一定时间段内需求的岗位进行统计分析，不同类型、不同属性、不同规模的组织在特定时期内的招聘人数会存在较大差异。通常情况下，劳动密集型企业招聘的人员数量会超过其他行业。造成人员招聘需求量增加的原因，有可能是人员流失率过大需要新的人员补充，或者是开展新业务所带来的人员需求。如果是因为前者，就需要分析人员流失的原因，并采取有效的方法进行改善。

（四）工作地区

工作地区指对招聘岗位所在地理位置的统计，通过对工作地区的统计分析，可以反映出组织业务的开展区域，核心业务的所在区域等。

【数据分析案例】

表 3-2 是某集团公司 2023 年上半年招聘统计表。该集团公司集生产、销售于一体，在四川的南充、绵阳、西昌及雅安等地设立了子公司。其中，南充地区的子公司成立一年左右，因此，总的招聘人数比较多，而生产一线实行的是轮班制，24 小时都需要有人值班，相对需要的人员数会更多一些。而绵阳地区由于需要大力开拓市场，其招聘的营销专员相对较多。

表 3-2 某集团公司 2023 年上半年招聘统计表 单位：人

岗位名称	不同工作地区对应的招聘人数				合计
	南充	绵阳	西昌	雅安	
操作工	22	8	3	0	33
营销专员	5	12	1	2	20
售后服务	10	3	2	5	20
质量管理专员	3	1	2	0	6
合计	40	24	8	7	79

（五）性别要求

性别要求是对指定时间段的岗位需求人员的性别要求进行统计分析。通常情况下，组织在招聘过程中不会对应聘人员的性别进行特别的要求，但招聘负责人也应该充分考虑组织当前各部门的男女比例以及工作性质，并对其进行必要的控制。职位的性别占比没有最优原则，通常对于需要进行重体力劳动的岗位，男性的占比会更高，而对于脑力劳动的岗位则根据实际的情况，没有特别的限制。

（六）年龄要求

年龄要求是对指定时间段的岗位需求人员的年龄要求进行统计分析。在统计年龄要求时，一般按一定的区间分段统计，如 25 岁及以下、26~30 岁等。

互联网等新兴行业在对技术人员进行招聘时，通常会把年龄上限定在 30 岁，主要是由于 30 岁以前的员工无论是学习能力还是创新能力都比较强，更加适合企业的快速发展；而对于生产制造等传统行业来说，出于员工稳定性的考虑，在招聘生产类岗位人员时，通常会向 31~40 岁的人员倾斜。

组织在进行人员招聘时，还要充分考虑当前在职人员的年龄结构，否则可能会造成某个年龄段的员工过于集中、年龄结构失衡等情况，进而引发团队人员学习能力和稳定性下降等问题，甚至会出现由年龄断层而导致的核心管理或技术人才缺失，进而影响可持续发展。

【数据分析案例】

表 3-3 是某公司的岗位需求的年龄要求分析，在报给公司的人力资源总监审核时，没有能通过审核。人力资源总监提出，21~30 岁年龄段的人员招聘得太多，应考虑合理的年龄段人数分配。后经人力资源部进一步核实，与用人部门沟通后，将年龄要求做了调整，如表 3-4 所示。

表 3-3　某公司岗位需求的年龄要求分析（调整前）　　单位：人

岗位名称	年龄要求对应的岗位需求人数				合计
	21~30 岁	31~40 岁	41~50 岁	不限	
检修工	2	1	—	—	3
生产普工	12	—	—	—	12
法务	—	—	—	1	1
客服专员	5	—	—	—	5
会计	1	—	1	—	2
后勤管理员	2	—	—	—	2

表 3-4 某公司岗位需求的年龄要求分析（调整后） 单位：人

岗位名称	年龄要求对应的岗位需求人数				合计
	21~30 岁	31~40 岁	41~50 岁	不限	
检修工	2	1	—	—	3
生产普工	5	7	—	—	12
法务	—	—	—	1	1
客服专员	3	2	—	—	5
会计	—	1	1	—	2
后勤管理员	1	—	1	—	2

（七）学历要求

学历要求是对指定时间段内岗位需求人员的学历要求进行统计分析。学历要求一般是对应聘人员最高学历的要求，包括博士研究生、硕士研究生、大学本科、大学专科、中专、高中、中技、初中及以下、不限等类型。通常情况下，技术类、高级管理等职位对学历的要求比较高，而对于生产操作类岗位、服务类岗位的学历要求并非越高越好，要充分考虑岗位的工作职责，选择合适的人员即可。

（八）职称/技术等级要求

职称/技术等级要求是对指定时间段内岗位需求人员的职称或技术等级要求进行统计分析。职称是指专业技术人员的专业技术水平、能力及成就的等级称号，是反映专业技术人员的技术水平、工作能力的标志。职称的级别一般分为正高级、副高级、中级、初级四个级别。有部分系列初级可分设为助理级和员级。不同的专业或系列，职称的名称不一样，应注意统一规范的表述，例如，统计专业称为统计师，其正高级、副高级、中级、初级分别对应正高级统计师、高级统计师、统计师、助理统计师；而工程技术类专业（系列）则称为工程师或技术员，其正高级、副高级、中级、初级分别对应正高级工程师、高级工程师、工程师、助理工程师、技术员。

技术等级又称为职业技术等级，用以衡量技术工人的技术业务水平和工作能力，并据以确定其技术等级的统一尺度。根据我国的《国家职业技能标准编制技术规程（2018年版）》，职业技能一般分为五个等级，由低到高可分为：五级/初级工、四级/中级工、三级/高级工、二级/技师、一级/高级技师。

职称更多针对的是技术类、管理类、经营类岗位，而技术等级更多针对的是生产技术类及服务类岗位。

还要注意的是，一般对应届毕业生的招聘，是不考虑职称/技术等级要求的。

【数据分析案例】

表 3-5 为某公司岗位需求的职称或技术等级要求分析。从表中可以看出，公司通常不会同时对职称或技术等级提出要求，一般都是根据岗位的实际需要，要么对职称提出要求，要么对技术等级提出要求。

表 3-5　某公司岗位需求的职称或技术等级要求分析　　单位：人

岗位名称	职称要求				技术等级要求					合计
	初级	中级	副高	正高	五级	四级	三级	二级	一级	
市场分析专员	1	1	—	—	—	—	—	—	—	2
车工	—	—	—	—	—	—	—	3	2	5
钳工	—	—	—	—	—	—	4	1	—	5
铣工	—	—	—	—	—	—	2	5	—	7
薪酬绩效主管	—	1	—	—	—	—	—	—	—	1
质检员	—	2	—	—	—	—	—	—	—	2

（九）工作年限要求

工作年限要求是对指定时间段岗位需求人员的工作年限要求进行统计分析。工作年限指从业时长，一般会按从业时间的下限提出要求，如 2 年以上、5 年以上、8 年以上等。通常情况下，工作年限越长表示人员在该岗位的工作经验越丰富。对于从业经验要求不高或工作技能容易培养的岗位，可以适当降低对工作年限的要求，但对于知识技能要求较高，需要经验积累的岗位，一定要重点关注工作年限要求。

【数据分析案例】

表 3-6 是某公司岗位需求的工作年限要求分析。我们可以发现，公司对表中的车间主任工作年限要求是 8 年以上，数控班班工要求 5 年以上，工艺设计师要求 8 年以上 1 个、10 以上 1 个，这些都要求有较丰富的经验，而营销业务员的工作年限要求则比较低。特别需要注意的是，“不需要”与“不限”是两年不同的要求，在使用时要注意区分。

表 3-6　某公司岗位需求的工作年限要求分析　　单位：人

岗位名称	需要招聘岗位的工作年限要求							合计
	不需要	1 年以上	3 年以上	5 年以上	8 年以上	10 年以上	不限	
行政秘书	—	—	1	—	—	—	—	1
车间主任	—	—	—	—	2	—	—	2
数控班班长	—	—	—	2	—	—	—	2
技术部副主任	—	—	—	—	—	—	1	1
工艺设计师	—	—	—	—	1	1	—	2
营销业务员	3	2	—	—	—	—	—	5

（十）要求到岗日期

要求到岗日期是对拟招聘人员到岗位的日期要求。通常组织都会对招聘的新员工开展入职培训，但有些岗位由于上岗要求较高或有特殊要求，入职后还需要进行一定时间的培训，因此，在提出需求时，应将这些培训时间考虑在内，提前做出计划。

三、岗位需求月度环比分析

对指定年度各月份的招聘需求人数进行环比分析，同时，可以对特定岗位要求进行分析，如学历要求、工作年限要求、年龄要求、工作地区要求等。通过对各月份招聘需求人数的环比分析，可以反映出组织全年招聘的淡旺季。

一般情况下，招聘都会有“金三银四”“金九银十”这种说法，指的就是一年中求职和招聘的两个高峰期。上半年的旺季是 3 月份和 4 月份，主要是由于春节过后，很多从业者会在这个时候寻找更理想的工作；下半年的旺季是 9 月份和 10 月份，一方面这正是各大企业为第二年拓展业务而大量吸纳人才的关键时期，招聘需求激增，空缺职位多；另一方面这又恰逢高校毕业生完成学业，开始正式寻找工作岗位，求职人员数量在该时期也处于激增状态。

月度环比分析一般对于规模较大、招聘人数较多的组织比较有价值，而对于规模较小、招聘人数不多组织则没有多大的必要。

环比增长百分比的公式如下：

$$环比增长百分比=\frac{本月岗位需求人数-上月岗位需求人数}{上月岗位需求人数}\times 100\%$$

【数据分析案例】

表 3-7 是某公司 2021 年与 2022 年岗位需求月度环比数据分析，从表中可以发现这个公司年初与年末的岗位需求分数较少，也比较符合“金三银四”“金九银十”的规律。

表 3-7　某公司 2021 年与 2022 年岗位需求月度环比数据分析

2021 年			2022 年		
月份	岗位需求人数	环比增长百分比/%	月份	岗位需求人数	环比增长百分比/%
1 月	5	—	1 月	7	
2 月	7	40. 00	2 月	6	-14. 29
3 月	26	271. 42	3 月	33	450. 00
4 月	21	-19. 23	4 月	35	6. 06
5 月	6	-71. 42	5 月	4	-88. 57
6 月	9	50	6 月	3	-25. 00
7 月	11	22. 22	7 月	9	200. 00
8 月	8	-37. 50	8 月	4	-55. 56
9 月	31	287. 50	9 月	25	525. 00
10 月	27	-12. 90	10 月	21	16. 00
11 月	4	-85. 19	11 月	6	-71. 43
12 月	0	-100. 00	12 月	3	-50. 00

第三节　数字化招聘渠道的运作方法

一、短视频招聘的方法

短视频招聘主要通过将招聘的视频发到短视频平台，让更多的求职者看见。通常短视频平台采用推荐算法，只要内容合适、标签精准，就更有可能让更多有意向的求职者看到。

短视频招聘的主要方法与过程如下：

第一，准备视频招聘海报。制作一段吸引人的视频招聘海报，展示招聘方的招聘信息和福利待遇，吸引求职者关注。

第二，确定目标人群。确定目标人群的年龄、性别、学历、工作经验等，以便更有针对性地发布招聘信息。

第三，选择适合的平台或社交媒体。根据目标人群以及不同短视频平台或社交媒体的定位，选择能够有效到达应聘者的平台。例如，麦当劳在高校招聘时在抖音上投入了大量的广告，由于抖音的用户群体年轻、热情有活力的特点与麦当劳的员工需求十分匹配，因此收获了大量新生代员工。

第四，发布招聘信息。在短视频平台上发布招聘信息，通过分享、点赞、评论等方式扩大招聘信息的传播范围。

第五，与求职者互动。及时回复求职者的评论和私信，与求职者进行互动交流，增加求职者对企业的信任度和好感度。

第六，定期更新。要定期更新招聘内容，发布最新的招聘信息和福利待遇，吸引更多的求职者关注。

需要注意的是，短视频平台招聘需要有创意、有趣味性的招聘视频，能够吸引求职者的关注。同时，需要遵守相关法律法规，避免出现不当言论或行为。

二、直播带岗的招聘方法

直播带岗招聘是一种新型的招聘方式，通过直播的方式展示公司环境和职位需求，从而吸引更多的求职者；同时，由于在直播时就可以马上开展用人单位与求职者的双向互动，效率比较高。

【案例】

河南省荥阳市高村乡牛口峪村的肖某，今年 30 岁，家境普通，此前在老家一直从事送水工作，一个月工资在 3 000 元左右。

一次偶然的机会，他在快手看到了歌尔集团的直播招聘，便抱着试试看的心态在直播间投递了简历。结果从投递简历到面试，再到成功通过面试，很短的时间他便顺利入职歌尔集团。现在他一个月工资平均可以达到 7 000 多块钱，收入翻了一倍还多。

下面是直播带岗的过程与方法：

（一）提前准备

在直播前，企业需要准备好宣传海报、直播带岗宣传短视频，上传至社群、公众号、微信、微博等社交平台，让更多的人知道直播招聘信息。同时，还要确定直播的时间、观看渠道和官方公众号等信息，方便求职者了解。

（二）设备检查

在直播开始前，招聘方需要检查直播设备是否能够正常运行，网络是否稳定，摄像头清晰度是否符合要求，话筒音质是否清晰等。

（三）直播内容

在直播过程中，招聘方需要向求职者展示岗位的工作环境、工作内容、企业文化等信息，同时解答求职者的问题，与求职者进行互动交流。此外，还可以分享一些求职面试的经验和技巧，帮助求职者更好地了解企业和岗位。

（四）互动环节

在直播中，招聘方需要设置互动环节，让求职者能够更好地了解岗位，如提问环节、在线解答疑问、分享面试经验等。

（五）结束环节

在直播结束时，招聘方需要向求职者致谢，同时留下联系方式，方便求职者进一步了解企业和岗位。

（六）后续工作

在直播结束后，招聘方需要收集求职者的反馈意见，了解直播效果，同时对存在的问题进行改进。此外，还需要及时回复求职者的邮件或短信，与求职者保持联系。

需要注意的是，直播带岗需要有专业的主播进行直播，主播需要熟悉招聘方情况和岗位需求，同时能够清晰地向求职者展示岗位信息。此外，在直播过程中需要注意言行举止，遵守相关法律法规，避免出现不当言论或行为。

三、微招聘的方法

微招聘根植于社交平台，通过数据挖掘，对组织和个人求职者进行精准匹配，为组织提高了招聘效率，也为求职者就业提供了便捷。

【案例】

王玲喜欢玩微博，她每天都在网上更新微博，发图片或文字，与粉丝分享她的收获或心情，并且经常和粉丝互动。时间长了，她发现自己已经拥有了庞大的粉丝群。作为一个美容公司的招聘专员，她以前常常在一些社区发布招聘信息，偶尔还能在社区里物色到一些较为专业的美容人才。有一次，在面临新的招聘任务时，她几乎用了所有的招聘渠道，但还是没能招聘到公司需要的人才。她突然想到，为何不在微博上发布招聘信息呢？于是她把招聘岗位和招聘要求发到微博上，很快就有粉丝回应。王玲一下子就帮自己的公司招聘到两位美容讲师。王玲由此受到启发，她更加关注美容行业的从业者，并且和他们“互粉”，她发现这些粉丝中就有人能成为她日后招聘的候选人。

微招聘的过程与方法如下。

（1）确定目标人群。确定需要招聘人员的年龄、专业、性别、学历、工作经验等，以便下一步的招聘渠道选择。

（2）初步预判。首先初步判定需要招聘的职位信息是否可以通过微信、微博或微官网传达给求职者，通常粉丝量、微官网关注人数对此会有较大的影响。

（3）拟写招聘信息文案。根据招聘的特点，一般招聘信息文案比较简单，说清楚招聘单位的名称、地点、要招聘的岗位、主要做什么工作、有哪些要求、联系方式等，要求简单明了。

（4）上传招聘信息。微信、微博和微官网上传招聘信息的方式有较大差异，注意根据不同的平台“因地制宜”。

（5）互动决策。发布信息后，要及时与求职者互动，并做出进一步面试交流的决策。

第四节　人才测评数字化

一、人才测评数字化的作用

随着科技的快速发展，人才测评也逐渐数字化。人才测评数字化通过运用先进的计算机技术和人工智能算法，提升了测评的效率和准确性。

（一）提高测评效率

人才测评数字化可以显著提高测评效率。通过数据分析和处理，可以快速获取有效的测评结果，节省了大量时间和成本。此外，数字化测评还可以实现自动化处理，快速生成评估报告，减少人力物力的投入。

（二）确保测评准确性

数字测评基于客观的评估标准，采用标准化的评估流程，减少了人为因素对评估结果的影响，提升了评估的准确性，使测评结果更加客观准确。同时，数据可以被用于后续的人才培养和发展决策，提高组织的科学管理水平。

（三）降低测评成本

数字化测评可以大幅降低测评成本。通过使用数字化测评技术，可以在短时间内完成大量测评任务，节省人力物力资源，从而更好地支持组织的业务发展和人才选拔。

（四）测评数据可追溯

数字化测评可以实现测评数据的追溯功能，测评结果可以被记录在数据库中，方便查询和管理。这样，组织可以更好地掌握员工的能力和潜力，做到更加精准地选拔和任用人才。

（五）增强人才竞争力

数字化测评可以将员工的测评结果与市场供给及对人才的需求紧密结合，帮助组织更好地了解现有人才的优势与劣势，制订更加符合实际情况的人才发展计划，增强人才的竞争力。数字测评还可以根据不同的职位、能力和性格等因素，制定个性化的评估方案，满足组织对不同人才的需求。

（六）提高组织绩效

数字化测评可以为组织提供全面的人才信息，帮助组织更好地了解员工的能力和潜力，优化人员配置，提高组织绩效。同时，数字化测评还可以发现潜在的人才，为组织的长期发展提供支持。

（七）增强雇主品牌

数字化测评可以提高组织的透明度和工作效率，增强组织在人才市场上的竞争力。通过提供客观准确的测评结果，组织可以展示其对人才的重视和关注，吸引更多优秀的人才加入，提升雇主品牌形象。

二、数字化人才测评的具体内容

通过人才测评数字化，组织可以实现数字化面试、数字化人才背景调查、数字化人才心理测评以及数字化人才能力评估。

（一）数字化面试

数字化面试包括四个方面的内容：一是通过视频会议软件或其他线上工具进行面试，这样可以减少应聘者的面试成本，同时也可以提供更多的面试机会给远程应聘者；二是通过分析应聘者的回答和行为数据，使用数据驱动的方法来提高面试的准确性和效率。例如，通过分析应聘者的回答，可以识别出他们在哪些方面表现得更好或更差，从而更好地评估他们的能力和适合程度；三是使用人工智能辅助面试，例如，自动记录面试过程、提供实时反馈和指导等；四是使用数字化面试管理系统来管理面试过程，如记录应聘者的回答、评估结果和面试官的反馈等。

需要注意的是，数字化面试并不能完全替代传统的面试方法，只是提供更多的工具和技术来优化面试过程。同时，在数字化面试中，也需要注意保护面试者的隐私和数据安全。

（二）数字化人才背景调查

随着人才管理的日益重要，背景调查也逐渐成为组织招聘过程中的必要环节。在合法合规的前提下，数字化技术可以为背景调查提供更加高效、准确和便捷的解决方案，从身份信息核实、教育背景验证、工作经历查验、专业技能评估、社交网络分析、有无犯罪记录证明、金融信用信息查询、商业利益关系查询等方面为组织的调查与分析提供更快捷、有效的支持。

1. 身份信息核实

身份信息核实是背景调查的第一步。通过数字化技术，组织可以收集并核实候选人的身份信息，包括姓名、身份证号、出生日期等。通过与公安系统进行数据比对，可以确保候选人身份的真实性。

2. 教育背景验证

教育背景验证是背景调查的重要环节，通过数字化技术，组织可以收集并验证候选人的教育信息，包括学历、学位、成绩单等。通过与学校、教育部门等权威机构进行数据比对，可以确保候选人教育信息的真实性。

3. 工作经历查验

工作经历查验是背景调查的核心环节之一。通过数字化技术，企业可以收集并查验候选人的工作经历，包括任职公司、职位、工作时间、工作表现等，并通过与候选人前雇主进行联系，可以确保候选人工作信息的真实性。

4. 专业技能评估

通过数字化技术，组织可以收集并评估候选人的专业技能，包括技能水平、证书、参与的项目等。通过与相关行业协会、专业机构进行数据比对，可以确保候选人技能信息的真实性。

5. 社交网络分析

通过数字化技术，组织可以收集并分析候选人在社交网络中的行为和言论，了解其个人性格、兴趣爱好、价值观念等信息。通过对社交网络数据的分析，可以提供更全面的候选人背景信息。

6. 犯罪记录证明调查

通过数字化技术，组织可以比较方便地收集并验证候选人的无犯罪记录证明，包括公安机关出具的证明、法院判决等。通过与相关机构进行数据比对，可以确保候选人无犯罪记录的真实性。

7. 金融信用信息查询

运用数字化技术，组织可以收集并查询候选人的金融信用信息，包括银行征信、借贷记录等。通过与金融机构进行数据比对，可以了解候选人的信用状况和还款能力。

8. 商业利益关系查询

通过数字化技术，组织可以收集并查询候选人的商业利益关系，包括公司持股、合作伙伴等。通过与相关机构进行数据比对，可以了解候选人的商业利益关系和潜在风险。

综上所述，人才背景调查数字化可以为组织的招聘过程提供更加全面、准确和便捷的解决方案。需要注意的是，在开展人才背景调查数字化过程中，也需要注意保护候选人的隐私和数据安全。

（三）数字化人才心理测评

随着科技的不断发展，数字化技术在各个领域得到了广泛应用。在人才心理测评方面，数字化技术也起到了重要的推动作用。数字化技术对人才心理测评工作起到了重要的推动作用，提高了测评效率、优化了测评方法、提升了测评精度、扩大了测评范围、改善了测评质量、降低了测评成本、增强了测评客观性。随着科技的不断发展，数字化技术在人才心理测评方面的应用将会更加广泛和深入。

1. 提高测评效率

数字化技术可以将传统的人才心理测评流程进行优化和升级，减少测评环节，缩短测评时间，避免重复测评。例如，通过在线测试和智能化评估工具，可以快速、准确地完成测评，提高测评效率。

2. 优化测评方法

数字化技术可以改进传统的测评方法，通过引入先进的测评技术，结合人才招聘市场状况，实现精准测评。例如，利用大数据分析和人工智能技术，可以针对不同岗位的需求，选择更加适合的心理测评量表，制定更加科学、精准的测评标准和方法。

3. 提高测评精度

数字化技术可以建立全面的测评指标体系，加强测评数据的科学性和规范性，提高测评精度。例如，通过使用先进的测评设备，可以实现数据采集的自动化和标准化，减少人为因素对测评结果的影响。

4. 扩大测评范围

数字化技术可以搭建多元化的测评平台，拓展测评范围，增加测评机构数量。例如，通过“互联网+”测评模式，可以利用大数据分析技术，实现全方位、多角度的测评，扩大测评范围。

5. 减少测评成本

数字化技术可以降低测评成本，通过数字化技术整合测评资源，降低人力和物力成本。例如，采用人工智能算法，可以自动化地完成部分测评流程，减少人工干预，从而降低测评成本。

6. 增强测评客观性

数字化技术可以建立测评结果公示平台，增加测评结果的透明度，增强测评的客观性。同时，引入各种数据分析工具，可以对测评结果进行科学分析和客观评价，减少主观因素对测评结果的影响。

（四）数字化人才能力评估

随着数字化技术的发展，人才能力评估也正逐步实现数字化，目前主要可以从技能测评、项目经历、领导力、团队协作能力、沟通能力、创新能力以及学习能力七个方面开展数字化评估。

1. 技能测评

技能测评是评估个体在特定领域或任务中的技能水平。数字化技能测评可以通过在线平台或软件进行，包括计算机模拟、在线问卷和角色扮演等。例如，对于软件开发人员，可以通过在线平台进行编程语言测试或软件项目开发模拟，评估其编程技能和项目开发能力。

2. 项目经历评估

项目经历评估主要考察个体在实际项目中的表现和贡献。数字化项目经历评估可以通过在线平台进行，要求被测试者提交项目报告或展示项目成果，并通过数字化平台对项目的规模、难度、贡献等方面进行评估。

3. 领导力评估

领导力评估用于评估个体的领导能力和潜质。数字化领导力评估可以通过在线平台进行，包括情景模拟、案例分析和管理游戏等，通过评估被测试者的决策、协调、领导和激励等方面的能力来评估其领导潜质。

4. 团队协作能力评估

团队协作能力评估主要用于评估个体在团队中的协作能力和贡献。数字化团队协作能力评估可以通过在线平台进行，通过团队项目合作、团队角色模拟和团队决策模拟等方式，评估被测试者在团队中的协作能力、沟通能力和解决问题的能力。

5. 沟通能力评估

沟通能力评估用于评估个体的口头和书面沟通能力。数字化沟通能力评估可以通过在线平台进行，包括在线讨论和文本沟通等方式，能够更加客观和准确地评估被测试者的沟通能力。

6. 创新能力评估

创新能力评估主要用于评估个体的创新能力和思维灵活性。数字化创新能力评估可以通过在线平台进行，包括问题解决测试、创意设计游戏和思维灵活性测试等，能够评估被测试者在解决问题和创新方面的能力。

7. 学习能力评估

学习能力评估主要用于评估个体在学习和发展方面的能力。数字化学习能力评估可以通过在线平台进行，包括知识测试、学习计划和自我反思等方式，能够评估被测试者在知识学习、自我发展和解决问题的能力。

第五节　人才选聘结果数据分析

人才选聘结果数据分析是组织人力资源管理的重要环节之一。它涉及预测和优化组织人力资源需求、确保员工具备岗位所需技能、知识、经验等，有助于提高员工满意度和留任率，降低招聘成本，构建公平、透明的招聘流程，提升组织绩效和效率，降低员工离职率以及提升员工工作动力和士气。

一、人才选聘基本情况分析

人才选聘基本情况分析包括对岗位浏览数、人均招聘天数、应聘人数、简历来源、不同岗位简历状态分布等的分析。

（一）岗位浏览数分析

岗位浏览数分析主要是对网络招聘以及一些数字化招聘渠道的数据进行分析，它反映了以下一些信息，一是与岗位对应的求职人员的数量，当相关的求职人数越多时，浏览量越大；二是组织或岗位的吸引力，岗位的浏览数越高，说明该组织或岗位的吸引力越大，反之，则吸引力越小；三是招聘信息的有效性，如果浏览数持续较低，可能需要对招聘信息进行进一步的优化或者更新，以吸引更多的求职者。

（二）人均招聘天数分析

人均招聘天数分析是对指定时间段内人均招聘天数进行统计分析。招聘天数是指从职位需求提出时间到完成招聘之间的天数。

$$\text{人均招聘天数}=\frac{\text{招聘总天数}}{\text{招聘需要人数}}$$

人均招聘天数可以反映填补一个岗位空缺到底需要多长时间，是企业需要关注的一个重要评价指标。

对人均招聘天数的统计分析，可以反映出不同岗位的招聘难易程度，也能间接反映出该岗位求职者的稀缺程度。通常情况下，对于工作经验与知识技能要求越高的职位，其招聘的难度越大，人均招聘天数也会越长。

【数据分析案例】

图 3-1 是某公司 2022 年度各岗位人均招聘天数的柱状图。从图中可以看出，给排水工程师的人均招聘天数最长，其次是化验员与高级电工，这三个岗位对专业知识与经验的要求较高，人员比较稀缺；而出纳与保安的人均招聘天数则比较短，说明这两个岗位目前的人力市场供给充足。

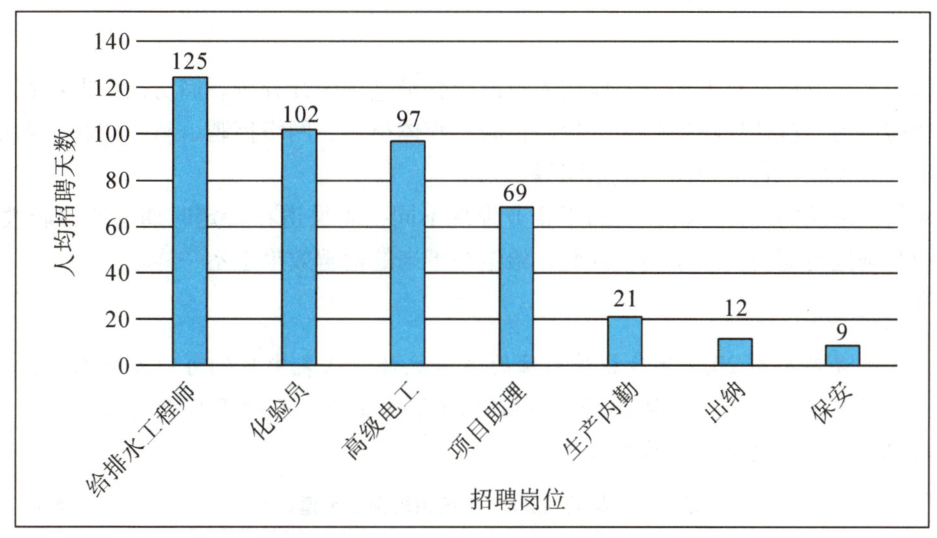

图 3-1 某公司 2022 年度各岗位人均招聘天数比较

（三）应聘人数分析

应聘人数分析是对指定时间内招聘岗位的应聘人数进行统计分析。通常情况下，在相同时间段内的应聘人数越多，表示该岗位在招聘过程中的受众面越广，与之对应的候选人越多。

【数据分析案例】

图 3-2 为某公司 2022 年招聘时岗位应聘人数的柱状图。从图中可以发现，高级电工的应聘人数只有 3 人，化验员的只有 3 人，给排水工程师只有 4 人。原因是这几个岗位的要求比较高，需要有相关的证书，专业对口，并且工作年限要求在 5~10 年。在这种情况下，可以进一步评估一下上述三个岗位的任职要求是否合理，有哪些方面需要调整。

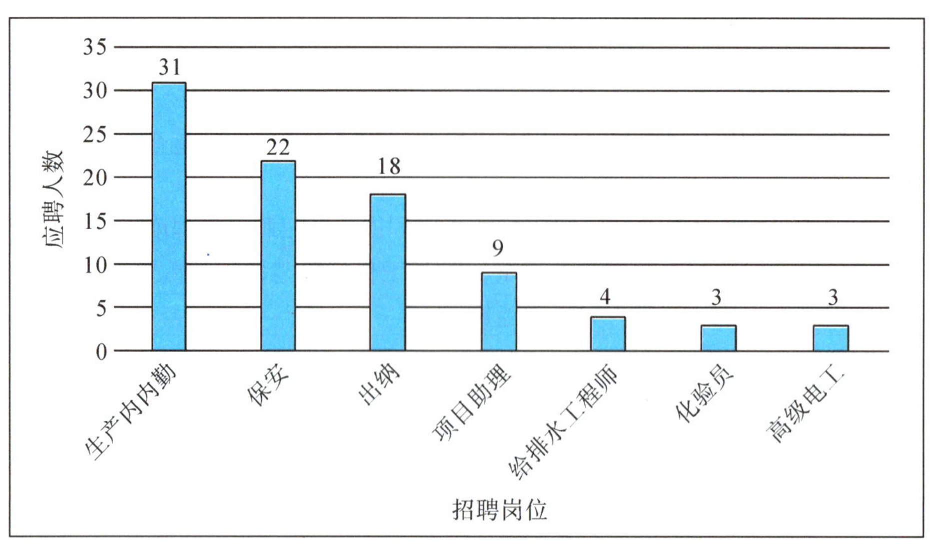

图 3-2 某公司 2022 年度岗位应聘人数比较

（四）简历来源分析

简历来源分析是对不同来源应聘人员简历数量进行统计分析。简历来源即组织所选用的招聘渠道，包括现场招聘会、校园招聘、媒体招聘、网络招聘、猎头招聘、内部员工推荐、短视频、直播带岗、微招聘等。

对简历来源的统计分析，有助于企业发现不同招聘渠道在特定时期内的招聘效果，不同招聘渠道对应的受众不同，因此，给组织带来的招聘效果也不一样。

【数据分析案例】

表 3-8 是某公司 2022 年度招聘岗位的渠道统计。从表中我们可以看出每个岗位都用了至少两个招聘渠道，现场招聘与网络招聘贡献最多，而对于几个要求比较高的岗位，短视频招聘也起了一定的作用。

表 3-8 某公司 2022 年度招聘岗位渠道统计 单位：人

岗位名称	现场招聘会	网络招聘	短视频招聘	校园招聘	合计
给排水工程师	1	2	1	—	4
高级电工	—	2	1	—	3
化验员	—	1	2	—	3
项目助理	—	5	4	—	9
生产内勤	5	14	—	3	22
出纳	6	12	—	—	18
保安	12	—	—	19	31
合计	24	36	8	22	90

（五）简历状态分布分析

对简历状态分布的分析是对指定时间段的不同简历状态的应聘人员人次数和各状态转化率进行统计分析。

简历状态一般包括新投递、待筛选、筛选不通过、待测评、测评不通过、拟录用、放弃录用、待入职、已入职。

新投递状态是指初次进入人才库中的应聘人次数；待筛选状态是指应聘人员中符合岗位需求，可以进行岗位推荐的人次数；筛选不通过状态是指应聘人员中不符合岗位需求的人次数；待测评状态是指应聘人员中能够参加结构化面试等测评的人次数；测评不通过状态是指待测评人员中测评不通过的人次数；拟录用状态是指待测评人员中测评通过的人次数；放弃录用状态是指在拟录用的人员中，其个人自己放弃入职的人次数；待入职状态是指在拟录用的人员中，完成录用条件洽谈和背景调查的人次数；已入职状态是指待入职人员中，已办理入职手续的人次数。

对待测评状态转化为拟录用状态比例的统计分析，可以反映出招聘负责人与用人部门在简历筛选标准上的差异。如果转化率较高，说明招聘负责人与用人部门负责人对招聘职位任职资格的理解是基本一致的；相反，如果转化率较低，招聘负责人需要及时与用人部门负责人进行深入的沟通与分析，以保证招聘工作的成效。

对拟录用状态转化为待入职状态比例的统计分析，可以反映出企业所提供的薪资福利等各项录用条件与应聘人员心理预期的差异。如果转化率较低，就需要分析候选人放弃入职的具体原因，并进行必要的调整。

【数据分析案例】

表 3-9 是某公司的简历状态分布表。通过表 3-9，我们可以看出质量工程师和产品设计工程师岗位，待筛选与待测评状态的人次数差异性较小，主要是由于在进行岗位发布之前，部门负责人对该岗位的任职资格提出了明确的要求，招聘负责人参考该招聘需求进行人员招聘时，有明确的简历筛选标准，向用人部门推荐的候选人质量较高。生产计划员和数控操作工岗位的待筛选与待测评状态的人次数差异较大，主要是由于部门负责人在进行岗位需求申请时，只对应聘人员的工作年限提出了要求，招聘负责人没有获取到全面、真实的职位需求。

表 3-9　某公司简历状态分布分析

岗位名称	简历状态分布（人次）								
	新投递	待筛选	筛选不通过	待测评	测评不通过	拟录用	放弃录用	待入职	已入职
质量工程师	11	11	3	8	3	5	1	4	4
产品设计工程师	15	14	4	11	5	6	2	4	3
高级焊工	2	2	1	1	0	1	1	0	0
生产计划员	24	24	18	6	3	3	0	3	3
数控操作工	50	36	30	6	2	4	1	3	3
仓库保管员	22	17	3	12	5	7	0	7	7

根据对简历状态的分析，即可以做出表示简历状态分布人次转化的漏斗图，如图 3-3 所示。

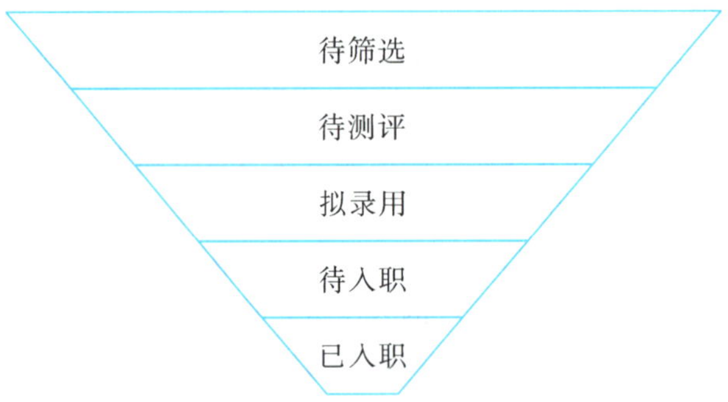

图 3-3　简历状态分布转化漏斗

二、人才选聘情况月度环比分析

人才选聘情况月度环比分析是对指定岗位、指定年度的各月份简历投递人数进行环比分析。可以对一项或多项内容进行统计分析，如分析简历来源、简历状态分布等。

该项分析主要适用于大型集团企业或人才服务机构等需要常年开展招聘的组织。对各月份简历投递人数进行环比分析，可以反映出相关岗位在全年各阶段应聘人数的波动情况，有助于对人才选聘工作、入职培训、上岗培训等工作进行整体规划，或者通过环比分析指导相关用人单位实施人才选聘工作。

【数据分析案例】

表 3-10 是某人才服务机构统计的 2022 年三个岗位接收的新投简历月度环比分析。从表中可以分析不同岗位求职者的供给变化，计量管理专员与招标专员年初与年末的人数均比较少，而 3~4 月与 9~10 月的供给量较大；而水处理工程师本身的供给量并不多，只有 3~5 月的求职者相对较多，因为该岗位需要有工作经验，不会从应届毕业生中招聘，求职者多是年初辞职或解聘后找工作，所以集中在 3~5 月的人数相对较多。

表 3-10　某人才服务机构 2022 年其中三个岗位接收新投简历月度环比分析

时间	计量管理专员		招标专员		水处理工程师	
	新投简历数	环比增长百分比/%	新投简历数	环比增长百分比/%	新投简历数	环比增长百分比/%
1 月	82	—	214	—	14	—
2 月	77	-6.10	196	-8.41	19	35.71
3 月	124	61.04	356	81.63	48	152.63
4 月	160	29.03	383	7.58	53	10.42
5 月	151	-5.63	317	-17.23	39	-26.42
6 月	133	-11.92	249	-21.45	18	-53.85
7 月	90	-32.33	212	-14.86	21	16.67

表3-10(续)

时间	计量管理专员		招标专员		水处理工程师	
	新投简历数	环比增长百分比/%	新投简历数	环比增长百分比/%	新投简历数	环比增长百分比/%
8 月	94	4.44	204	-3.77	14	-33.33
9 月	158	68.09	280	37.25	17	21.43
10 月	170	7.59	272	-2.86	11	-35.29
11 月	109	-35.88	243	-10.66	10	-9.09
12 月	86	-21.10	206	-15.23	15	50.00

三、招聘费用分析

招聘费用分析的目的是帮助组织更好地了解招聘过程的费用构成，从而优化招聘策略，提高招聘效率。招聘费用分析有助于企业清楚地知道招聘过程中哪些费用是必要的，哪些是不必要的，进而减少不必要的支出，降低招聘成本。此外，招聘费用分析还可以为组织的预算制定和成本控制提供参考依据，更好地进行财务规划和管理。

（一）招聘费用的统计

招聘成本包括招聘渠道费用、招聘人员差旅费、选拔费用等，可以使用表 3-11 所示的样表开展统计。

表 3-11　人员招聘费用支出统计

时间	招聘渠道费用	招聘宣传费	人员选拔费用	招聘人员差旅费	招聘人员工资	……	招聘总费用	入职人数	人均招聘费用
1 月									
2 月									
……									
11 月									
12 月									
合计									

1. 招聘渠道费用

招聘渠道费用是指在招聘过程中通过不同渠道发布招聘信息所支付的费用。招聘渠道费用是招聘成本的重要组成部分，通过对这些费用的分析和优化，可以降低招聘成本，提高招聘效率。

2. 招聘宣传费

招聘宣传费是指在招聘过程中为了吸引更多的求职者前来应聘而进行的宣传活动所产生的费用。这些宣传活动包括在招聘网站、社交媒体、户外广告等媒体上发布招聘信息的广告费用，以及在招聘会、招聘活动等现场进行的宣传活动费用。招聘宣传费可以帮助组织扩大知名度，提高品牌形象，吸引更多的优秀人才前来应聘，从而提高招聘效果。

3. 人员选拔费用

人员选拔费用包括在人员选拔时聘请外部测评机构开展测评、聘请面试专家的费用、对待入职人员的体检费用、委托背景调查等所付出的费用等与人员选拔有关的费用。

4. 招聘人员差旅费

招聘人员差旅费是指为了招聘员工而支付的招聘人员的旅行费用，包括交通、住宿、餐饮以及相应的出差补贴等费用。通常，如果组织需要派招聘人员去其他城市或地区进行招聘活动，就会产生这些费用。具体的费用数额取决于招聘活动的地点、时间和招聘人员的数量等因素。

5. 招聘人员工资

招聘人员工资是指支付给招聘人员的劳动报酬，一般包括基本工资、绩效奖励等。除了招聘人员的工资外，企业还需要为招聘人员提供其他福利待遇，如社保、公积金、培训等，这些费用也是组织招聘过程中需要承担的成本之一。

6. 招聘总费用

招聘总费用是指实施招聘时产生的总费用，在表 3-11 中，则是由其左边各项费用的合计构成。

7. 人均招聘费用

人均招聘费用是指在招聘一名员工时所需支出的平均费用，即

$$\text{人均招聘费用}=\frac{\text{招聘总费用}}{\text{招聘人数}}$$

人均招聘费用是一个重要的指标，可以帮助组织了解招聘成本的情况，更好地控制招聘成本，优化招聘策略，提高招聘效率。

（二）招聘渠道费用—效果分析

能在最短的时间内以最低的成本招到符合要求的人员，就说明该招聘渠道是有效的。通过对招聘渠道的招聘人数和招聘费用进行对比分析，可以帮助组织找到满足实际需求、具有成本优势和群体针对性的招聘渠道。

通常采用招聘渠道费用—效果分析表进行分析，如表 3-12 所示。

表 3-12　招聘渠道费用—效果分析

招聘渠道	招聘总费用	入职人数	贡献度	入职人数	人均招聘费用
渠道一					
渠道二					
渠道三					
渠道四					
……					

表中的贡献度可以由如下公式计算所得。

$$\text{招聘贡献度}=\text{招聘渠道的有效性和及时性}\times\text{岗位层级系数}\times\text{招聘周期系数}$$

其中，岗位层级系数和招聘周期系数需要根据实际情况进行定义和赋值。这个公式只是一个基本的参考，具体的计算方法可能需要根据组织的实际情况进行调整和优化。

【数据分析案例】

表 3-13 为某企业 2022 年度的招聘渠道费用—效果分析表。我们通过分析发现，渠道一的招聘费用最高，人均招聘费用也最高，但其是唯一能满足高层管理岗位招聘需求的渠道。渠道四的人均招聘费用最低，是否就是最好的招聘渠道呢？进一步分析发现，该渠道的费用虽然最低，但只能满足基层人员的招聘，对于高、中层管理人员的招聘都不能满足，因此，只能说渠道四是最经济的招聘渠道。

表 3-13　某企业 2022 年度招聘渠道费用—效果分析表

招聘渠道	招聘费用合计/万元	高层管理岗位		中层管理岗位		基层岗位		入职总人数	人均招聘费用/元
		入职人数	贡献度	入职人数	贡献度	入职人数	贡献度		
渠道一	6.0	2	1.0	3	0.2	0	0	5	12 000
渠道二	4.2	0	0	4	0.3	19	0.1	23	1 826
渠道三	3.0	0	0	6	0.5	32	0.3	38	789
渠道四	1.2	0	0	0	0	85	0.6	85	141
总计	14.4	2	1.0	13	1.0	136	1.0	151	941

四、人才选聘管理的年度指标

人才选聘管理的年度指标包括年度招聘需求完成率、年度招聘需求到位率、年度招聘面试率、年度面试录用率、年度招聘录用率、年度录用入职率、年度招聘入职率、年度应聘比率、年度招聘总成本—效用等指标。

（一）年度招聘计划完成率

年度招聘需求完成率是指年度内，实际招聘人数与计划招聘人数的百分比。该指标主要是用来评估组织在规定时间内成功招聘到符合岗位要求人员的能力，它反映了招聘计划的完成情况和招聘效果。通过对招聘需要完成率的分析，组织可以发现招聘过程中存在的问题，比如招聘渠道的局限性、招聘流程的烦琐性、招聘信息的准确性等，从而采取措施改进招聘策略。

年度招聘需求完成率=（年度录用人数÷年度计划招聘人数）×100%

其中，年度录用人数是指通过组织面试的人数，年度计划招聘人数是指提出岗位需求，并列入招聘计划的人员总数。

（二）年度招聘需求到位率

年度招聘需求到位率是指年度内，实际入职人数与计划招聘人数的比例。该指标主要是用来评估组织在规定时间内成功招聘到符合岗位要求的人才，并使其到岗工作的能力。它反映了组织对招聘需求的管理能力，包括对招聘需求的识别、招聘计划的制订以及执行能力等。

年度招聘需求到位率=(年度入职人数÷年度计划招聘人数)×100%

其中，年度入职人数是指组织在一年内入职的人数，年度计划招聘人数是指提出岗位需求并列入招聘计划的人员总数。

（三）年度招聘面试率

对年度招聘面试率的分析可以反映公司吸引力和招聘过程的效率。面试率是衡量公司吸引求职者的重要指标，并且可以反映公司的招聘流程的有效性。从了解组织的吸引力方面看，如果组织的面试率较高，说明公司的岗位对求职者有吸引力，反之则可能意味着公司的职位吸引力有待增强；从评估招聘流程的效率看，如果面试率较低，可能意味着公司的招聘流程存在效率问题，需要进一步优化或改进；从了解岗位与求职者的匹配程度来看，如果面试率较高，可能表明公司岗位与求职者的技能和兴趣相匹配。

年度招聘面试率=(年度面试人数÷年度简历投递人数)×100%

其中，年度面试人数是指组织在一年内进行的面试次数，年度简历投递人数则是收到的求职者简历数量。

（四）年度招聘录用率

年度招聘录用率可以反映公司在整个招聘流程中的成果和效率。该指标有三个方面的信息：一是评估招聘效果，如果录用率较高，说明组织吸引和筛选人才的能力较强，反之则需要进一步分析原因，优化招聘策略；二是了解对人才的竞争力，如果录用率较高，说明组织所招聘的岗位在同类岗位中对人才的竞争力较强，组织的岗位与求职者的技能和兴趣相匹配；三是优化招聘流程，通过分析录用率，可以发现招聘流程中的问题和瓶颈，进而进行优化和突破，提高招聘效率、改善招聘的质量。

年度招聘录用率=(年度录用人数÷年度简历投递人数)×100%

其中，年度录用人数指的是组织在一年内录用的员工数量，年度简历投递人数指一年中投递简历的总人数。

（五）年度录用入职率

年度录用入职率是衡量招聘效果的一个重要指标，它可以反映组织在整个招聘流程中的成果和效率。对年度录用入职率的分析具有以下几个方面的作用：一是评估招聘效果，通过对比不同年份的录用入职率，组织可以了解招聘效果是得到改善了还是更差了。如果录用入职率较高，说明组织吸引和筛选人才的能力较强，反之则需要进一步分析原因，优化招聘策略；二是预测人员需求，如果录用入职率较高，说明组织能够吸引和留住人才，未来的人员需求也相应较低，反之，如果录用入职率较低，未来的人员需求也相应较高，组织需要进一步分析原因并采取措施；三是调整招聘策略，如果录用入职率较低，说明组织的招聘策略需要调整，可以通过提升招聘质量、提高薪酬福利、优化职位匹配等方式来提高录用入职率。

年度录用入职率=(年度入职人数÷年度拟录用人数)×100%

其中，年度入职人数指的是组织在一年中实际入职的人员数量，年度拟录用人数则是指通过公司面试的求职者数量。

（六）年度招聘入职率

年度招聘入职率可以反映组织在整个招聘流程中的效率和效果，是评估组织招聘工

作成果的一个重要指标。对年度招聘入职率的分析，有助于组织了解应聘人员与岗位的最终匹配程度。同时，也可以帮助组织了解其招聘活动的转化率，即实际入职人数占投递简历总人数的比例，从而优化招聘流程和提高招聘效率。

年度招聘入职率＝(年度入职人数÷年度简历投递人数)×100%

其中，年度入职人数指的是组织在一年中实际入职的人员数量，年度简历投递人数指一年中投递简历的总人数。

（七）年度应聘比率

年度应聘比率可以反映招聘职位的受众群体范围，对年度应聘比率的分析可以帮助组织进一步分析招聘渠道的选用是否符合目标岗位的求职群体，如果应聘比率小则说明选择的招聘渠道有可能没有有效地将招聘信息传递给目标求职群体；年度应聘比率还反映了市场上求职群体的数量情况，如果应聘比率较小，则有可能求职群体数量比较少，组织可以制定有针对性的激励策略，留住相关岗位的人员。

年度应聘比率＝(年度简历投递人数÷年度发布招聘岗位数)×100%

其中，年度简历投递人数指一年中投递简历的总人数，年度发布招聘岗位数指一年中已经发布的招聘岗位数。

（八）年度招聘总成本效用

年度招聘总成本效用反映了组织的招聘成本控制情况。需要注意的是，在比较年度招聘总成本效用时，应按岗位层级、岗位类别进行分析，不可一概而论。

年度招聘总成本效用＝(年度入职人数÷年度招聘总成本)×100%

其中，年度入职人数指的是组织在一年中实际入职的人员数量，年度招聘总成本指一年中实际支付的招聘总费用。

【本章内容小结】

数字化人才选聘与测评应用已经深入影响到招聘的各个环节。通过运用数字化技术，组织可以更高效、精准地选拔人才，改善招聘效果。同时，数字化测评也可以为员工提供更公正、客观的职业发展环境，促进企业的长期发展。在数字化时代，人才选择与测评呈现出招聘流程智能化、渠道多元化、互动交流即时化、测评手段精细化等新的特点。

岗位需求分析与人才选聘结果分析是人才选聘流程的起点与终点，在这两个点上做好数据量化分析可以确保目标明确、计划精准、信息完整清晰并最终实现对人才管理的进一步改进与完善。首先，岗位需求数据分析有助于组织更好地了解相关岗位的工作内容、技能和经验要求、招聘人数等，从而确保招聘进来的人才能够满足组织的业务需求和发展方向；其次，人才选聘结果的数据分析可以优化组织人力资源需求、提高员工满意度和留任率，降低招聘成本，优化招聘流程，提升组织绩效和效率。

数字化招聘渠道在拓宽招揽人才的范围、提高简历筛选效率、提高面试安排效率、节省线下招聘成本、提升人才匹配度、支持远程面试以及提供更准确的招聘数据分析等方面具有显著优势。目前用得比较多的是短视频招聘、直播带岗位招聘以及微招聘等，随着“数字原住民”越来越多地进入职场，数字化招聘渠道的应用范围与应用频率也将逐步增加。

【讨论思考题】

1. 数字化人才选聘与传统的人才选聘有哪些区别与联系？
2. 岗位需求数据分析在招聘流程中的作用是什么？
3. 比较三种数字化招聘渠道的优缺点。
4. 表 3-14 是某企业的简历状态分布情况，请据此画出简历状态分布转化漏斗图。

表 3-14　某企业简历状态分布情况

岗位名称	简历状态分布								
	新投递	待筛选	筛选不通过	待测评	测评不通过	拟录用	放弃录用	待入职	已入职
质量工程师	11	11	3	8	3	5	1	4	4
产品设计工程师	15	14	4	11	5	6	2	4	3
高级焊工	2	2	1	1	0	1	1	0	0
生产计划员	24	24	18	6	3	3	0	3	3
数控操作工	50	36	30	6	2	4	1	3	3
仓库保管员	22	17	3	12	5	7	0	7	7

【案例 3-1】

年度招聘指标分析

GH 企业是一家集团公司，主要从事互联网行业的相关业务。表 3-15 是 GH 企业 2021 年与 2022 年两年的招聘数据，如果你是 GH 企业的招聘专员，请完成以下工作。

（1）计算两个年度的人才选聘相关的年度指标；

（2）根据指标数据分析 GH 企业的在招聘中哪些方面做得好，哪些方面需要改进？

（3）为 GH 企业提出招聘改进建议。

表 3-15　GH 企业年度招聘数据统计表

时间	年度计划招聘人数/人	年度发布招聘岗位数/个	年度简历投递人数/人	年度面试人数/人	年度录用人数/人	年度入职人数/人	年度招聘总成本/万元
2021	368	368	4 051	1 655	368	355	81.03
2022	312	283	4 254	1 451	323	311	65.68

【案例 3-2】

D 公司的招聘分析报告

2022 年第 3 季度招聘分析报告

D 公司人力资源部在 2022 年下半年的工作重点就是招聘，本报告分析的目的一是总结半年来的招聘工作，二是为下一步的招聘工作的展开提供指导，以便于公司更快更准确地招到适合公司的人才，为公司的发展打好基础。

1. 招聘情况

D 公司 2022 年 7—9 月对 10 个岗位开展了招聘工作，具体情况如表 3-16 所示。

表 3-16　2022 年 7—9 月份 D 公司招聘数据汇总

序号	招聘渠道	招聘岗位	计划人数	岗位浏览数	投递简历数	有效简历	成功预约人数	面试人数	录用人数	录用未到岗人数	招聘总天数	是否完成招聘
1	网络招聘	硬件工程师	2	1 125	25	11	9	6	2	1	86	
2	网络招聘	弱电工程师	2	1 431	19	5	2	1	—	—	—	未完成
3	网络招聘	嵌入式系统工程师	2	699	34	4	2	1	—	—	—	未完成
4	网络招聘	技术助理	2	2 548	238	21	16	12	2	1	79	
5	网络招聘	技术文案	1	1 237	97	12	7	6	1	1	52	
6	网络招聘	销售主管	2	711	79	5	3	2	0	0	68	
7	网络招聘	销售代表	4	1 982	151	28	11	8	4	2	73	
8	网络招聘	销售文案	2	2 833	82	29	17	13	2	0	51	
9	网络招聘	人事行政专员	1	1 843	73	13	8	4	1	0	46	
10	网络招聘	出纳	1	8 230	394	42	15	8	0	0	39	

2. 招聘岗位分析

从简历的岗位分布来看，首先是文职基础类岗位应聘者最多，如销售文案、出纳、人事行政专员这三个岗位。此类人才相对应聘较活跃，但筛选的难度较大，真正适合公司的人才不多。其次是销售类岗位的应聘人数较多，但因 D 公司想招偏商务方向的销售，而且侧重于有过电力、能源、铁路等从业经验的人员，所以符合条件的简历较少。此类人才的稳定性不高，在人才市场上较活跃，公司对此类职位不但要注意引进考察，也要增加储备力量。最后，专业技术类岗位应聘人数相对较少，因为偏冷门，而且此类岗位的专业性要求较高，但同时对简历的有效性要求也相对较高，所以一般筛选出的简历针对性都较强，筛选难度较小，耗费时间较少。

3. 公司在当前招聘工作中存在的优势

（1）有一套相对成形的招聘流程；

（2）公司制度相对规范，管理较为人性化；

（3）公司在业界具有一定的知名度，对人才有一定吸引力；

（4）公司成立至今将近10年，在对IT人才的招聘上积累了一定心得，业内人才招聘网络正逐步形成中；

（5）HR招聘人员的敬业度和工作效率较高。

4. 公司当下招聘渠道的分析

当下公司招聘的主要方式为网络招聘，内部推荐占一小部分，其他招聘渠道未涉及，下一步应进一步拓宽招聘渠道，如参加大型招聘会、开展校园招聘、限制范围内的内部推荐、与当地人才介绍机构合作等其他招聘渠道。网络招聘作为当下最主要的招聘渠道，显示出以下优点：

（1）信息量大。

当下公司用于招聘的网站有两个——智联招聘、58同城。其中智联招聘网人才的素质学历较高，是招聘专业人才的最主要网站；而58同城较为综合，成为公司行政部门人才招聘的主要网站。上述两个网站因其知名度较高，为公司提供了大量的简历资源。自九月份以来，智联招聘网收到简历707份，58同城收到简历579份。这两个网站为公司的招聘提供了大量的简历资源，并且公司可以利用各个网站不同的优势，有重点地进行招聘。

（2）人工成本较低。

当下网络招聘的主要方式是直接在各网站上查询，这些方式同招聘会、校园招聘等方式比起来，更加省事，占用工作时间较少，花费人力成本相对较低。

5. 招聘工作存在的问题分析

通过分析发现，招聘工作主要存在以下问题：

（1）招聘需求不清晰。

对整体用人需求无规划，对用人的必要性、数量、任职资格、职能、关键胜任能力无法做出准确的判断。

主要原因有四个方面：第一，公司业务发展变化迅速，岗位需求变化较快，公司原有人员能力无法满足业务发展需求；第二，公司培训体系建设未完善，无法满足业务、技能培训需求；第三，员工离职率较高，但同时对员工离职的倾向掌握不到位；第四，比较专业的技术要求在该行业中属于少有人才，难以招聘到岗。

（2）招聘策略单一。

存在的主要问题：第一，没有深入挖掘公司吸引人才的核心优势，没有很好地将公司的核心优势进行推广宣传；第二，渠道选择少，招聘信息覆盖面较窄；第三，没有将招聘工作提升到市场策划的高度进行运作。现在的招聘工作不再完全是事务性工作，应该是一项具有战略意义的市场性工作。

（3）简历筛选合格率低。

简历筛选合格率低的主要原因：第一，简历筛选属于经验型事务性工作，占用大多数时间，就目前人员工作配备不足使得简历筛选时间紧凑而忙碌；第二，在简历初步筛选时可精确定位基本要求，如学历、年纪等，在对业务要求进行定位时准确性欠缺；第三，招聘网站58同城的简历来源数量较多，但其中符合要求的所占比例很低，经常还有一人投多岗、一人一岗投多份的情况存在，在无形中加大简历筛选的工作量。

(4) 关键岗位人才储备严重不足。

公司内部对关键岗位的人才培养严重不足，后备人才缺乏，从而使得在出现职位空缺时，往往只能从外部招聘，内部现有人员可直接上任的较少，即公司内部招聘未达到效果。公司对关键岗位未建立外部的后备人才库，从而出现岗位空缺，往往需要重新发布招聘信息，等待应聘者投简历，招聘周期往往过长，效率低。

思考题：

1. 请根据案例的分析，对该公司提出改进建议？

2. 如果由你来完成该分析报告，你会如何优化分析报告的内容？

第四章　数字化人才开发

【本章学习目标】

目标一：理解数字化时代人才开发的新模式；
目标二：掌握岗位胜任力数据分析的方法；
目标三：掌握培训需求数据分析的内容与方法；
目标四：理解培训实施数据分析的几个关键点；
目标五：掌握培训效果评估数据分析的方法。

第一节　数字化时代人才开发的新模式

随着数字化时代的到来，人才开发面临着新的挑战和机遇。数字化时代的人才开发具有以下几个方面的特点。

一、数据驱动

数字化时代的人才开发更加依赖数据，对数据的分析和挖掘，有助于制定个性化培养方案，进行人才流失预警与防范，实现数据可视化以及基于数据的决策支持。

（一）数据收集与分析

数据收集与分析是人才开发数据驱动的基础。通过对员工个人基础信息、工作信息、绩效数据、市场数据等进行分析，企业可以了解员工的行为和绩效，发现组织人才开发的规律和趋势。

（二）制订个性化培养计划

个性化培养计划是人才开发的重要内容，通过数据分析，一方面可以识别出具有潜力和能力的员工，另一方面可以了解员工的需求，在此基础上为其制订个性化的职业发展计划和培训方案，提升员工的专业素质和综合能力。

（三）人才流失预警与防范

人才流失预警与防范是人才开发的重要环节，通过数据分析，一是可以及时发现和解决员工存在的问题，提高员工的工作满意度，增强员工的归属感和忠诚度；二是可以及时发现员工流失风险，采取措施挽留人才，避免员工流失给组织带来的损失；三是人才流失预警与防范可以优化组织人才结构，促进人才合理流动，充分利用人力资源，提高组织的整体效益，通过预警系统，组织可以及时发现和解决人才配置不合理的问题，实现人才的合理调配和优化配置。

（四）实现数据可视化

数据可视化技术可以使数据分析结果呈现出来，方便管理者理解和掌握人才开发的情况。同时，通过数据报告的形式，将数据分析结果进行汇总和整理，方便管理者进行决策和支持。

（五）基于数据的决策支持

基于数据的决策支持是人才开发数据驱动的核心。对人才开发的数据进行分析和挖掘，可以为管理者的决策提供支持和参考，实现人才开发的精准化和个性化，增强组织的竞争力和可持续发展能力。

二、智能化

人工智能技术在高效处理数据、智能决策支持、自动化流程、个性化服务、预测能力、快速学习和适应以及可扩展性等方面都具有优势。智能化提升了人才开发的效率，通过自动化培训、智能辅导、自适应学习、机器学习驱动的培训改进、人机交互学习、在线课程生成以及实时反馈和评估等应用，组织可以显著提高培训效率、改善培训质量，为组织的长期可持续发展提供有力支持。

（一）自动化培训

自动化培训是指利用人工智能技术自动化处理培训流程，从而提高培训效率、改善培训质量。其主要应用包括：自动化发送培训通知、自动化记录学习进度、自动化评估学习效果等。通过自动化培训，组织可以节省大量时间和人力成本，同时提高培训的覆盖率和改善培训效果。

（二）智能辅导

智能辅导是指利用人工智能技术为员工提供个性化的学习辅导，其主要应用包括：智能推荐学习资源、智能解答问题、智能评估学习效果等。通过智能辅导，组织可以为员工提供更加精准和个性化的学习支持，优化学习效果和效率。

（三）自适应学习

自适应学习是指利用人工智能技术自动调整学习内容和进度，以适应员工的学习进度和能力水平。其主要应用包括：自动调整学习难度、自动推荐学习内容、自动调整学习进度等。通过自适应学习，组织可以更好地满足员工的学习需求，优化学习效果和效率。

（四）机器学习驱动的培训改进

机器学习驱动的绩效分析是指利用人工智能技术对员工的表现进行数据分析，从而为组织提供优化培训计划的建议。其主要应用包括：分析培训效果、预测员工绩效、优化培训计划等。通过机器学习驱动的绩效分析，组织可以更加精准地制订培训计划，增强培训效果和提高培训效率。

（五）人机交互学习

人机交互学习是指利用人工智能技术实现人机互动，从而提高学习体验和效果。其主要应用包括：虚拟现实培训、智能机器人交互、人机协作实践等。通过人机交互学习，组织可以为员工提供更加逼真的实践体验，优化学习效果和效率。

（六）在线课程生成

在线课程生成是指利用人工智能技术自动化生成高质量的在线课程。其主要应用包括：智能选题、自动剪辑、自动配音等。通过在线课程生成，组织可以快速生成大量高质量的在线课程，优化培训效率和质量。

（七）实时反馈和评估

实时反馈和评估是指利用人工智能技术实时收集和分析学习或工作数据，从而为员工提供及时的学习评估和反馈。其主要应用包括：实时监测学习进度、实时评估学习效果、实时反馈工作表现等。通过实时反馈和评估，组织可以为员工提供更加及时和准确的学习和工作指导，优化学习效果和工作效率。

三、云端化

云端平台具有灵活性和可扩展性的优点，可以根据组织的需求快速增加或减少计算资源，以适应业务的变化。成本效益方面，使用云端平台可以帮助组织降低 IT 成本，因为不需要购买和维护硬件和软件，同时可以根据需求灵活付费，从而节约成本；可靠性和安全性方面，云端平台通常采用严格的安全措施来保护数据和计算资源，同时具有高可靠性，可以提供高可用性和备份恢复功能；自动化和可编程性方面，云端平台通常具有自动化和可编程性，可以帮助组织自动化流程和服务，并通过 API 等方式来进行集成和定制化开发；同时，使用云端平台可以在全球范围内共享数据和计算资源，以便员工随时随地访问和共享数据。

（一）建设云端课程资源

通过云端平台强大的容量支持，组织可以提供各种类型的课程资源，包括视频课程、音频课程、在线文本课程等。这些课程可以由组织内部讲师录制，也可以在市场上的在线课程提供商那里购买或者聘请合适的讲师为组织定制。一方面，丰富的课程便于员工根据自己的需要进行选择；另一方面，通过云端管理系统，所有课程可以统一上传云，方便有效统筹安排各类课程。

（二）虚拟课堂

虚拟课堂是一种通过互联网实现多人在线实时互动的培训方式。在虚拟课堂中，员工可以通过视频、语音、文字等方式进行交流和互动，模拟真实课堂的环境和氛围。虚拟课堂不仅可以用于传统的课堂教学，还可以用于更加灵活的讨论和问题解决等，甚至进行虚拟仿真操作，并且不受时间和地点的约束，可以重复多次开展而不增加成本，并且对于接受能力不同的员工而言，其具有良好的适应性。

（三）建立云端人才管理系统

随着云计算技术的发展，越来越多的组织开始采用云端人才管理系统来帮助自己更好地管理人才，云端人才管理系统可以提高组织的人力资源管理效率，减少人力成本，优化人才配置，增强人才竞争力。在数据安全方面，云端人才管理系统采用数据加密、多重身份认证、实时监控等安全措施，保障数据的安全性，确保组织的人才数据不被泄漏；管控方面，可以实现多维度的管控，如业务流程管控、任务分配管控、绩效考核管控等，提升了企业对人才管理的掌控能力。

四、移动化

移动设备的普及和网络覆盖范围的扩大，移动网络技术的发展，移动应用软件不断推陈出新，云计算技术的加持，使得数字化时代的人才开发更加注重移动化的体验，通过移动设备实现随时随地的沟通和协作，提高工作效率和协同效应。移动化对人才开发最主要的功能体在移动学习与移动测评。

（一）移动学习

通过移动应用，员工可以随时随地学习各种知识和技能，如通过在线课程、视频教程、电子书等进行学习，实现了学习的移动化。移动学习具有传统学习方式所不具备的优势，一是灵活学习，员工可以随时随地学习，不受时间和地点的限制，在工作间隙、通勤途中、家中等任何场景中进行学习，使得学习更加灵活方便；二是自我安排，移动学习可以让员工更好地自我安排学习计划，充分利用碎片化时间学习，提高学习效率，员工可以根据自己的学习进度和习惯，自主选择学习内容和方式，更好地掌握知识；三是节省成本，员工移动学习不需要购买昂贵的学习设备或租赁学习场所，降低了组织的培训成本，同时，员工可以利用自己的移动设备进行学习，减少了组织在员工培训上的投入；四是知识更新快，移动学习可以提供最新的知识和信息，使员工能够跟上时代的变化和行业的发展。移动学习平台可以实时更新学习资源，让员工获取最新的知识和技能，适应市场需求的变化。

（二）移动测评

随着移动技术的发展，越来越多的企业开始采用移动测评的方式来评估员工的工作表现和技能水平。移动测评相对于传统测评方式，具有以下一些优点：一是具有灵活性，可以随时随地进行，员工可以在任何时间、任何地点完成测评，这使得测评更加方便快捷，减少员工对测评的抵触情绪；二是提高效率，通过移动设备，员工可以在短时间内完成测评，避免了传统测评中需要统一时间和地点等繁琐的流程；三是保护隐私，移动测评可以保护员工的隐私，由于测评内容存储在云端，员工可以在自己的移动设备上完成测评，无须担心个人信息泄露；四是可重复性，由于测评结果存储在云端，员工可以在需要的时候再次进行测评，以便了解自己的进步和变化；五是易于分析，通过数据分析和统计技术，组织可以对员工的测评结果进行深入分析，以便发现员工的优劣势和需要改进的方面，同时，可以对不同员工之间的测评结果进行比较和分析，以便更好地了解员工之间的差异，有针对性地开发人才的潜能。

【案例】

C公司是一家大型制造企业，拥有数千名员工，业务涉及多个领域。为了提高员工的专业技能和知识水平，满足公司快速发展对人才的需求，公司决定开展移动学习项目，使员工能够在工作之余随时随地学习。该公司在开展移动学习前主要做了以下几项工作。

1. 明确移动学习的原则

（1）以员工需求为导向，根据岗位和职业发展路径设计学习内容；

（2）选择适合移动设备的学习应用程序，确保学习体验良好；

（3）结合公司文化和业务特点，打造具有自身特色的学习平台；

（4）充分利用与开发现有资源，降低学习成本。

2. 学习内容设计

C公司选择了一款流行的移动学习应用作为主要平台，该应用具有视频播放、在线测试、学习记录等功能。学习内容主要包括以下几个方面：

（1）专业技能课程：根据员工岗位需要，提供专业课程，如机械制造、质量管理等；

（2）通用技能课程：提高员工的综合素质，如沟通技巧、团队协作等；

（3）公司内部培训：针对公司业务和企业文化；

（4）行业资讯：分享行业动态，增强员工对行业趋势的了解。

3. 推广与实施

C公司通过以下措施推广移动学习：

（1）发放宣传资料，让员工了解移动学习的内容和优势；

（2）提供初始学习资源，鼓励员工积极参与；

（3）制订学习计划，设定阶段性目标，激发员工持续学习的动力；

（4）建立学习小组，互相监督和交流，提高学习效果。

4. 效果评估与反馈

为了了解移动学习的效果，C公司采取以下评估方法：

（1）定期测试：对学习内容进行定期测试，评估员工掌握程度；

（2）学习时长统计：统计员工的学习时长，了解员工的学习积极性；

（3）问卷调查：收集员工对移动学习的反馈意见，及时调整学习内容和策略；

（4）业绩考核：将学习成果应用到实际工作中，通过业绩考核来评估效果。

评估结果表明，移动学习项目取得了显著效果，员工的专业技能和综合素质得到了提升，同时C公司的业务质量和业绩也有所提升。

五、社交化

随着社交媒体平台的普及，越来越多的人使用这些平台交流、分享和获取信息，不同类型的组织也开始利用社交媒体平台进行培训和管理人才；同时，随着经济全球化和数字化的发展，人才市场也在发生变化，人们更加注重职业发展和个人品牌的建立，也更加注重人际关系和社交网络，社交化的人才开发方式正好符合这些需求。

（一）社交学习

社交学习是指通过与他人的交流和合作，共同学习和解决问题。通过社交学习，员工不仅可以学习新的知识、方法与手段，还可以提升以下几个方面的能力：一是聆听与表达，在社交学习中，员工需要学会聆听他人的想法和观点，同时也需要学会表达自己的想法和观点，这有助于员工更好地了解他人的需求和想法，同时也能够更好地让团队了解自己的需求和想法；二是有效协作，社交学习可以帮助员工建立关系，与同事和上级建立良好的工作关系，更好地融入团队，学会有效协作，共同完成任务，通过社交学习，员工还可以学会如何与他人协调工作，如何分工合作；三是解决冲突，在团队工作中，冲突是难以避免的，社交学习可以帮助员工学习解决冲突的方法和技巧，学会如何与他人协商解决问题；四是领导力，社交学习可以帮助员工提升领导力，通过与他人的交流和合作，员工可以学会如何引导和激励团队，如何发挥团队成员的潜力。

（二）社交发展

社交发展是指个体在社交方面的发展，包括个体在社交技能、社交意识、社交关系等方面的发展。它是人类发展的重要方面之一，对于个体的心理健康、社会适应和人际交往能力都有重要影响。基于人才开发，社交发展对员工的好处主要有以下几个方面：一是增强知识和技能，社交网络可以帮助员工更快地获取新的知识和技能，通过分享和交流来增强自己的专业能力；二是拓展人脉和社交圈，社交网络可以让员工与同事、业界专家、合作伙伴等建立联系，拓展自己的社交圈，增加人脉资源；三是促进创新和思维开放，社交网络可以让员工分享想法和创意，激发创新思维，促进业务创新和发展；四是提高工作满意度和忠诚度，组织内部的社交网络可以让员工更好地融入公司文化，了解组织的动态和政策，提升工作满意度和忠诚度。

第二节　岗位胜任力数据分析

一、岗位胜任力数据分析的作用

岗位胜任力模型（Job Competency Model，JCM）是一种用于确定员工工作胜任力的模型，也是人力资源管理的重要工具之一。它是通过对员工在岗位上的技能、知识、行为和特征等方面的评估而建立的一套岗位胜任力标准，能为组织的招聘、培训、评估和晋升等人力资源管理决策提供科学依据。

岗位胜任力模型明确了各个岗位的基本要求以及核心能力，组织可以根据不同的岗位需求，清晰地了解所需员工应具备的技能、经验和核心素养，进而制订针对性的人才发展计划，建立人才晋升通道，满足不同员工的需求。岗位胜任力模型有助于识别具有潜力的员工，通过对员工的评估结果进行分析，组织可以确定哪些员工在关键胜任力方面表现出色，并具备较高的潜力，这些员工可能成为未来的领导者和核心人才。同时，岗位胜任力模型可以帮助员工明确自我提升的方向，员工可以根据模型定义的胜任力特征，了解自己在哪些方面需要提升，进而通过培训、学习，可以增强技能和增长知识。

对岗位胜任力开展数据分析，主要有以下四个方面的作用。

（一）提高人才管理的精确度

通过对岗位胜任力进行数据分析，组织能够建立更精确的胜任力模型，进而提高人才评估与选拔的准确性，有助于组织识别具备岗位胜任力的人才，减少因评估失误而产生的成本。

（二）实现个性化的人才开发

通过深入分析员工的胜任力数据，组织能够了解每个员工的优势和劣势，以及他们在不同岗位上的表现，从而提供个性化的培训和发展计划。这样能够更好地满足员工的个人发展需求，提升员工的工作满意度和忠诚度。

（三）发现优秀人才和潜在改进空间

一是通过分析优秀员工的胜任力数据，组织可以识别出他们各项胜任力的突出表现，进而总结出优秀员工的胜任力特征；二是通过对员工的实际表现和理想表现进行对比分析，组织可以发现员工在各项胜任力上的优势和不足，这有助于组织了解员工的个人潜力和发展需求，为他们的职业发展规划提供依据；三是通过对员工在不同岗位上的表现进行分析，组织可以发现他们在不同岗位上的胜任力特征和适应情况，有助于实现更合理的人员配置，提高员工的工作满意度和绩效水平。

（四）提高组织绩效和竞争优势

通过对岗位胜任力进行数据分析，组织能够增强员工队伍的整体素质和能力，为组织绩效的提升提供有力保障。同时，通过定期的员工绩效评估和岗位胜任力数据比对分析，组织可以及时发现问题和瓶颈，并采取相应的措施进行改进，从而减少不必要的损失，提高组织的应变能力和竞争能力。

二、岗位胜任力数据分析的方法

岗位胜任力数据分析包括两个方面的内容，一是在构建胜任力模型时，应该对模型进行什么样的数据分析，二是对员工在岗位上的表现数据进行收集、整理和分析，以了解员工的胜任力特征和绩效表现，为组织提供管理和改进的依据。

（一）岗位胜任力的结构

岗位胜任力包括岗位所需要的素质、知识、能力及经验，如表 4-1 所示。

表 4-1　岗位胜任力的结构

胜任力类别	释义
素质	人格、素养、价值观、自我定位等
知识	专业、学历、认证
能力	核心能力、通用能力、专业能力
经验	持续运用某一种或几种能力的时间

1. 素质

素质是指一个人的性格、价值观、自我定位、人生观、世界观等多个方面表的特性，由个人的自身特质决定，不容易改变。素质是一个人在特定领域或职业中取得成功的重要因素，也是组织在选拔和培养人才时需要关注的重要指标。

2. 知识

知识是通过学习、查阅资料、培训等后天学习而获得的，是关于事实、理论、方法、技术等方面的信息，如人力资源管理、质量管理的知识。

3. 能力

能力是指在一定的知识的基础上，能够完成某个目标或特定任务的可能性，是对知识的转化。

能力可以分为核心能力、通用能力和专业能力。核心能力是区别于其他人的特有的能力；通用能力是全体员工都必须具备的能力，如沟通能力、团队合作能力；专业能力是完成特定任务时所需要具备的专业技能和知识，如会计、绩效管理专员、质量专员等都分别需要具备不同的专业能力才能完成相关的工作。

4. 经验

经验与从事一项工作的时间长短有关，反映了完成特定任务的熟练程度。

知识、技能、经验、素质之间具有严密的内在逻辑关系。首先，知识是人才发挥作用的基础要求，没有良好的知识底蕴，专业化的程度会大大降低，这在工作或生活中常见。例如，有些人满腔热情，但是缺少方法，最后的工作成效并不理想；能力是在知识的基础上，综合运用知识的能力，如果没有对知识的综合运用能力，知识就不能够发挥作用，所谓的高学历、低能力就是其中的一种表现；经验反映了应用某种能力的持续时间，有了知识、有了能力后，但还需要经过一段时间的实践，才能灵活地运用知识，形成熟练的能力。

在有了知识、技能和经验后，最重要的就是素质，也就是要有良好的符合时代要求的价值观、职业素养、工作态度。通常，当员工自身的素质与组织的文化不相容时，即使其有再丰富的知识与经验，也很难产生良好的绩效，甚至会带来更大的负面效果。

（二）岗位胜任力的分级

为了区分不同的等级，岗位胜任力的每一项都会进行分级，分级有助于量化分析。岗位胜任力一般分为三级到五级，各个分级之间有明显的递进关系，等级越高对绩效的支撑力越强。

【案例】

表 4-2、表 4-3 分别为某公司对学历和对工作经验的分级。该公司将学历分为四级，1 级为大专以下，4 级最高，为硕士及以上。对于工作经验也分为 4 级。各个分级对应的得分不一样，应用于岗位晋升或薪酬晋升等。

表 4-2　某公司对学历的分级

分级	定义	相对应的得分
1 级	大专以下	3
2 级	大专	5
3 级	本科	8
4 级	硕士及以上	12

表 4-3　某公司对工作经验的分级

分级	定义	相对应的得分
1 级	2 年及以下相关工作经验	2
2 级	3~8 年相关工作经验	5
3 级	9~15 年相关工作经验	7
4 级	15 年以上工作经验	10

在对素质、能力或知识进行分级前，要对相应的素质、能力或知识进行定义，并对每一个分级都有详细的文字阐述。

【案例】

表 4-4、表 4-5 分别为某公司岗位胜任力模型中对决策能力和坚持不懈的分级及行为表现的描述。其中 1 级为最低等级，4 级为最高等级。

表 4-4　决策能力的分级及行为表现

决策能力：根据备选的方案在规定时间内选择一个自己认为最优的方案	
级别	行为表现
1 级	作决策时需借助他人的力量，通过协调决定
2 级	能够对下属提出的建议进行决策或能向上级提供合理的决策建议，能考虑决策所需要的一般因素
3 级	能够对下属提出的建议进行决策或能向上级提供合理的决策建议，并能对影响决策的因素进行全面分析，决策较为准确
4 级	能够在复杂的情况下对全局性的工作做出决策，决策准确

表 4-5　坚持不懈的分级及行为表现

坚持不懈：指个人坚定不移地沿着既定的目标前进并持续关注目标，即使处于艰苦或不利的情况下，也能克服外部和自身的困难，坚持实现目标。	
级别	行为表现
1 级	在工作中树立了不松懈的工作信念，为了达到目标，能够持续不懈地努力工作，甚至面临烦琐的、枯燥的工作任务时也能坚持

表4-5（续）

级别	行为表现
2 级	面对挫折时能够主动意识并正确对待自己的不足，从错误中吸取教训，坚持从头再来。能够承受较大的工作压力，采取积极行动去克服困难
3 级	追求目标的过程中不断地激励自己，即使很艰难也照样坚持
4 级	面对突发情况或强烈反对也毫不退缩和动摇，并团结和带领他人为实现目标一起奋斗。越挫越勇，在屡战屡败的情况下不放弃采取新的理念和方法去探索，以完成任务或达到目标

需要注意的是，不同组织对同一类岗位的要求是不一样的，其所建立的岗位胜任力模型也有较大的差异。例如，有的组织会把经验的 4 级确定为有 20 年以上的工作经验，而有的组织也可以将其确定为有 10 年以上的工作经验；对于能力、素质各项要素的内容设置、定义以及行为描述也不一样。

（三）岗位胜任力要素的分析

组织在制订与岗位能力提升相关的培训计划前，应先评估员工自身的能力与岗位胜任力要求的能力之间的差距，有针对性地确定培训需求。通常应先对员工的实际胜任能力进行测评，再通过列表的形式进行梳理分析，样表如表 4-6 所示。

表 4-6　岗位胜任力要素分析用

胜任力要素	最高能力等级	岗位要求等级	员工实际能力等级	能力等级差异

【案例】

某公司对其营销类岗位的 4 位员工做了岗位胜任力测评，结果如表 4-7 所示。表中负数表明该员工在某项胜任素质上还有待提高，0 则是员工的能力正好与岗位胜任力一致，而正数则表示该员工的某项能力高于岗位胜任力的要求。如员工甲的客户关系建立能力与自我驱动力有待进一步提高，其他三项能力符合要求。而员工乙的数据分析能力高于岗位胜任力的要求。

表 4-7　某公司营销类岗位员工的岗位胜任力分析

胜任力要素	最高能力等级	岗位要求等级	甲		乙		丙		丁	
			实际能力等级	能力等级差异	实际能力等级	能力等级差异	实际能力等级	能力等级差异	实际能力等级	能力等级差异
沟通能力	4	4	4	0	3	−1	2	−2	4	0
客户关系建立能力	4	4	3	−1	3	−1	2	−2	4	0
数据分析能力	4	2	2	0	3	1	1	−1	2	0

表4-7(续)

胜任力要素	最高能力等级	岗位要求等级	甲		乙		丙		丁	
			实际能力等级	能力等级差异	实际能力等级	能力等级差异	实际能力等级	能力等级差异	实际能力等级	能力等级差异
自我驱动力	4	3	2	-1	2	-1	2	-1	3	0
团队合作能力	4	3	3	0	3	0	2	-1	2	-1

在对员工的岗位胜任力进行分析以后，可以考虑两种方式解决问题，一是针对普遍都比较差的能力实施培训，大家共同提升；二是针对个别某项能力比较差的员工，则可以建议其自主学习或训练，在一定的周期后，比如半年或是三个月后，再次测评员工的能力，看是否有所提升。

另外，对于员工各项能力均未达到要求的情况，如上面案例中员工丙在五项能力上表现都比较差，而且沟通能力与客户关系能力还差 2 个等级，这时就要考虑该员工是否适合在该岗位继续工作，让其转岗，或经过培训后进一步观察其能力提升情况再做出去留的处理。当然，这需要与组织的缺员情况、规章制度以及员工的专业、经验等结合起来考虑。

第三节　培训需求数据分析

一、培训需求数据分析的作用

培训需求数据分析是指在规划与设计每项培训活动之前，由培训部门采取各种办法和技术，对组织及成员的目标、知识、技能等方面进行系统的鉴别与数据分析，从而确定培训必要性及培训内容的过程。

培训需求数据分析具有很强的指导性，是确定培训目标、设计培训计划、有效地实施培训的前提，是现代培训活动的首要环节，是进行培训评估的基础，对组织的培训工作至关重要，是使培训工作准确、及时和有效实施的重要保证。培训需求数据分析的作用包括以下几个方面。

（一）确定培训目标

通过培训需求数据的分析，一方面，可以明确组织的战略目标，了解员工需要达到的工作标准，从而确定具体的培训目标；另一方面，可以确认差距，即确认绩效的应有状况同既有状况之间的差距，也就是实际的绩效与预期的绩效间的差距，找出影响绩效问题的真实原因，寻找解决绩效问题的有效措施。通过明确战略及找到解决绩效差距的措施，从而确定培训的目标。

（二）明确员工需求

培训需求数据分析能够帮助组织评估员工在素质、知识、能力等方面的实际水平，并对照岗位胜任力的具体要求，了解员工哪些方面需要进一步提高，需要设计哪些方面的培训；同时，还需要考虑员工职业、兴趣的发展，设计能够提升员工适应能力的培训。

（三）为培训计划提供数据支持

基于员工能力的量化分析结果，组织可以制订出符合组织和员工需求的培训计划，如具体的培训内容、方法、时间安排和资源分配，是让员工自己选择已有的课程资源进行学习，还是安排统一的培训等，以确保培训的有效实施。

（四）确保培训有效性

通过培训需求数据分析，组织可以确保培训内容的有效性，满足员工和组织的需求。此外，在培训结束后对培训效果进行评估时，可以进一步对照培训需求分析的结果开展评估，发现培训中存在的问题和可改进的环节，及时调整和优化培训计划，从而提升培训的有效性。

二、培训需求分析的内容

培训需求可以从组织、岗位、个人三个方面进行分析。在组织层面，培训需求分析的着眼点为组织的战略和目标，主要通过对高层进行访谈的方式，从组织结构变革、人力资本规划、引进新技术、引进新系统、引进新设备、开展新业务、开发新市场、颁布新规章制度、颁布新质量管理方针要求、改进员工绩效、员工职位晋升、外部环境变化、新员工培训以及解决某个特定问题等方面获取培训需求信息。由于培训资源有限，有些问题不一定能马上解决，所以在进行分析时，要明确需求等级，如表 4-8 所示。其中，需求等级从 1 到 4，数字越大表示需求程度越高，即培训安排的优先级越高。

表 4-8　组织层面培训需求确认等级

培训需求	需求等级			
	1	2	3	4
组织结构变革				
人力资本规划				
引进新技术				
引进新系统				
引进新设备				
开展新业务				
开发新市场				
颁布新规章制度				
颁布新质量管理方针要求				
改进员工绩效				
员工职位晋升				
外部环境变化				
新员工培训				
解决某个特定问题				

在岗位层面，培训需求分析的着眼点为岗位胜任力中的素质、知识、能力及经验要求，以及对员工相关能力测评的结果，可以基于岗位胜任力模型以及员工能力与模型要求的差距，由人力资源管理团队主导，汇总出提升员工知识、能力、素质的培训需求。这一层面的分析与内部培训课程体系、内部讲师管理体系相辅相成，培训需求也主要借助组织内部培训体系来实现。

在个人层面，培训需求分析的着眼点为员工的个人职业发展规划和自我成长，可以通过向不同岗位级别员工分发调研问卷的方式，收集他们对培训时长、培训地点、培训方法等的建设、对内部培训讲师队伍建设的想法、对培训工作持续改善的建议等几个方面的信息。

根据以上三个层面的分析结果，形成培训需求分析报告，作为制订阶段性培训计划、确定培训费用预算的基础。

【案例】

LS 公司的培训需求分析

LS 公司是一个快速发展的互联网企业，除了常规的行政部、财务部、人力资源部以外，还拥有多个业务部门，包括市场部、技术部、运营部等。近年来，随着市场竞争的加剧，公司管理层意识到员工培训的重要性，决定开展一系列的培训活动，以提高员工的能力和素质，促进公司的快速发展。该公司在开展培训前进行了一系列的培训需求数据分析。

1. 战略与组织分析

LS 公司的战略发展目标是扩大市场份额、提升产品竞争力，因此需要针对不同岗位的核心能力进行培训，以提高员工的工作效率和创新能力。同时，LS 公司的市场部、技术部、运营部等部门之间的协作关系比较紧密。因此，公司需要重点培训员工的团队协作能力、沟通能力和跨部门合作能力。

2. 岗位分析

公司市场部门的员工在市场调研、营销策略、推广渠道等方面的知识和能力等级均值差 1 或 2 级，技术部门的员工在软件开发、数据库管理、网络安全等方面的知识和能力等级均值差 1 个等级，运营部门的员工在网站运营、用户关系管理、数据分析等方面的知识和能力等级均值也差 1 个等级。同时，每个岗位都需要具备团队协作、沟通表达、创新能力等方面的核心能力。

3. 个体分析

在个体分析方面，公司需要考虑到员工的个人成长和发展需求，了解员工的兴趣爱好、职业规划、能力特点等方面的情况。针对不同员工的需求，制订个性化的培训计划，提供针对性的培训内容和方式，激发员工的学习热情和积极性。

4. 绩效分析

为了了解员工的工作表现和绩效，LS 公司建立了一套科学的绩效管理体系。通过定期的绩效考核，公司可以了解员工在各个方面的表现情况，以及员工需要改进的方面。

5. 目标设定

根据以上分析，LS 公司设定了明确的培训目标，包括提高员工的工作效率、创新能力、团队协作能力、沟通能力等方面。同时，LS 公司还设定了具体的培训成果和实际应用效果，如提高员工的工作质量、减少错误率、提高客户满意度等方面。

6. 培训计划

基于以上分析和目标，LS 公司制订了详细的培训计划，包括培训内容、时间、地点、方式等方面。例如，针对市场部门的员工，公司可以提供市场调研、营销策略等方面的课程和实战案例分析；针对技术部门的员工，公司可以提供软件开发、数据库管理等方面的课程和实践操作训练；针对运营部门的员工，公司可以提供网站运营、数据分析等方面的课程和实践操作训练。

三、培训需求数据分析的方法

培训需求数据分析主要包括培训需求数据统计分析、月度环比分析、培训计划分析。

（一）确定培训需求的常用方法

上一节的岗位胜任力分析是培训需求分析的主要方法，除此之外，还有以下一些方法也有助于确定培训需求。

1. 访谈法

访谈是通过与员工、管理者或两者兼有的方式进行交流，以了解他们的需求和期望的方法。通过这种方式，可以获取有关员工的工作职责、所需技能、工作中遇到的挑战、自身发展需要、兴趣等信息，从而确定培训的主题和内容。

2. 观察法

观察法是一种通过实地考察员工的工作环境、工作流程和工作任务来评估他们的技能、知识和工作习惯的方法。这种方法可以帮助确定员工需要哪些技能和知识，以及哪些工作习惯需要改进。

3. 问卷调查法

问卷调查是一种通过向员工发放问卷，让他们回答一系列问题，以获取有关他们的工作需求、技能水平、职业发展需要、兴趣爱好等信息的方法。这种方法可以快速、有效地收集大量数据，但需要注意问卷的设计和问题的针对性。

4. 关键事件法

关键事件法是一种通过分析员工在工作中遇到的重大事件和挑战来识别培训需求的方法。这种方法可以帮助确定员工需要提高哪些方面的技能和知识，以及哪些事件最有可能导致工作失误或事故。

5. 头脑风暴法

头脑风暴法是一种通过召集员工进行小组讨论，以激发他们的创造力和思考能力，从而发现新的培训需求的方法。这种方法可以帮助组织开拓思路，发现新的想法和可能性，但需要注意引导和掌控讨论的方向和氛围。

需要注意的是，每种方法都有其优点和局限性，可以根据实际情况，通过组合使用不同方法来规避其局限性，以获取更全面、准确的培训需求信息。

（二）培训需求数据统计分析

1. 培训需求数量统计分析

培训需求数量统计分析指对培训需求提出部门、需要解决问题、建议培训内容、需求提出日期、建议培训方法、建议培训对象、预计课时、预计参加人数等进行统计分析，如表 4-9 所示。培训需求原则上每年统计一次，结合前一年的绩效考核结果，将其作为制订年度人力资源管理工作计划以及培训计划的基础数据。

表 4-9　培训需求数据统计

培训需求提出部门	需要解决问题	建议培训内容	需求提出日期	建议培训方法	建议培训对象	预计课时	预计参加人数

2. 培训需求分类汇总统计分析

培训需求分类汇总统计分析主要是对组织内各部门或各单位上报培训需求进行分析汇总，为培训计划的制订提供基础数据，如表 4-10 所示。

表 4-10　培训需求分类汇总

<table>
<tr><th colspan="2">层次</th><th>需要解决问题</th><th>培训内容</th><th>培训方法</th><th>培训对象</th><th>预计课时</th><th>预计参加人数</th></tr>
<tr><td rowspan="6">面向当前发展</td><td rowspan="2">组织层面</td><td></td><td></td><td></td><td></td><td></td><td></td></tr>
<tr><td></td><td></td><td></td><td></td><td></td><td></td></tr>
<tr><td rowspan="2">岗位层面</td><td></td><td></td><td></td><td></td><td></td><td></td></tr>
<tr><td></td><td></td><td></td><td></td><td></td><td></td></tr>
<tr><td rowspan="2">个人层面</td><td></td><td></td><td></td><td></td><td></td><td></td></tr>
<tr><td></td><td></td><td></td><td></td><td></td><td></td></tr>
<tr><td rowspan="6">面向未来发展</td><td rowspan="2">组织层面</td><td></td><td></td><td></td><td></td><td></td><td></td></tr>
<tr><td></td><td></td><td></td><td></td><td></td><td></td></tr>
<tr><td rowspan="2">岗位层面</td><td></td><td></td><td></td><td></td><td></td><td></td></tr>
<tr><td></td><td></td><td></td><td></td><td></td><td></td></tr>
<tr><td rowspan="2">个人层面</td><td></td><td></td><td></td><td></td><td></td><td></td></tr>
<tr><td></td><td></td><td></td><td></td><td></td><td></td></tr>
</table>

（三）培训费用预算统计

在制定培训预算时，一是要明确培训目标和需求，以及参加培训的人员范围和层次；二是要评估现有的资源和能力，包括现有技术、设备和人员等，以确定是否需要进行额外投资或升级；三是根据培训目标和需求，制订详细的预算计划，包括各项费用的预算和预测，并考虑费用的合理性和可行性；四是需要定期监控预算执行情况，并根据实际情况进行调整和优化，以确保预算的有效性和合理性。

培训费用预算统计主要包括以下几个方面的内容。

（1）培训材料费：包括教材、在线学习平台费用、电子文档资料等费用。

（2）培训师费用：包括培训师的课时费、远程授课费用、在线课程制作费用等，这些费用需要根据培训师的资质和经验来决定。

（3）培训场地费：包括培训教室或在线培训平台的租赁费、服务器使用费、带宽费用等，这些费用需要根据培训的规模和设施来决定。

（4）培训技术支持费：包括培训设备、软件、网络等技术支持的费用，这些费用需要根据培训的需求和技术支持的复杂程度来决定。

（5）培训管理费：如果是使用数字化平台开展培训，则要考虑数字化培训平台的维护和管理费用、培训数据分析和报告费用等，这些费用需要根据培训管理的规模和复杂程度来决定。

（6）其他费用：包括参加培训人员的差旅费、住宿费、餐饮费等其他相关费用，这些费用需要根据培训规模和参加人员的数量来决定。

（四）培训需求月度环比分析

培训需求月度环比分析可以帮助组织更好地理解其培训需求的变化趋势和影响因素，从而更好地制订和优化培训计划，提高培训的有效性和投资回报率。

1. 了解培训需求的趋势

通过比较不同月份的培训需求数据，组织可以发现培训需求的增加或减少趋势。这有助于组织预测未来的培训需求，提前制订相应的培训计划。

2. 识别变化因素

培训需求的变化可能受到多种因素的影响，如组织战略调整、市场环境变化、新业务拓展等。月度环比分析可以帮助组织识别这些变化因素，进一步了解培训需求变化的背后原因。

3. 优化培训计划

通过比较不同月份的培训需求数据，组织可以发现哪些培训课程或培训内容更受欢迎，哪些培训资源利用不足。这有助于组织优化培训计划，提高培训的针对性和效果。

4. 监控培训效果

月度环比分析还可以用于监控培训效果，通过比较经过培训后的实际绩效与之前的培训需求，评估培训的有效性，进一步改进和优化培训计划。

5. 提高培训投资回报率

通过月度环比分析，组织可以更准确地评估培训的投资回报率，这有助于组织在制定预算和分配资源时做出更明智的决策，确保培训投资能够为组织的业务发展带来最大的回报。

【案例】

CJ 集团公司的培训需求环比分析

CJ 公司是一个集团企业，下属五个分公司。表 4-11 是该公司 5 个事业部的培训需求月度环比分析。

表 4-11　CJ 集团公司培训需求月度环比分析

分公司	全年各月培训需求数量								合计
	1 月	2 月	3 月	4-6 月	7-9 月	10 月	11 月	12 月	
一分公司	1	1	0	18	24	0	1	2	47
二分公司	0	40	44	2	2	1	2	3	94
三分公司	2	1	1	26	22	1	0	1	54
四公司	2	1	2	6	10	2	3	2	28
五分公司	3	23	19	13	26	2	0	0	86
合计	8	66	66	65	84	6	6	8	309

从表中数据可以发现，一分公司与三分公司第二、三季度的培训需求较大，第一、四季度的培训需求很小，究其原因，这两个分公司分别是电冰箱与洗衣机零件加工的企业，第一、四季度是生产旺季，没有时间安排培训。而二分公司第一季度的三个月培训需求较大，其余几个月的需求均比较小，因为这个公司是一个技术含量不高的制造企业，其员工大多来自农村，通常是春节放假前一部分农村劳动力返乡后不再返回，该分公司在春节后重新招聘新的工人进行培训，所以二三月份的培训需求量大。而四分公司是研发设计的公司，人员的培训需求相对平稳，只有第三季度的稍多一些，主要是因为对新进入公司的人员进行上岗培训。而五分公司的培训需求主要集中在一季度，第四季度几乎没有培训需求，因为该公司主要业务是销售，第四季度是销售的旺季，年底需要开足马力完成销售任务，并且，在年初由于人员流动的原因，需要增加人员，同时，年初的销售任务相对较轻，因此，培训需求相对大一些。

第四节　培训实施数据分析

培训计划是培训实施的第一步，在收集了培训需求的数据后，人力资源部门会根据需求制订培训计划，并在此基础上实施各项培训工作。

一、培训计划数据分析

对培训计划进行数据分析，有以下几个方面的作用，一是可以更好地了解员工的培训需求，从而制订出更符合实际需求的培训计划；二是找出培训中可能存在的问题，从而提前进行预防和改进，优化培训的效果；三是可以更合理地配置培训资源，避免资源的浪费；四是可以更好地满足员工的培训需求，提升员工的工作满意度；五是可以提升员工的工作能力和效率，从而提高整个组织的绩效。

（一）培训计划与培训需求分析的区别

在现实操作中，常常会把培训需求分析等同于培训计划，实际上二者具有以下几个方面的区别。

1. 目标不同

培训计划是针对整个培训过程的设计和安排，目标是确保培训的有效实施和达到预期的效果；而培训需求分析的目标是识别组织或个人在知识、技能、态度等方面的差距，为培训提供依据和支持。

2. 内容不同

培训计划包括培训目标、内容、方式、时间等方面的具体规划和安排；而培训需求分析则包括对组织或个人的工作需求、能力状况、绩效表现等方面的评估和分析。

3. 时间不同

培训计划通常在培训开始之前进行，是对整个培训过程的预先规划和安排；而培训需求分析则可以在任何时间进行，以便及时发现和弥补组织或个人的知识和技能差距。

4. 重点不同

培训计划的重点是确定培训的目标、内容、方式、时间等，以确保培训的有效实施和达到预期的效果；而培训需求分析的重点是识别组织或个人的差距，为制订针对性的培训计划提供依据和支持。

5. 参与人员不同

培训计划的制订通常由人力资源部门或相关管理人员负责；而培训需求分析更多的是由相关部门的管理人员和员工共同参与制订的。

（二）年度培训计划

年度培训计划的主要内容包括：课程名称、培训对象、计划培训课时数、参加培训人数、预算费用、培训日期、培训形式、培训考核方式、讲师来源等。

1. 课程名称

课程名称非常重要，因为它通常是潜在学员了解和评估课程内容的第一步。课程名称应该简洁，便于记忆，要避免使用过于复杂或冗长的词语；课程名称应该准确地反映课程的主要内容和目标，让潜在学员一目了然地了解课程的主题和目的；同时要使用有趣、引人瞩目的词语，激发潜在学员的兴趣，可以使用动词、形容词等来增加课程名称的吸引力；还要针对性强，根据目标受众的需求和兴趣，为课程命名，确保课程名称与学员的期望和需求相匹配；如果课程针对特定行业或领域，可以在课程名称中体现专业性和权威性；如果提供的是不同层次的培训课程，可以在课程名称中体现这一层次，如初级、中级、高级等。

2. 培训对象

确定培训对象是因为需要根据人员，对培训内容进行分组或分类，把同样水平的人员放在一组进行培训，这样可以避免培训资源的浪费，也有利于培训师准备更具有针对性的培训内容。

3. 计划培训课时数

在确定计划培训课时数时，要考虑学员的基础水平，初学者可能需要更多的时间来掌握基本概念和技能，而有经验的学员可能只需要较少的时间；不同的教学方法对课时数的要求也不一样，实践性较强的课程可能需要更多的时间来进行实际操作练习；同时要考虑潜在学员的时间，不能占用太多的休息时间，也不能影响必要的工作时间，合理安排时间可以最大限度地提高潜在学员的参与度。

4. 参加培训人数

在做培训计划时，对于参加培训的人数应尽量统计准确，以利于制作培训讲义、进行培训分组以及做好其他与培训有关的准备。人数差异尽量在 3 人以内，否则会导致资源浪费或者影响学员的培训感受。

5. 预算费用

虽然培训需求统计考虑了预算费用，但是，在做年度计划时还应该再次确认预算费用，以便更精准地控制培训成本，以最小的投入获得最满意的培训效果。

6. 培训日期

通常不将培训安排在法定节假日，对于一些要求工作连续性强的岗位人员，培训时间可以安排在晚上或周末，但是要考虑到尽量少占用休息时间，以免员工由于太累而影响培训效果。

7. 培训方式

培训方式可以分为内训和外训两大类，其中内训包括集中授课、实操演练、在线培训、在岗辅导、交流讨论、个人学习、工作坊等；外训包括外部短训、专业进修、会议交流等。其中在线培训、工作坊等是近几年兴起的新型培训方式，在线培训主要通过网络平台进行，可以是直播、录播等，这种方式最大的优点是时间与地点灵活，可以节省大量的时间以及租用场地费用等培训成本。工作坊是一种以实践和互动为主的培训方式，通常涉及一系列有指导的活动。

8. 培训考核方式

培训考核方式包括书面的答题测试、技能操作、工作模拟等，主要是对学员完成后的即时考核，以促进学员学习，检查学员的学习情况。

9. 讲师来源

讲师在培训中起到了举足轻重的作用，讲师分为外部讲师和内部讲师。内部讲师是由企业自己培养的在某一个专业领域内有丰富经验，并能有效地将经验传达出来的内训师。培训中的关键课程以及企业内部人员讲授不了的，就需要聘请外部讲师。

年度培训计划统计见表 4-12。

表 4-12　年度培训计划统计

课程名称	培训对象	计划培训课时数	参加培训人数	预算费用/元	培训日期	培训方式	培训考核方式	讲师来源
6S 现场管理	生产管理人员	16	20	12 000	2024. 3. 12-13	工作坊	技能操作	外部
沟通技巧	一般管理人员	6	35	8 000	2024. 4. 2	集中授课+实践演练	答题测试	外部
检修仿真培训	检修专工	12	15	14 000	2024. 4. 25-26	实操演练	技能操作	内部
……								

二、培训实施数据分析

（一）培训完成情况的数据分析

培训完成情况的数据分析主要针对计划与实际实施培训后的情况进行对比分析，从而掌握计划与现实的差异，如果存在较大的差异则要分析是计划不准确、不合理，还是培训实施中存在什么问题。培训完成情况的数据分析主要包括计划参培人数和实际参培人数，预算费用及实际费用，培训合格率等。

【案例】

JJ 公司的培训实施数据分析

JJ 公司为互联网企业，为了提升一线业务人员的业务分析和决策能力，决定开展数据分析培训。培训目标是使学员掌握数据分析技能，能够运用数据分析工具为公司提供有价值的洞察和建议。

表 4-13 是该公司实施两期数据分析方法培训后的统计数据，两期的培训内容是一样的。在培训计划之初，考虑到参加培训员工比较多，为了使不同岗位人员都能抽出时间参加培训，将课程分成了两期，分别在年初与年中。从表中可以看出，年初的参培率 95. 23%高于年中的参培率 77. 78%，同时，合格率也高于年中。费用都控制在预算内。

进一步分析参培率不高的原因在于，年初的工作相对而言轻松一些，同时，由于 8 月份正逢暑假，有一些员工请年休假了，没有能参加培训。同时，两期培训的时间略有延后，这也是为了适应整个公司工作的实际情况。

表 4-13　JJ 公司培训实施数据统计

课程名称	计划培训日期	实际培训日期	计划参培人数	实际参培人数	考核合格人数	预算培训费用/元	实际培训费用/元
数据分析方法第一期	3. 15	3. 28	42	40	36	15 000	14 800
数据分析方法第二期	8. 6	8. 10	45	35	30	15 000	14 800

（二）内训师授课情况分析

内训师通常被称为内部培训师，是企业内部从事培训工作的人员。他们通常是公司内部各个领域的专家，拥有丰富的知识和经验。与外部培训师相比，内训师更了解公司的业务、文化和员工需求，能够提供更贴合公司实际的培训内容和方案。

内训师扮演着关键的角色，负责传播知识、技能以及组织文化。他们的授课情况不仅直接影响员工的学习成果，而且关系到组织的长远发展。因此，对内训师的授课情况进行深入分析至关重要。

1. 提升教学质量

内训师的授课质量直接影响员工的接受程度和学习效果。通过对其授课情况的分析，组织可以了解哪些教学方法有效，哪些需要改进，以及如何更好地满足员工的学习需求。这不仅有助于提高教学质量，还能促进员工对知识技能的掌握。

2. 评估培训效果

对内训师的授课情况进行分析，可以评估培训的有效性。通过收集和分析员工对内训师授课的反馈，可以了解员工是否从培训中受益，以及培训是否达到了预期目标。这种评估不仅有助于改进当前的培训项目，还可以为未来的培训计划提供有价值的参考。

3. 优化培训计划

通过对内训师的授课情况进行分析，组织可以发现培训计划中的不足之处，比如课程内容的安排、教学方法的选用等。在此基础上，可以进行有针对性的优化，使培训计划更加完善，更符合组织和员工的发展需要。

4. 促进内训师成长

了解和分析内训师的授课情况，组织可以发现他们在教学中存在的问题和不足。通过提供反馈和建议，可以帮助他们改进教学方法，提高教学水平，从而促进他们的专业成长。此外，这种分析还可以帮助内训师更好地理解员工的学习需求，提升他们的课程设计能力和课堂管理能力。

内训师的授课分析包括对授课次数、课时、培训人次以及培训评估打分情况的统计分析。分析用表如表 4-14 所示。

表 4-14　内训师授课情况统计分析

内训师姓名	授课分析		课时分析		培训人数分析		评估分析	
	授课次数	与上年度比增减百分比	课时数	与上年度比增减百分比	培训人次	与上年度比增减百分比	评估得分	与上年度比增减百分比

（三）员工个人学习地图达成情况分析

员工个人学习地图是一种基于员工职业生涯发展而制定的个性化培训课程体系。它以能力发展路径和职业规划为主轴，设计出一系列学习活动，是员工在企业内学习发展

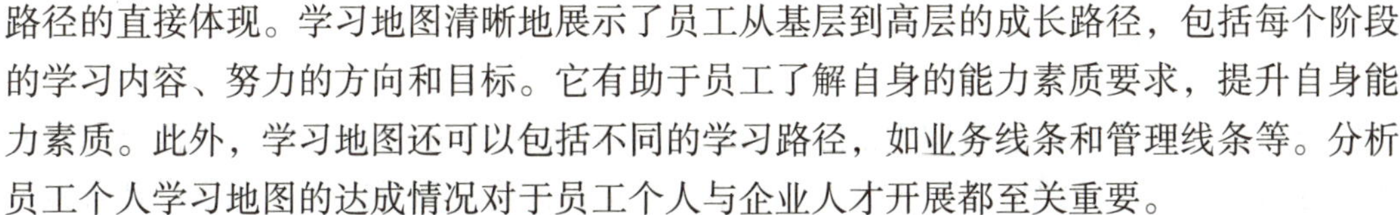

路径的直接体现。学习地图清晰地展示了员工从基层到高层的成长路径，包括每个阶段的学习内容、努力的方向和目标。它有助于员工了解自身的能力素质要求，提升自身能力素质。此外，学习地图还可以包括不同的学习路径，如业务线条和管理线条等。分析员工个人学习地图的达成情况对于员工个人与企业人才开展都至关重要。

1. 了解员工的学习和发展情况

通过分析员工个人学习地图的达成情况，企业可以了解员工在各个阶段的学习成果、发展方向和目标，有助于企业更好地了解员工的学习需求和职业规划。同时，通过分析达成情况，组织可以发现员工的优势和不足，为制订更符合员工发展的培训计划提供依据。

2. 评估培训效果

员工个人学习地图是企业为员工设计的个性化培训课程体系。通过分析达成情况，企业可以评估这些培训课程的有效性，了解员工在培训后的能力提升情况，为优化培训课程提供依据。

3. 促进企业的可持续发展

通过分析员工个人学习地图的达成情况，企业可以了解员工的整体素质和能力水平，为制定符合企业发展目标的战略规划提供依据。同时，这也有助于企业营造良好的学习氛围，推动其可持续发展。

对员工个人学习地图达成情况的分析主要包括相关培训完成时间、考核结果、效果评估等，如表 4-15 所示。

表 4-15　员工个人学习地图达成情况分析表

姓名	职业素养提升			非 HR 的人力资源管理能力培养		
	完成时间	考核结果	效果评估结果	完成时间	考核结果	效果评估结果

第五节　培训效果评估数据分析

对培训效果评估进行数据分析可以量化培训效果、改进培训方案、发现问题、优化培训资源、提升员工参与度。通过数据分析，组织可以对培训效果进行科学的评估，为改进和优化培训方案提供依据，提升培训的效果和企业的整体绩效。在进行培训效果评估时，比较系统的方法是柯氏四级评估模型，该模型从四个层次对培训效果进行评估，分别是反应评估、学习评估、行为评估和结果评估。

一、反应评估

反应评估是四级评估模型中的第一层次，主要关注学员对培训的整体感受和满意度。通过这一层次的评估，企业可以了解学员对培训内容、教学方法、课程设计等方面的反馈意见。这一层次的评估通常采用问卷调查、访谈等方式进行，一般是在培训结束后就开展评估。

在反应评估中，企业需要关注学员的参与度、满意度和反馈意见。通常会了解学员是否喜欢培训课程、课程对自身是否有用、对培训师及培训设施有何意见等。通过收集学员的反馈，企业可以及时调整培训内容和方式，提高学员的参与度和满意度，从而提升培训效果。

【案例】

CZ 公司培训评估问卷

下面是 CZ 公司培训完成后就会使用的反应评估问卷。

尊敬的学员：

您好！为了了解您对本次培训的意见和建议，以便我们不断改进培训质量和效果，特邀请您填写本次培训评估问卷。本问卷采取不记名方式，请您放心填写。非常感谢您的支持与配合！

注：如无说明，均为单项选择。

1. 您对本次培训内容的满意度如何？

□非常满意

□满意

□一般

□不满意

□非常不满意

2. 您如何评价本次培训的讲师教学水平？

□非常高

□高

□一般

□低

□非常低

3. 您对本次培训的设施与环境有何评价？

□非常满意

□满意

□一般

□不满意

□非常不满意

4. 您认为本次培训内容的实用性如何？

□非常实用

□实用
□一般
□不实用
□ 完全不实用
5. 您认为本次培训对您的实际工作有何影响？
□非常有帮助
□有帮助
□无明显影响
□有负面影响
□完全无帮助
6. 您在本次培训中的参与度如何？
□非常高
□高
□一般
□低
□非常低
7. 您对本次培训的时间安排有何评价？
□非常合理
□合理
□一般
□不合理
□非常不合理
8. 您认为本次培训有哪些方面需要改进？（多选）
□培训内容深度不够
□讲师教学水平须提高
□培训设施与环境需改善
□培训时间安排不合理
□其他：________________（请具体列出）
9. 您对本次培训还有何建议或意见？请简要描述。（不强制填写）

二、学习评估

学习评估是柯氏四级评估模型中的第二层次，主要关注学员在培训过程中所学的知识和技能。通过这一层次的评估，企业可以了解学员在培训前后的知识水平、技能掌握程度等方面的变化，即培训前后，学员知识及技能方面有多大程度的提高。这一层次的评估通常采用测试、操作等方式进行。通过这些方式，企业可以了解学员的学习情况，及时发现和解决学员在学习中遇到的问题，提高学员的学习效果和技能掌握程度。

学习评估的方式主要包括答题测试、技能操作、工作模拟等。

1. 答题测试

这是了解学员知识掌握程度的最直接的方法，通过出题和评分，可以了解学员对原理、事实、技术和技能的掌握程度。

2. 技能操练

通过实际的技能操作，企业可以了解学员是否能将所学知识运用到实际工作中，检查其对操作流程和技能的掌握程度。

3. 工作模拟

这是一种更接近实际工作环境的评估方法，可以通过模拟特定的工作场景，观察学员在模拟环境中的表现，了解其是否能将所学应用到实际工作中。

学习评估的数据分析内容主要包括合格人数、合格率、最高分、最低分、平均分、中位数、众数和极差等。其中，平均分是指一组评估成绩中的算数平均值；中位数是指将一组评估成绩由小到大顺序排列后，位于最中间值的数值；众数是指评估成绩中出现次数最多的数值；极差是指在一组评估成绩中，最高分与最低分之间的差值。学习评估层的数据统计分析见表 4-16。

表 4-16　学习评估层的数据统计分析

课程名称	最高分	最低分	平均分	中位数	众数	极差

通过计算学员的平均分，企业可以分析学员的学习情况，如果平均分较高，说明培训效果较好；如果平均分较低，则说明培训效果有待提高，需要进一步改进培训计划和教学方法。平均分还可以反映学员对培训内容的掌握程度。如果平均分较高，说明学员对培训内容掌握得比较好；如果平均分较低，则说明学员对培训内容的掌握程度有待提高，需要进一步加强对薄弱环节的培训。同时，还可以通过平均分比较不同班级的培训效果，通过计算不同班级的平均分，可以对不同班级的培训效果进行比较，这有助于发现哪些班级的培训效果较好，哪些班级的培训效果有待提高，对于同一课程的不同班级进行分析比较特别有效。

在平均分的分析基础上，再辅以中位数、众数以及极差，可以做更深入的分析。其中，要特别地重视对极差的分析。首先，极差反映了成绩分布的离散程度，极差值较大，说明培训成绩的分布较为分散，参训者之间的水平差距较大；极差值较小，说明培训成绩的分布较为集中，参训者之间的水平差距较小。第二，极差还反映了培训效果的均衡性，如果极差值较大，可能说明培训效果在不同参训者之间存在较大的差异，部分参训者可能没有充分吸收培训内容，或者培训内容对不同参训者的适应性存在差异；如果极差值较小，说明培训效果在不同参训者之间较为均衡，培训内容对大部分参训者都有较好的适应性。第三，极差反映了培训难度的合理性，极差值过大可能说明培训难度设置不合理，对于部分参训者来说可能过于简单或过于困难，需要调整培训难度以适应不同参训者的需求。第四，极差还反映了参训者的学习态度和能力，极差值较大可能反映出参训者在学习态度和能力上存在较大差异，需要针对不同参训者采取个性化的培训措施，增强培训效果。

三、行为评估

行为评估是四级评估模型中的第三层次，主要关注学员将所学知识、技能转化为行为的程度，即学习者在结束培训回到工作岗位后工作行为有无改变，以及改变的程度。需要注意的是，与学习评估层不同，并不一定所有的培训都需要做行为层的评估，也不是一个培训课程就对应一个行为评估，有些课程的知识或技能可能不一定能直接转化为工作行为。如果是一个系列课程，那么可以在该系列课程结束后再开展行为评估。

行为评估不适合在培训完成后立即开展，通常是培训结束后 1 个月、3 个月甚至 6 个月或更长时间实施评估。行为评估的步骤如下。

1. 确定评估目标

在进行行为评估之前，首先要明确评估的目标，即希望通过培训改善的具体行为，以及这些行为改善后期望达到的绩效的提升目标，需要注意的是，评估目标应与企业的目标和战略相一致。

2. 制订评估计划

在制订评估计划时，首先要确定评估对象，明确需要进行行为评估的员工范围，可能包括全体员工、特定部门或团队，或者是根据职位、能力划定的特定群体；二是确定评估时间，根据具体的需求和培训的安排，确定合适的评估时间点，如培训结束后的 3 个月；三是制定评估流程，包括收集数据、分析数据、反馈结果等。

3. 设计评估方法

在评估时常使用观察法、360°反馈法以及自我评估法。观察法就是通过直接观察员工在工作中的行为表现来进行评估，需要设计一套观察指标和记录工具，以便对员工的行为进行准确、客观地描述和评价；360°反馈法，就是通过上级、同事、下属或客户等多个维度来评估员工的行为。可以设计一份问卷，列出具体的行为指标，让相关人员根据员工的实际表现进行打分；自我评估就是员工对自己的行为进行反思和评价，这样可以帮助员工更好地理解自己的行为，找出需要改进的地方。三种方法可以结合使用，比如既使用观察法，同时也让员工做自我评估，然后对两种方法获得的数据做分析。

4. 收集评估数据

根据设计的评估方法进行数据收集，并对数据进行整理。

5. 分析评估结果

在分析评估结果时，首先要对比标准，将收集整理好的数据与预设的评估标准值进行对比，找出达标的行为和需要改进的行为；第二步就是原因分析，分析员工行为不达标的原因，可能是员工未掌握培训内容，或者缺乏实践机会、缺乏有效的辅导，也可能是培训的内容与实际的需要不匹配等，这需要结合员工在培训前的行为表现，以及一起参加培训的其他员工的情况一并进行综合比较分析。

6. 制订改进计划

基于分析结果，制订具体的改进计划，包括调整培训内容，给员工提供更多的实践机会，改进辅导方法等。

四、结果评估

结果评估是四级评估模型中的最高层次，主要关注培训对组织整体绩效的影响。通过这一层次的评估，组织可以了解培训是否真正提高了组织的整体绩效和竞争力。这一层次的评估通常采用绩效分析、财务分析等方式进行。

结果评估和行为评估都需要在培训结束后一定时间内开展评估，两者都需要收集数据，并进行分析和对比，以评估培训对员工或组织的影响，在评估的时候都需要确定具体的评估目标和计划，以确保评估的有效性和准确性。

结果评估和行为评估的差异体现在两个方面，一是评估重点不同，结果评估更关注培训对组织整体绩效的影响，如生产效率、客户满意度等。而行为评估则更关注员工个人行为的变化，如工作技能、工作态度等；二是评估方法不同，结果评估通常采用如成本效益分析、投资回报率等方法，而行为评估则更侧重于通过观察、问卷调查等方式收集数据。

结果评估可以从以下几个方面来进行分析。

1. 培训成果转化

培训成果转化是指受训者在工作中应用所学知识和技能的能力。可以通过观察、工作样本分析等方式评估受训者在实际工作中运用所学知识和技能的能力。通常是在培训结束后的一段时间内，对受训者在工作中的应用情况进行观察和评估，记录转化的成果。

2. 绩效提升评估

通过对比培训前后的绩效数据，分析员工在工作效率、工作质量等方面的提升情况。

3. 客户满意度调查

客户满意度调查是指通过调查客户对受训者的服务满意度，评估培训的效果。可以通过问卷发放，向客户收集对受训者的满意度反馈，了解受训者在服务态度、服务质量等方面的表现。

4. 组织目标达成率

组织目标达成率是指通过培训实现的组织目标的比例。通常是比较培训前后组织目标的实现情况，计算达成率。

5. 成本效益分析

成本效益分析是指对培训的投资回报进行评估。通过收集培训成本和收益的数据，比较培训的成本和收益，计算投资回报率（ROI）。

6. 培训后续跟进

培训后续跟进是指在培训结束后的一段时间内，持续关注员工的工作表现和培训效果，及时发现问题并采取措施进行改进。可以通过定期与员工进行沟通，了解他们的工作情况和对培训的反馈，持续提供必要的支持和辅导。同时，定期检查培训效果的可持续性，及时调整培训计划以适应组织的发展需求。

【案例】

CH 公司培训的成本效益分析

CH 公司是国内一家制造企业，随着市场竞争的加剧，公司意识到必须加强员工培训以提升其竞争力。但是培训对公司效益提升的具体情况是什么样的？公司领导要求人力资源部做一个比较具体的分析。

人力资源部在分析前，首先确定了成本包括的内容：①直接成本，包含讲师费用、场地租赁费、教材费等；②间接成本，包含员工参加培训期间的工资、可能的设备或技术支持成本；③机会成本，包含由于员工参加培训而可能失去的生产时间。

其次，确定了效益分析的内容：①员工技能提升，即经过培训，员工的专业技能得到提高，从而提高生产效率和产品质量；②客户满意度提升，即高质量的产品所带来的客户满意度提升进而增加的销售量；③生产成本的降低，即通过减少废品率和提高生产效率降低的生产成本；④员工流失率的减少，即通过培训，员工感到更受到重视而降低的员工流失率；⑤公司声誉的提高，即拥有高素质的员工所提高的公司在行业中的声誉。

CH 公司通过详细的数据收集、整理与分析，得出以下结论：①培训的直接成本为 50 万元人民币；②通过培训，员工的生产效率提高了 20%，当年为公司节省 200 万元人民币的成本；③由于客户满意度提高，当年增加销售额 100 万元人民币；④通过降低废品率和提高生产效率，当年减少生产成本 150 万元人民币；⑤员工流失率降低了 10%，从而节省了招聘和培训新员工的成本；⑥公司声誉的提升带来了更多的商业合作机会，当年增加收入 200 万元人民币。

基于这些数据，CH 公司计算出培训的总成本为 50 万元人民币，而总效益为 650 万元人民币。因此，培训的投资回报率（ROI）为 13 倍，远高于行业平均水平。

【本章内容小结】

随着数字化时代的到来，人才开发模式具有了与以往不同的特点。数据驱动、智能化、云端化、移动化、社交化是新的发展趋势。

对岗位胜任力开展数据分析，能够提高人才管理的精确度、实现个性化的人才开发、发现优秀人才和潜在改进空间、提高组织绩效和竞争力。岗位胜任力数据分析主要包括两个方面的内容，一是在构建胜任力模型时，对模型应该是什么样的数据分析，二是通过对员工在岗位上的表现数据进行收集、整理和分析，以了解员工的胜任力特征和绩效表现，为组织提供管理和改进的依据。

对培训需求数据分析是确定培训目标、设计培训计划、有效地实施培训的前提，是现代培训活动的首要环节，是进行培训评估的基础。培训需求可以从组织、岗位、个人三个方面进行分析。在收集了培训需求的数据后，人力资源部门会根据需求制订培训计划，并在此基础上开展各项培训的实施工作，即培训完成情况的数据分析、内训师授课情况分析、员工个人学习地图达成情况分析。

通过数据分析，企业可以对培训效果进行科学的评估，为改进和优化培训方案提供依据，提高培训的效果和企业的整体绩效。根据柯氏四级评估模型，可以从反应评估、学习评估、行为评估和结果评估出发，分别使用不同的方法、采用不同时间段的数据，对培训的效果进行量化的数据分析。

【讨论与思考题】

1. 对岗位胜任力进行数据分析的作用是什么？
2. 比较培训需求数据分析与培训计划数据分析的差异。
3. 为什么要对员工个人学习地图达成情况进行分析？
4. 对于四级评估模型的第四个层次的结果评估可以从哪些方面来进行分析？

【案例4-1】

CL公司的培训出了什么问题？

CL公司是一家大型的零售企业，拥有多家连锁门店。随着电子商务的迅速发展和消费者购物习惯的变化，公司面临着巨大的竞争压力。经过反复讨论，公司高层决定实施数字化转型，为了使员工能跟上数字经济的发展，适应企业数字化转型的需要，人力资源部对员工开展了一系列的培训活动。

一是销售技巧和客户服务培训：邀请外部专家进行授课，介绍实用的销售技巧和客户服务方法。同时，安排内部优秀员工分享成功案例和经验。培训共7个课时，公司所有销售岗位和客户服务岗位的人员都需要参加培训。

二是电子商务知识培训：邀请电子商务专家进行授课，介绍电子商务的发展趋势和应对策略。同时，组织员工进行实际操作演练，以便更好地掌握相关知识。培训共11个课时，公司所有中层及以下岗位的员工全部都需要参加培训。

三是内部沟通和协作培训：安排团队建设活动和沟通技巧培训，以提高员工之间的沟通和协作能力。培训共4个课时，所有中、基层管理人员均需要参加培训。

在所有培训结束后，均开展了培训满意度调查，平均满意度在90.32%。整个培训成本41.9万元。但是，最终发现此次培训并没有达到预期目标，公司高层对人力资源部的培训工作并不认可，使得人力资源部经理感到很委屈。

1. 请你分析一下，CL公司没有达到预期目标的原因是什么？
2. 如果你是CL公司人力资源部负责培训的专员，你会怎样做？

第五章 数字化绩效与薪酬管理

目标 1：理解数字化绩效管理的内涵与重要性。

目标 2：掌握数字化绩效评估的工具与技术。

目标 3：了解数字化薪酬管理的设计与策略。

目标 4：分析数字化绩效与薪酬管理的挑战与应对策略。

在 21 世纪的商业环境中，数字化转型已成为推动企业持续创新和成长的核心引擎。随着云计算、大数据、人工智能等先进技术的飞速发展，企业的运营模式正经历着深刻的变革。这一变革不仅重塑了企业的业务流程和市场策略，也对人力资源管理领域产生了深远的影响，尤其是绩效与薪酬管理这两大核心板块。

数字化绩效管理通过运用先进的数字技术，实现了对员工工作表现的实时监控，精准评估与即时反馈。相较于传统的年度或周期性绩效评估模式，数字化绩效管理能够提供更加精确、及时且全面的绩效数据，使管理者和员工能够更清晰地了解工作表现，从而制定更加有效的改进措施。这种即时性和精准性不仅提升了管理效率，也增强了员工的参与感和自我驱动力。同时，数字化薪酬管理借助数据分析和算法优化，使薪酬决策过程更加科学、公平和高效。通过自动化系统，企业能够轻松处理复杂的薪酬计算、税务合规及福利管理等问题，确保薪酬结构的合理性、竞争性和激励性。这不仅降低了人力成本，也提升了员工的满意度和忠诚度。然而，数字化转型并非一帆风顺。数据隐私保护、员工接受度以及跨部门的系统集成等问题，都是企业在推进数字化绩效与薪酬管理过程中需要面对的挑战。此外，随着技术的不断进步，管理者还需不断更新知识和技能，以适应数字化带来的新变化和新要求。因此，本章将深入探讨数字化绩效与薪酬管理的理论基础、实施策略、技术应用以及面临的挑战和机遇，旨在为读者提供全面的视角，帮助他们深入理解数字化在人力资源管理领域的应用价值，并掌握将这些技术应用于实际工作中的有效方法。

第一节　数字化绩效管理概述

一、数字化绩效管理的定义与重要性

（一）数字化绩效管理的定义

数字化绩效管理（Digital Performance Management，DPM）是指利用云计算、大数据、人工智能等现代信息技术手段，对员工的绩效进行全面、实时、动态的管理和评估过程。这一过程不仅涉及绩效数据的收集、处理与分析，还涵盖绩效目标的设定、绩效监控、绩效反馈以及绩效改进等多个环节，旨在通过数据驱动的决策支持，提升绩效管理的效率和效果，促进企业与员工的共同成长。

数字化绩效管理的核心在于“数字化”，即借助现代信息技术将传统的绩效管理模式转变为数据驱动的模式。在这一模式下，绩效数据的收集不再依赖于人工记录，而是通过企业内部的各类业务系统、人力资源信息系统以及物联网、移动设备等自动完成，实现了绩效数据的实时更新和全面覆盖。同时，大数据和人工智能技术的应用，使得绩效数据的处理与分析更加高效、精准，能够深入挖掘数据背后的规律和趋势，为管理者提供更加科学的决策依据。

数字化绩效管理的实施，对企业而言，意味着管理方式的革新和效率的提升。对员工而言，则意味着更多的参与机会和成长空间。这种管理方式的推广和应用，正在逐渐成为现代企业提升人力资源管理水平、增强竞争力的重要途径。

（二）数字化绩效管理的重要性

绩效管理作为组织成功的关键因素，其重要性不言而喻。数字化绩效管理通过引入现代信息技术，为企业提供了一种全新的管理工具和方法。

1. 提升管理效率与决策精准度

传统绩效管理模式往往依赖于烦琐的手工记录和事后分析，这不仅耗时长、成本高，而且容易出错。数字化绩效管理则通过自动化流程，实现了绩效数据的实时采集与处理，显著提高了管理效率。同时，基于大数据的挖掘与分析，管理者能够更深入地理解员工绩效背后的原因与趋势，从而做出更加精准的战略决策。如图 5-1 所示，数字化绩效管理平台通过集成各业务系统数据，形成了全面、实时的绩效数据库，为管理者提供了前所未有的决策支持。

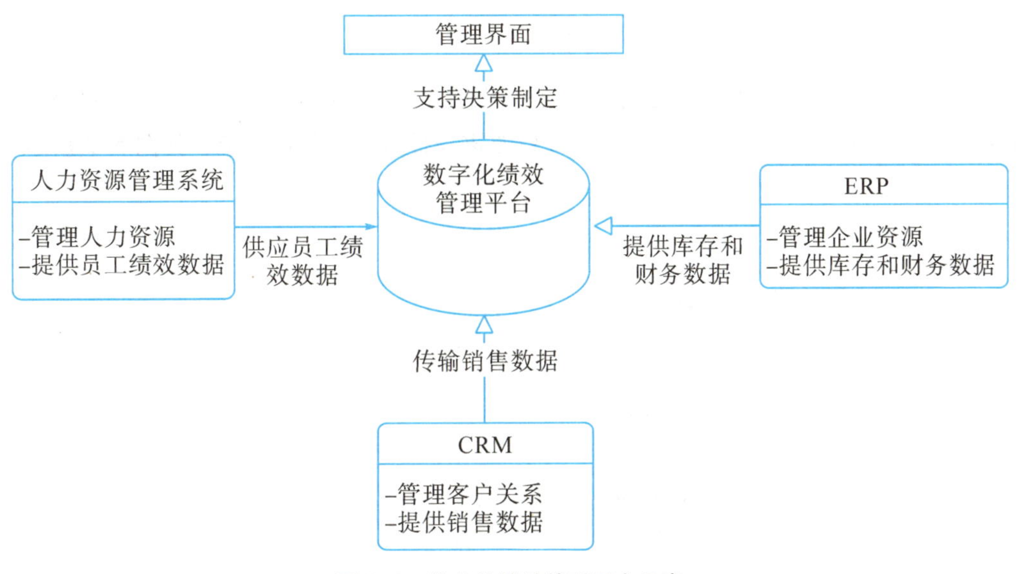

图 5-1 数字化绩效管理平台示意

2. 促进公平公正，增强员工信任

数字化绩效管理通过预设的评估模型和算法，减少了人为因素的干扰，确保了绩效评估过程的客观性和公正性。这种透明性不仅有助于消除员工对绩效评估的疑虑与不满，还能增强他们对企业的信任感和归属感。当员工坚信绩效评估是公平、公正的时候，他们更愿意投入工作，展现自己的潜力，从而推动整体绩效水平的提升。

3. 强化即时反馈与沟通机制

数字化绩效管理平台通常具备即时反馈功能，员工和管理者可以随时查看绩效数据，了解彼此的期望与反馈。这种即时沟通机制打破了传统绩效管理中滞后反馈的壁垒，使得问题能够被及时发现并解决，避免了小问题累积成大问题。同时，通过数字化的沟通渠道，管理者可以更便捷地与员工进行交流，了解他们的需求与困惑，从而提供更加个性化的指导和支持。

4. 推动持续改进与创新

数字化绩效管理不仅仅关注当前的绩效表现，更注重绩效数据的长期积累与分析。通过对历史绩效数据的挖掘与回顾，企业可以发现绩效管理的短板与不足，从而不断优化绩效指标体系和管理流程。这种持续改进的机制有助于企业适应市场变化，保持竞争优势。同时，数字化绩效管理也为企业的创新提供了动力。通过对绩效数据的深入分析，企业可以发现新的增长点和创新点，从而推动业务模式和管理方式的革新。

5. 助力人才培养与职业发展

数字化绩效管理为员工职业发展提供了有力支持。通过全面的绩效数据记录与分析，企业能够清晰地了解每位员工的优势与不足，从而为他们提供更加个性化的培训与发展计划。这种个性化的职业发展路径不仅有助于员工实现自我价值，还能提高企业的整体人才质量，为企业的长远发展奠定坚实基础。

二、数字化绩效管理的基本框架

数字化绩效管理的基本框架包括绩效目标设定、绩效数据收集、数据处理与分析、绩效监控与评估、绩效反馈与沟通以及绩效改进与提升六个关键环节，如图 5-2 所示。

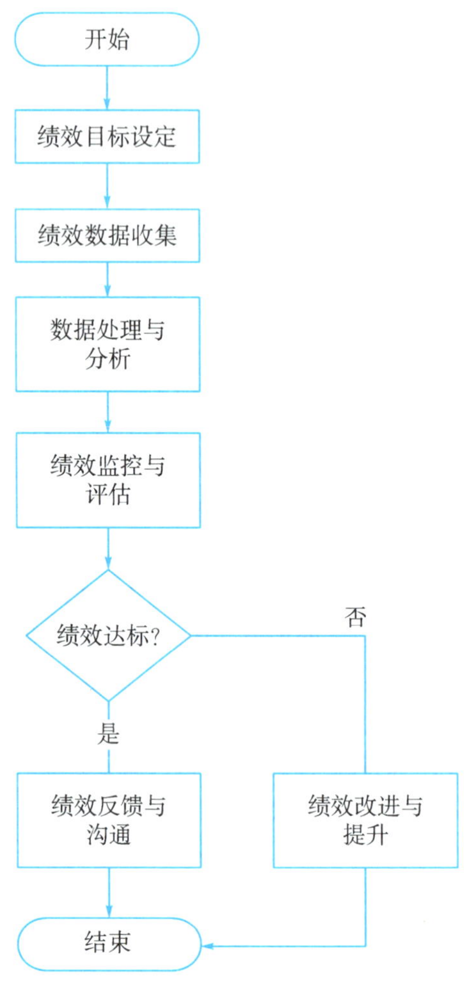

图 5-2　数字化绩效管理基本框架图

1. 绩效目标设定

绩效目标的设定是数字化绩效管理的起点。企业应根据自身战略目标和员工职责，明确、具体地设定绩效目标，确保目标具有可衡量性、可达成性和挑战性。在设定目标时，可借鉴目标与关键结果（OKR）等先进管理工具，确保目标与企业战略紧密相连，激发员工的积极性和创造力。

2. 绩效数据收集

绩效数据的收集是数字化绩效管理的基础。企业应建立全面的绩效数据收集体系，利用 ERP、CRM 等内部系统以及外部数据源，全面、准确地收集与员工绩效相关的各类数据。同时，鼓励员工参与绩效数据的收集过程，提高数据的真实性和可靠性。

3. 数据处理与分析

数据处理与分析是数字化绩效管理的核心环节。企业应运用大数据、人工智能等技术手段，对收集到的绩效数据进行清洗、整理、分类和转换，确保数据的准确性和可用性。随后，运用统计学、数据挖掘等方法，对处理后的数据进行深入分析，挖掘数据背后的规律和趋势，为绩效评估和决策提供科学依据。

4. 绩效监控与评估

绩效监控与评估是数字化绩效管理的关键环节。企业应建立实时绩效监控系统，对员工的绩效数据进行实时监控和动态评估。通过定期或不定期的绩效评估会议，对员工的工作表现进行全面、客观的评估，确保评估结果的公正性和准确性。同时，注重绩效评估结果的反馈与应用，及时发现并解决问题。

5. 绩效反馈与沟通

绩效反馈与沟通是数字化绩效管理的重要组成部分。企业应建立畅通的绩效反馈机制，确保员工能够及时、准确地了解自己的绩效状况。在反馈过程中，注重与员工的沟通与互动，了解员工的想法和意见，共同制订绩效改进计划。通过有效的沟通与反馈，增强员工的归属感和满意度，激发员工的工作热情和创造力。

6. 绩效改进与提升

绩效改进与提升是数字化绩效管理的最终目标。企业应根据绩效评估结果和员工的反馈意见，制订针对性的绩效改进计划。通过培训、辅导、激励等多种手段，帮助员工提升工作能力和绩效水平。同时，注重绩效改进过程的跟踪与评估，确保改进措施得到有效执行并取得预期效果。

三、传统绩效管理与数字化绩效管理的对比

传统绩效管理与数字化绩效管理作为两种主要的管理方式，各自展现出不同的特点和优势。

（一）管理理念与方法的差异

传统绩效管理以关键绩效指标（Key Performance Indicator，KPI）为核心，侧重于对结果的考核，强调目标的明确性和可衡量性。然而，这种方法往往忽略了过程管理和员工的参与感，导致绩效评估具有一定的滞后性和片面性。相比之下，数字化绩效管理引入了 OKR 方法，不仅关注目标的达成情况，还强调过程中的沟通与协作，以及数据的实时分析和反馈。通过大数据和 AI 技术的应用，数字化绩效管理能够更全面地评估员工的工作表现，提升评估的科学性和公正性。

（二）评估准确性与公正性的对比

传统绩效管理的评估过程往往依赖于人工收集和处理数据，容易受到主观因素的影响，导致评估结果的准确性和公正性受到质疑。而数字化绩效管理则通过自动化的数据收集和分析系统，减少了人为干预，提高了评估的客观性和准确性。此外，数字化绩效管理还通过透明的绩效展示和反馈机制，增强了员工对评估结果的信任感和满意度。

（三）效率与灵活性的差异

传统绩效管理通常遵循固定的评估周期和流程，缺乏灵活性，难以适应快速变化的

市场环境。而数字化绩效管理则凭借其高效的数据处理能力和灵活的评估机制，能够实现即时反馈和动态调整，提升了绩效管理的效率和灵活性。同时，数字化平台还支持远程办公和移动办公，打破了时间和空间的限制，进一步提升了工作效率。

（四）员工体验与激励效果的不同

传统绩效管理往往侧重于奖惩控制，忽视了员工在绩效管理过程中的体验和成长需求。这可能导致员工对绩效管理产生抵触情绪，影响工作积极性和团队凝聚力。而数字化绩效管理则更加注重员工的体验和激励，通过透明的目标设定、即时的绩效反馈和个性化的成长计划，增强了员工的归属感和工作动力。这种以人为本的管理理念，不仅提升了员工的满意度和忠诚度，还促进了企业的持续创新与发展。

传统绩效管理与数字化绩效管理的对比如表 5-1 所示。

表 5-1 传统绩效管理与数字化绩效管理的对比

对比内容	传统绩效管理	数字化绩效管理
管理理念	以 KPI 为核心，侧重结果考核	以 OKR 为基础，强调过程管理与数据反馈
评估准确性	受主观因素影响，准确性有待提高	自动化数据收集与分析，提高评估客观性
公正性	易受人为干预，公正性受质疑	透明绩效展示，增强员工信任感
效率	固定评估周期，缺乏灵活性	及时反馈与动态调整，提升工作效率
灵活性	难以适应快速变化环境	支持远程办公与移动办公，打破时空限制

第二节 数字化绩效管理的实施步骤

一、绩效目标设定

在数字化绩效管理体系中，目标设定应遵循 SMART 原则（具体 Specific、可测量 Measurable、可达成 Achievable、相关性 Relevant、时限 Time-bound），并充分利用数字化工具进行目标分解与对齐。

1. 战略解码

企业需要先将长期战略目标进行解码，将其转化为可执行的短期和中期目标。这些目标应与企业的战略地图和平衡计分卡（BSC）紧密相连，确保绩效目标与战略方向一致。

2. 目标分解

在战略解码的基础上，企业需要将整体目标层层分解至部门、团队和个人层面，形成上下贯通、左右协同的目标体系。通过数字化平台，企业可以清晰地展示每个层级的目标，促进目标的一致性。

3. 目标共识

目标的设定不仅仅是自上而下地分解，还需要自下而上地反馈与调整。通过数字化工具，企业可以组织各级员工进行目标讨论和确认，确保员工对目标的理解和认同，增强目标实现的内在动力。

二、绩效数据收集

在数字化时代，企业可以通过多种渠道和方式收集绩效数据。

1. 自动化采集

利用物联网（IoT）、传感器等技术，企业可以实现对生产、销售、服务等环节数据的自动化采集。例如，通过智能设备监测员工的工作状态、生产效率等关键指标，可以减少人为干预和误差。

2. 系统集成

企业内部的各类信息系统（如 ERP、CRM、HRIS 等）应实现互联互通，通过 API 接口将各系统数据整合至绩效管理平台。这样可以确保数据的全面性和一致性，为绩效分析提供坚实基础。

3. 员工自评与互评

除了客观数据外，员工自评和互评也是绩效数据的重要来源。通过数字化平台，员工可以方便地提交自评报告和互评意见，实现评价的公正性和透明度。

三、数据处理与分析

数据处理与分析是数字化绩效管理的核心环节，它通过对收集到的数据进行深度挖掘和分析，发现绩效表现背后的规律和问题。

1. 数据“清洗”

在数据分析之前，需要对收集到的数据进行“清洗”和整理，去除重复、错误和无效数据，确保数据的质量和可靠性。

2. 多维度分析

利用大数据技术和算法模型，企业可以对绩效数据进行多维度分析。例如，从时间、部门、员工等多个维度对绩效指标进行比对和趋势分析，找出绩效表现的差异和原因。

3. 智能预警

通过设定预警阈值，数字化绩效管理系统可以实时监控绩效指标的变化情况。一旦触发预警条件，系统将自动发出警报并推送相关信息给相关人员，以便及时采取措施进行调整和改进。

四、绩效监控与评估

绩效监控与评估是数字化绩效管理的重要环节，它通过对绩效过程的持续关注和评估，确保绩效目标的顺利实现。

1. 实时监控

利用数字化平台，企业可以实现对绩效指标的实时监控。各级管理者可以随时查看员工的绩效表现和进度情况，及时发现问题并采取相应措施。

2. 定期评估

除了实时监控外，企业还需要定期进行绩效评估。通过数字化工具，企业可以自动生成绩效评估报告，展示员工的绩效得分和排名情况。这有助于企业全面了解员工的绩效表现，为奖惩决策提供依据。

3. 绩效校准会议

为了确保绩效评估的公正性和准确性，企业可以定期组织绩效校准会议。通过会议讨论和协商，对员工的绩效评估结果进行校准和调整，确保评估结果的客观性和公正性。

五、绩效反馈与沟通

绩效反馈与沟通是数字化绩效管理的关键环节，它通过及时、有效的反馈和沟通机制，帮助员工了解自身绩效表现并明确改进方向。

1. 个性化反馈

数字化绩效管理系统可以根据员工的绩效表现和个性化需求，生成个性化的反馈报告。这些报告不仅包括员工的绩效得分和排名情况，还包括针对性的改进建议和发展计划。

2. 即时沟通

利用数字化平台，企业可以实现管理者与员工之间的即时沟通。管理者可以随时向员工发送绩效反馈意见和发展建议，员工也可以及时表达自己的看法和意见。

3. 多渠道反馈

除了数字化平台外，企业还可以通过其他渠道（如面谈、电话、邮件等）向员工提供绩效反馈。这些渠道可以根据员工的偏好和需求进行选择和使用，确保反馈的针对性和有效性。

六、绩效改进与提升

绩效改进与提升是数字化绩效管理的最终目的，它通过持续的改进和提升机制，推动企业和员工的共同成长和发展。

1. 制订改进计划

根据绩效反馈结果和发展需求，企业和员工需要共同制订绩效改进计划。这些计划应明确改进目标、措施和时间表，确保改进工作的有序进行。

2. 跟踪改进进度

利用数字化平台，企业可以实时跟踪员工的改进进度和成果。各级管理者可以定期查看员工的改进计划和完成情况，及时给予指导和支持。

3. 持续改进与迭代

数字化绩效管理是一个持续改进和迭代的过程。企业应根据实际情况和市场变化不断调整和优化绩效管理体系和流程，确保其适应性和有效性。

第三节　数字化绩效评估工具与技术

一、基于数据的绩效评估方法

传统依赖人工记录与主观判断的绩效评估方式已难以满足现代企业快速、精准的管理需求。随着大数据、云计算、人工智能等先进技术的迅猛发展，基于数据的绩效评估方法逐渐成为主流，为企业提供了更加科学、高效、客观的绩效评估解决方案。

（一）大数据与人工智能技术在绩效评估中的应用

大数据技术的引入为绩效评估带来了革命性的变化。通过高效的数据整合、智能的数据分析及实时反馈机制，大数据技术不仅提高了绩效评估的准确性和全面性，还促进了评估过程的个性化和动态化。人工智能通过自动化处理、智能分析以及个性化推荐等功能，极大地辅助了绩效评估工作，使得评估结果更加科学、客观和公正。

1. 数据源整合的深化

大数据技术能够整合来自企业内部和外部的多样化数据源，如 ERP 系统、CRM 系统、HR 信息系统、社交媒体反馈、市场调研报告等。这些数据源包含了员工工作表现、项目进展、客户满意度、市场趋势等多方面的信息，为绩效评估提供了丰富的数据基础。通过大数据平台的处理，这些结构化与非结构化数据得以有效整合，形成全面反映员工绩效的数据集，为后续分析提供坚实支撑。

2. 自动化处理减少人为误差

人工智能能够自动收集、整理和分析大量绩效数据，显著减少了人为操作带来的误差和偏见。通过预设的算法和模型，人工智能可以高效地完成数据“清洗”、格式转换、异常值检测等烦琐任务，确保评估数据的准确性和一致性。例如，利用自然语言处理技术，人工智能可以自动分析员工的工作报告和邮件，提取关键绩效指标，减少了人工阅读和理解的时间和成本。

3. 智能分析提升评估精准度

大数据与人工智能技术利用深度学习、机器学习等先进技术，能够对绩效数据进行深度挖掘和智能分析，发现隐藏在数据背后的规律和趋势。例如，通过自然语言处理技术，可以分析员工的工作邮件和项目报告，识别出员工在沟通协作、问题解决等方面的表现；通过情感分析技术，可以评估客户反馈中的情感态度，间接反映员工的服务质量和客户满意度；利用神经网络模型，可以分析员工的工作时间、效率、质量等多个维度，形成综合绩效评估报告。这些智能分析成果为绩效评估提供了科学依据，使得评估结果更加客观和精准。

4. 个性化推荐优化评估方案

基于大数据和人工智能技术，系统可以根据每位员工的历史绩效数据、能力特点和发展需求，提供个性化的评估方案和改进建议。通过智能算法，系统能够识别出员工的优势和不足，并推荐针对性的培训和发展机会，帮助员工提升绩效水平。这种个性化的评估方式不仅增强了员工的参与感和归属感，还促进了员工的个人成长和组织的发展。

5. 实时反馈促进及时干预

大数据与人工智能绩效评估系统具备实时反馈功能，能够及时发现员工的绩效波动和问题，为管理者提供预警信息。通过实时监控员工的绩效数据，系统可以在第一时间发现潜在问题，并自动生成反馈报告，提醒管理者采取相应措施。例如，当发现某位员工在某项关键绩效指标上表现不佳时，管理者可以立即与其沟通了解情况，并提供必要的支持和指导。这种实时反馈机制有助于管理者快速响应问题，及时调整管理策略，确保组织目标的顺利实现。

6. 持续优化提升评估效果

人工智能绩效评估系统还具备自我学习和优化的能力。通过不断收集和分析新的绩效数据，系统可以自动调整评估模型和参数，提高评估的准确性和时效性。同时，系统还可以根据管理者的反馈和员工的意见，不断优化评估流程和功能，提升评估效果和用户体验。

（二）OKR 目标管理法与数字化绩效评估的融合

在现代化的人力资源管理体系中，Objective and Key Results（OKR）目标管理法与数字化绩效评估的融合，为组织提供了更为高效、透明和动态的目标设定与绩效评估机制。两者的互补与协同作用，不仅提升了绩效管理的科学性和精准度，还极大地激发了员工的积极性和创造力。

1. 融合关系与互补优势

OKR 目标管理法强调目标的透明性、挑战性和可衡量性，通过设定明确的目标和关键结果，引导员工聚焦于组织的核心战略方向。而数字化绩效评估则利用大数据、人工智能等先进技术，对员工的绩效表现进行实时监控、精准分析和动态反馈。两者的融合，使得目标设定与绩效评估形成了闭环，确保了组织战略的有效落地和员工绩效的持续改进。具体而言，OKR 为数字化绩效评估提供了明确的目标导向和评估依据，使得绩效评估不再是孤立的行为，而是与组织目标紧密相连的管理过程。同时，数字化绩效评估的实时性和精准性，为 OKR 的动态调整和优化提供了有力支持，确保了目标设定与评估的协同一致。

2. OKR 在数字化绩效评估中的应用场景与优势

在数字化绩效评估中，OKR 目标管理法得到了广泛应用。首先，在目标设定阶段，OKR 帮助组织明确战略方向，将长期目标分解为短期可衡量的关键结果，并通过数字化平台公开透明地传达给每位员工。这种透明的目标设定方式，不仅增强了员工的参与感和归属感，还促进了目标的一致性和协同效应。其次，在绩效评估过程中，数字化平台能够实时收集和分析员工的绩效数据，将其与 OKR 中的关键结果进行对比分析，形成全面的绩效评估报告。这种基于数据的评估方式，不仅减少了人为误差和偏见，还提高了评估的准确性和时效性。最后，数字化平台还能提供个性化的绩效反馈和建议，帮助员工了解自身表现与目标的差距，并制订针对性的改进计划。

3. 数字化绩效评估在 OKR 中的重要作用

数字化绩效评估在 OKR 目标管理法中发挥着不可替代的作用。首先，通过实时监控和精准分析员工的绩效数据，数字化绩效评估能够及时发现目标执行过程中的问题和偏差，为 OKR 的动态调整提供数据支持。这种动态调整机制，确保了 OKR 与实际情况的紧密贴合，提高了目标达成的可能性。其次，数字化绩效评估的透明性和公开性，促进了员工之间的沟通和协作。员工可以通过数字化平台查看他人的 OKR 和绩效表现，了解自己在团队和组织中的位置和贡献。这种透明化的沟通方式，不仅增强了员工的责任感和归属感，还促进了知识共享和团队协作的深化。

二、数据分析与绩效管理系统

在数字化时代，数据分析已成为企业绩效评估的核心驱动力。人力资源信息系统（HRIS）和人力资源管理系统（HCM）作为关键的技术平台，不仅集成了数据处理、信息存储与分析功能，还通过自动化和智能化手段，显著提升了绩效评估的效率和准确性。下面将探讨数据分析在绩效评估中的应用，以及 HRIS 和 HCM 系统如何支持这一过程。

（一）数据分析在绩效评估中的重要性

数据分析是现代绩效评估不可或缺的一部分，它通过收集、处理和分析大量数据，帮助企业深入洞察员工绩效。这一过程不仅有助于企业全面了解员工的实际工作表现，还能揭示影响绩效的关键因素，为管理者提供决策支持，其在绩效评估中的重要性体现在以下几方面。

1. 多维度评估

传统的绩效评估往往侧重于单一的财务指标或任务完成情况，而数据分析则允许企业从多个维度对员工绩效进行全面评估。这些维度可能包括工作成果、工作态度、团队协作能力、创新能力等，从而更准确地反映员工的综合绩效水平。

2. 客观性与公正性

数据分析基于客观数据，减少了主观因素对绩效评估结果的影响。通过预设的评估指标和算法，系统能够自动计算绩效得分，避免了人为偏见和误差，提高了评估结果的客观性和公正性。

3. 实时反馈与动态调整

数据分析支持实时数据监控，使管理者能够及时了解员工的绩效动态。一旦发现绩效偏差或潜在问题，企业可以迅速采取措施进行调整，确保绩效评估的时效性和有效性。

（二）HRIS 与 HCM 系统概述

人力资源信息系统和人力资源管理系统是现代组织进行人力资源管理的重要工具。HRIS 主要侧重于信息的存储、检索和报告，为组织提供员工数据、薪资信息、福利记录等基础信息的管理功能。而 HCM 系统则在 HRIS 的基础上进一步扩展，涵盖了招聘、培训、绩效管理、员工关系等更广泛的人力资源管理领域，形成了一个集成化、智能化的管理平台。在绩效评估方面，HRIS 和 HCM 系统通过集成多种数据分析工具和技术，实现了对绩效数据的全面收集、深度分析和智能反馈，为管理者提供了科学、客观、实时的绩效评估支持。

（三）HRIS 与 HCM 系统在绩效评估中的应用

HRIS 和 HCM 系统作为集成了多种功能模块的技术平台，在绩效评估中发挥着至关重要的作用。这些系统不仅支持数据收集、存储和处理，还通过内置的分析工具和算法，为绩效评估提供全方位支持。

1. 数据集成与统一管理

HRIS 和 HCM 系统能够集成来自不同部门和渠道的数据，包括工作任务完成情况、能力素质评估、同事及上级评价等，形成全面的绩效数据仓库。这一集成过程消除了数据孤岛现象，实现了数据的统一管理和共享，为绩效评估提供了坚实的数据基础。图 5-3 展示了 HRIS 系统如何从多个数据源收集数据，并通过数据“清洗”、整合和转换等步骤，最终形成统一的绩效数据仓库。这一过程确保了数据的准确性和可用性，为后续的绩效评估提供了有力支持。

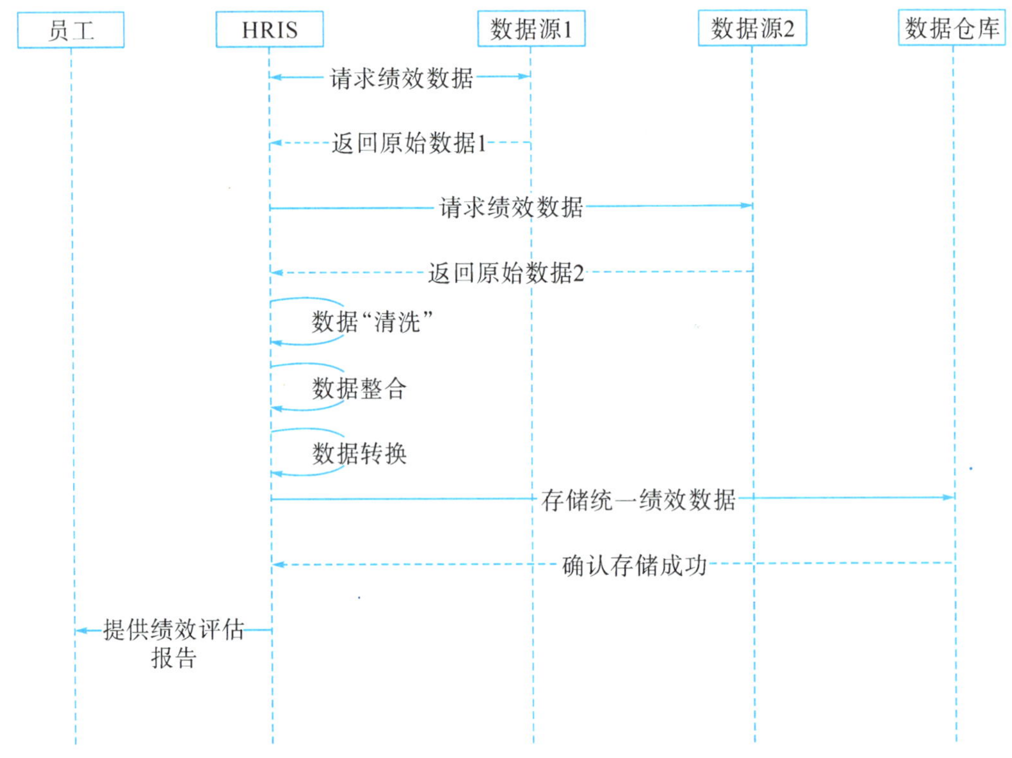

图 5-3　HRIS 系统在绩效评估中的数据集成流程

2. 实时监控与动态评估

HRIS 和 HCM 系统支持实时监控员工的绩效表现，使管理者能够随时掌握员工的工作状态和进展。通过预设的评估周期和指标，系统能够自动计算绩效得分，并生成评估报告。这些报告不仅包括员工的总体绩效得分，还可能包括各项评估指标的详细得分情况，为管理者提供了丰富的绩效信息。

3. 智能化分析与决策支持

HRIS 和 HCM 系统内置了先进的数据分析工具和算法，能够对绩效数据进行深度挖掘和分析。这些分析工具支持多维分析、趋势预测、异常检测等多种分析功能，帮助管理者发现影响绩效的关键因素和潜在问题。例如，系统可以通过分析员工的工作时间和任务完成情况，识别出加班过多或任务分配不均等问题；通过分析员工的培训记录和绩效评估结果，评估培训效果并优化培训计划。图 5-4 中的智能化分析功能界面展示了系统提供的多维分析、趋势预测和异常检测等功能。通过这些功能，管理者可以深入了解员工的绩效表现及其背后的原因，更好地制定有效的改进措施。

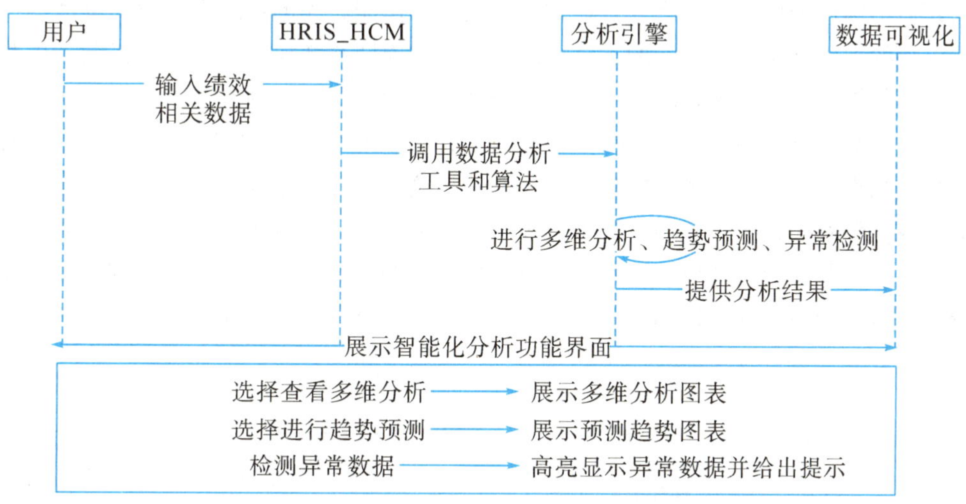

图 5-4 系统内置的智能化分析功能界面

（四）实施策略

要成功实施基于数据分析的绩效评估体系，企业需要采取一系列策略来确保系统的有效运行和持续改进。

1. 明确评估目标与标准

在实施绩效评估之前，企业必须明确评估目标和标准。这些目标和标准应与企业的战略目标相一致，并具有可操作性和可衡量性。同时，企业应确保所有员工都了解评估目标和标准，以便他们能够有针对性地提升自己的绩效水平。例如，某科技公司在实施绩效评估体系时，首先明确了公司的战略目标，并据此制定了具体的评估目标和标准。这些目标和标准涵盖了员工的工作成果、工作态度、团队协作能力和创新能力等多个维度。为了确保评估的公正性和客观性，公司还采用了 360 度反馈机制，从多个角度收集员工的绩效信息。

2. 加强员工培训与支持

数字化绩效评估体系往往具有较高的复杂性和专业性，因此企业需要加强对员工的培训和支持。培训使员工能够熟练掌握系统的使用方法，并理解评估结果的意义和价值。同时，企业还应为员工提供必要的资源和支持，帮助他们解决在使用过程中遇到的问题。例如，某制造企业在引入 HRIS 系统后，组织了一系列针对员工的培训活动。这些培训活动不仅包括系统的基本操作和技能培训，还涵盖了绩效管理的理念和方法。通过培训，员工不仅掌握了系统的使用方法，还深入理解了绩效管理的意义和价值，为后续的绩效评估工作打下了坚实的基础。

3. 持续优化与改进

绩效评估是一个持续改进的过程。企业需要根据实际运行情况不断调整和优化评估体系的功能和流程，以确保评估结果的准确性和有效性。同时，企业还应积极收集员工的反馈和建议，不断改进和完善评估体系。例如，某零售企业在实施绩效评估体系后，定期收集员工的反馈和建议，并根据反馈结果对评估体系进行优化和改进，针对员工反映的评估指标过于单一的问题，企业增加了团队协作能力和创新能力等评估维度；针对员工反映的评估周期过长的问题，企业缩短了评估周期并增加了实时反馈机制。这些改进措施不仅提高了评估体系的准确性和有效性，还增强了员工的参与感和满意度。

综上，数据分析与 HRIS、HCM 系统的结合为企业绩效评估带来了革命性的变化。通过集成数据、实时监控和智能化分析等功能，这些系统为企业提供了全面、准确、高效的绩效评估解决方案。然而，要成功实施这一体系，企业需要明确评估目标与标准、加强员工培训与支持，并持续优化与改进评估体系的功能和流程。只有这样，企业才能充分发挥数据分析在绩效评估中的潜力，为组织的持续发展和创新提供有力支持。

第四节　数字化薪酬管理概述

一、数字化薪酬管理的定义与作用

（一）数字化薪酬管理的定义

数字化薪酬管理，是指借助互联网、大数据、云计算等现代信息技术手段，对企业薪酬管理的各个环节进行全面优化与改进，实现薪酬核算、数据分析、决策支持等过程的自动化、智能化和透明化。这一管理模式通过构建集成化的数字化薪酬管理平台，整合企业内部的人力资源数据、外部的市场薪酬数据以及员工的绩效数据等，形成全面、准确、实时的薪酬管理信息系统，从而提升薪酬管理的效率和准确性，为企业的人力资源战略提供有力支撑。

具体而言，数字化薪酬管理涉及薪酬政策制定、薪酬核算与发放、个税申报、薪酬数据分析与报告等多个方面。通过自动化处理这些流程，企业可以显著降低人力成本，提高数据处理的准确性和效率，同时为员工提供更加透明、公正的薪酬体验。

（二）数字化薪酬管理的作用

1. 提升管理效率与降低成本

数字化薪酬管理通过自动化薪酬核算、个税申报等过程，大幅减少了人力资源部门的手工操作，提高了工作效率。此外，通过集成化的薪酬管理平台，企业可以实现薪酬数据的实时更新与共享，避免了数据重复录入和信息孤岛的问题，进一步降低了管理成本。例如，一些先进的薪酬管理软件能够一键生成工资条、智能计算个税，并支持多渠道发送，极大地减轻了人力资源部门的工作负担。

2. 增强数据准确性与透明度

数字化薪酬管理借助大数据和云计算技术，能够对薪酬数据进行全面、深入的分析与校验，确保数据的准确性和可靠性。同时，薪酬管理平台提供的数据展示功能，使得员工能够清晰地了解自己的薪酬构成、发放情况等信息，增强了管理的透明度。这种透明化的管理方式不仅有助于提升员工的满意度和信任度，还有助于减少因薪酬问题引发的内部矛盾和纠纷。

3. 优化薪酬策略与决策支持

数字化薪酬管理通过大数据分析技术，能够深入挖掘薪酬数据背后的规律和趋势，为企业制定和优化薪酬策略提供有力的数据支持。例如，企业可以通过分析薪酬数据了解不同岗位、不同层级员工的薪酬水平及其与市场薪酬水平的差距，从而制定出更具竞争力的薪酬方案。此外，薪酬管理平台还能够提供多维度的薪酬分析报告，为企业的战略决策提供有力的数据支撑。

4. 支持个性化激励与提升员工满意度

数字化薪酬管理支持企业根据员工的绩效表现、职业发展需求等因素制定个性化的薪酬激励方案。通过薪酬管理平台，企业可以灵活设置奖金、提成、股权激励等多种形式的激励措施，并根据员工的实际表现进行动态调整。这种个性化的激励方式能够更好地满足员工的个性化需求，提升员工的满意度和忠诚度。同时，透明的薪酬管理过程也有助于增强员工对组织的归属感和认同感。

二、传统薪酬管理与数字化薪酬管理的差异

传统薪酬管理主要依赖人工操作和纸质文档，而数字化薪酬管理则充分利用互联网、大数据、云计算等现代信息技术手段，实现了薪酬管理的自动化、智能化和透明化。

（一）管理效率与成本

在传统薪酬管理方式下，薪酬核算、发放、记录等各个环节均需大量人工参与，导致管理效率低下。此外，纸质文档的管理和存储不仅占用物理空间，还需定期维护和更新，增加了企业的运营成本。同时，人为操作失误难以完全避免，导致数据准确性难以保证，进一步增加了后续核对和修正的成本。而数字化薪酬管理通过构建集成化的薪酬管理平台，实现了薪酬核算、支付、分析及决策支持的自动化处理。平台能够自动从各个数据源收集、整合薪酬相关数据，进行高效、准确的处理，大幅提高了管理效率。此外，电子化的数据存储和管理方式显著降低了企业的运营成本，减少了纸质文档的使用和维护费用。

（二）数据准确性与透明度

在传统薪酬管理模式下，数据的准确性和透明度往往难以保证。由于数据处理依赖人工操作，容易出现错误或遗漏。此外，薪酬信息的不透明也容易引发员工的不信任和不满。而数字化薪酬管理借助大数据和云计算技术，能够实时处理、校验薪酬数据，确保数据的准确性和一致性。同时，透明的薪酬管理流程使员工能够清晰地了解薪酬构成、计算依据及发放情况，增强了管理的透明度和公正性。

（三）决策支持与策略优化

传统薪酬管理在决策支持方面存在明显不足。由于缺乏科学的数据分析工具和方法，企业往往难以准确了解市场薪酬水平、员工绩效表现等信息，从而难以制定出科学合理的薪酬策略。而数字化薪酬管理通过大数据分析技术，能够深入挖掘薪酬数据背后的规律和趋势，为企业提供科学的薪酬策略制定依据。企业可以根据市场薪酬水平、员工绩效表现及企业战略目标等因素，动态调整薪酬方案，确保薪酬的竞争力和激励效果。

（四）个性化激励与员工满意度

传统薪酬管理往往采用“一刀切”的激励方式，难以满足员工的多样化需求。这种缺乏个性化的激励方式容易降低员工的满意度和忠诚度。相比之下，数字化薪酬管理支持企业根据员工的个体差异和绩效表现制定个性化的薪酬激励方案。通过灵活配置薪酬结构、奖励机制及福利政策，企业能够满足不同员工的多样化需求，提升员工的满意度和忠诚度。例如，对于高绩效员工，企业可以提供更高比例的奖金和晋升机会；对于新入职员工，企业可以提供更具吸引力的培训和发展计划。这种个性化的激励方式有助于激发员工的工作热情和潜力，促进企业的持续发展。

（五）系统集成与流程优化

传统薪酬管理系统往往与其他人力资源管理系统（如招聘、绩效管理等）相脱节，导致数据无法共享和互通。这不仅增加了数据处理的复杂程度，还降低了整体管理效率。企业需要花费大量时间和精力进行数据的录入、核对和更新，影响了工作效率和准确性。而数字化薪酬管理系统能够与招聘、绩效管理等其他人力资源管理系统实现无缝对接和数据共享。这种集成化的管理方式简化了数据处理流程，提高了整体管理效率。企业可以实时获取各个系统的数据，进行综合分析和决策支持。同时，数字化薪酬管理系统还支持移动端访问和在线操作，使员工能够随时随地进行薪酬查询，提高了管理的便捷性和灵活性。

表 5-2 展示了传统薪酬管理与数字化薪酬管理在以上各方面的差异。

表 5-2　传统薪酬管理与数字化薪酬管理的差异对比

对比内容	传统薪酬管理	数字化薪酬管理
管理效率与成本	依赖大量人工操作，效率低下	自动化处理，高效快捷
	纸质文档存储占用物理空间，成本高	电子化存储，降低成本
	数据准确性难以保证，核对修正成本高	实时处理、校验数据，确保准确性
数据准确性与透明度	数据准确性受人为操作影响大	大数据、云计算技术确保数据准确
	薪酬信息不透明，易引发员工不满	透明管理流程，增强信任与公正性
决策支持与策略优化	缺乏科学分析工具，决策支持不足	大数据分析提供科学决策依据
	难以了解市场薪酬水平及员工绩效	动态调整薪酬方案，确保竞争力与激励效果

表5-2(续)

对比内容	传统薪酬管理	数字化薪酬管理
个性化激励与员工满意度	“一刀切”激励方式，难以满足多样需求	支持个性化薪酬激励方案
	降低员工满意度与忠诚度	提升员工满意度与忠诚度，激发潜力
系统集成与流程优化	与其他 HR 系统脱节，数据共享困难	无缝对接其他 HR 系统，实现数据共享
	数据处理复杂，效率低	简化数据处理流程，提高整体效率
	不支持移动端访问，操作不便	支持移动端访问，提高管理便捷性

第五节　数字化薪酬管理工具与技术

数字化薪酬管理工具与技术是指利用信息技术如云计算、大数据、人工智能等，来处理、分析和优化企业的薪酬管理流程。这些工具与技术不仅涵盖了工资、绩效奖金、福利和股权激励等薪酬组件的自动化计算与管理，还通过与人力资源管理系统（HRMS）或企业资源规划系统（ERP）的无缝集成，确保了薪酬数据的准确性和一致性。

一、薪酬管理软件与平台

在数字化时代，薪酬管理不仅关乎员工的切身利益，还直接影响到企业的成本控制、人力资源管理效率及市场竞争力。因此，采用先进的薪酬管理软件与平台，对于提升企业薪酬管理的精准性、高效性和安全性具有重要意义。

（一）薪酬管理软件的分类与功能

薪酬管理软件作为企业数字化转型的重要工具，根据不同的应用场景和需求，可分为多种类型。常见的薪酬管理软件包括基础型、综合型和定制化三类。

1. 基础性薪酬管理软件

基础型薪酬管理软件主要面向中小企业，提供基本的薪资计算、发放和报表生成功能。这类软件操作简便，易于上手，能够满足企业基本的薪酬管理需求。例如，它能够支持按岗位、工时等不同的薪酬计算方式，并自动生成工资条。

2. 综合型薪酬管理软件

综合型薪酬管理软件则集成了薪资管理、社保公积金管理、个税管理、考勤管理等多种功能于一体，适用于中大型企业。这些软件不仅能够自动化处理复杂的薪酬计算，还能实现数据的实时更新和共享，提高管理效率。例如，易路的 People+一站式人力资源管理平台，就以其全面的薪酬管理功能赢得了市场的广泛认可。

3. 定制化薪酬管理软件

定制化薪酬管理软件则根据企业的具体需求进行个性化开发，提供更为灵活和专业的解决方案。这类软件通常融合了企业的管理流程和文化，能够深度满足企业的特殊需求。例如，薪智智能大数据平台，就利用 AI 人工智能分析技术和大数据技术，为企业提供定制化的市场薪酬分析报告和薪酬体系设计服务。

（二）主流薪酬管理平台

1. 超易人事工资管理软件

这是一款各类型企业均适用的人事管理和工资管理软件，支持多套账管理，可独立设账管理不同分支机构或部门的核算方法。其操作简便、功能强大，是企业进行人力资源及财务成本控制的理想选择之一。

2. i 人事

作为一款 HR SaaS 管理软件，i 人事专注于为企业提供人力资源管理解决方案。其工资管理模块集成了薪酬计算、发放、分析等多个功能，帮助企业实现薪酬管理的全面自动化。

3. 易路 People+

People+是以薪酬为核心的一站式人力资源全景数字化云平台，可统一平台管理多个法人实体，一站式完成薪税数据获取、计算、申报、缴税、发放等流程。该平台还集成了市场薪酬分析功能，运用 AI 人工智能分析技术和大数据技术，为企业提供全面的市场薪酬数据支持。

4. 薪智

薪智是一家运用 AI 人工智能分析技术和大数据技术为客户提供市场薪酬分析的 SaaS 平台。它拥有上亿级的实时薪酬数据样本，可实时为企业提供全面的市场薪酬数据，并根据企业业务需求定制薪酬分析报告、薪酬体系设计等服务。

5. 薪社通

作为智能化薪酬社保人力资源平台，薪社通提供便捷的社保缴纳、商业保险、代发工资等服务，帮助企业提升工作效率，减少人力成本。其使用简便，缴费清单清晰可见，使福利更透明，数据更清晰。

（三）薪酬管理平台的优势

数字化薪酬管理平台相较于传统的手工管理方式，具有显著的优势，主要体现在以下几个方面。

1. 提升效率

薪酬管理平台能够自动化处理薪酬的计算、发放、报税等烦琐流程，大大减少了人力资源部门的工作量。同时，通过数据共享和实时更新，提高了管理效率。

2. 确保准确性

薪酬管理平台通过预设的计算公式和规则，能够确保薪酬计算得准确无误。此外，系统还能自动校验数据的一致性，避免了人为错误的发生。

3. 增强数据安全

数字化薪酬管理平台采用先进的数据加密技术和安全防护措施，确保薪酬数据的安全性和保密性。企业可以放心地将敏感数据存储在云端或本地服务器中。

4. 提升员工满意度

薪酬管理平台支持多种工资单发放渠道（如 App、微信、企信等），使得员工可以随时随地查看自己的工资明细。这种透明化的管理方式有助于提升员工的信任度和满意度。

（四）薪酬管理软件与平台的实施策略

企业在选择和实施薪酬管理软件与平台时，应遵循以下策略：

1. 明确需求

企业在选择薪酬管理软件之前，应首先明确自身的需求和目标，包括薪酬管理的具体范围、流程、数据量以及未来的扩展需求等。这将有助于企业选择最适合的软件产品。

2. 评估供应商

企业应综合考虑供应商的实力、经验、服务质量以及软件产品的功能、性能、易用性等因素，通过对比多个供应商的产品和服务，选择性价比最高的合作伙伴。

3. 定制化开发

有特殊需求的企业，可以考虑与供应商合作进行定制化开发。通过定制化开发，企业可以获得更符合自身需求的薪酬管理软件产品。

4. 培训与支持

企业在实施薪酬管理软件时，应注重员工的培训和支持工作。通过培训，员工可以熟悉软件的操作流程和功能特点；通过支持服务，及时解决使用过程中遇到的问题。

5. 持续优化

薪酬管理软件与平台的实施并非一蹴而就的过程，而是需要持续优化和改进的。企业应定期评估软件的使用效果和收集用户反馈，及时进行调整和优化。

二、薪酬管理中的人工智能应用

随着数字化技术的飞速发展，尤其是人工智能（AI）的广泛应用，薪酬管理领域正逐步向智能化、高效化、个性化迈进。

1. 自动化薪酬计算与数据处理

传统薪酬管理依赖于人工操作和大量手工计算，不仅效率低下，而且容易出错。人工智能技术的引入，实现了薪酬计算的自动化和智能化。通过构建基于 AI 的薪酬管理系统，企业能够自动采集员工的基本信息、工作时长、绩效奖金、福利待遇等数据，并依据预设的规则和算法进行计算，生成准确的薪酬报表。这种自动化处理不仅显著提高了计算速度和准确性，还极大地减轻了人力资源部门的工作负担。此外，AI 在数据处理方面展现出强大的能力。它能够快速处理和分析大量历史数据，识别薪酬结构中的潜在问题和优化空间。通过机器学习算法，AI 能够持续学习并优化薪酬计算模型，确保薪酬体系与市场变化保持同步。

2. 薪酬预测与建模

基于历史数据和当前市场情况，人工智能能够建立预测模型，对未来薪酬趋势进行精准预测。这种能力对于企业制定科学的薪酬计划而言至关重要。企业可以利用 AI 模型预测不同岗位、不同层级的薪酬水平变化，以及市场整体薪酬走势，从而制定出既具有竞争力又能控制成本的薪酬策略。薪酬预测模型的构建依赖于复杂的机器学习算法，这些算法能够深入挖掘数据背后的规律和关联，提供有价值的建议。例如，通过分析员工绩效、市场薪酬水平、行业发展趋势等因素，AI 可以预测特定员工的薪酬增长空间，为企业的薪酬调整提供科学依据。

3. 智能薪酬调整

传统的薪酬调整往往基于固定的薪酬结构和市场平均水平，难以全面反映员工的实际贡献和绩效表现。人工智能技术的应用，使得薪酬调整更加智能化和个性化。通过建立智能薪酬调整模型，企业可以综合考虑员工绩效、能力、市场价值、内部公平性等多个维度，实现薪酬的动态调整。具体而言，AI 可以通过分析员工的绩效评估数据、市场薪酬数据、内部职位价值等因素，自动评估员工的薪酬水平是否与其贡献相匹配。如果发现不匹配的情况，系统会提出调整建议，帮助企业进行及时、准确的薪酬调整。这种智能调整方式不仅提高了薪酬管理的效率，还增强了员工的公平感和满意度。

4. 数据驱动的薪酬决策

人工智能技术为薪酬决策提供了强有力的数据支持。传统薪酬决策往往依赖于管理者的主观判断和有限的信息来源，难以保证决策的科学性和准确性。而引入 AI 技术后，企业可以获取更全面、更实时的数据支持，为薪酬决策提供有力依据。通过 AI 技术，企业可以实时监控市场薪酬变化、员工绩效表现、内部成本结构等关键指标，及时调整薪酬策略以应对市场变化和内部需求。同时，AI 还可以通过对大量历史数据的分析，发现薪酬管理中的潜在问题和优化空间，为企业制定更加科学的薪酬政策提供指导。

5. 薪酬管理的个性化

在人力资源管理中，个性化已经成为一种趋势。人工智能技术使得薪酬管理也能够实现个性化定制。通过分析员工的个人特征、职业发展路径、绩效表现等因素，AI 可以为员工提供个性化的薪酬推荐方案。例如，对于高绩效员工，AI 可以推荐更具竞争力的薪酬方案以激励其继续保持优秀表现；对于潜力员工，AI 则可以设计更具成长性的薪酬计划以促进其职业发展。这种个性化的薪酬管理方式不仅能够提高员工的满意度和忠诚度，还能够促进企业的整体绩效提升。

6. 风险管理与合规性

薪酬管理涉及众多的法律法规和内部政策要求，一旦处理不当容易引发法律风险或内部矛盾。人工智能技术在薪酬管理中的应用，可以有效降低这些风险。通过自动化处理和数据监控功能，AI 能够及时发现并纠正薪酬计算中的错误和违规行为。同时，AI 还可以根据最新的法律法规和内部政策要求，自动调整薪酬计算规则和流程，确保企业的薪酬管理符合相关要求。这种自动化的风险管理方式不仅提高了企业的合规性水平，还减轻了人力资源部门在风险管理方面的工作负担。

第六节　数字化薪酬设计与策略

数字化薪酬设计不仅关乎企业的运营效率，更直接影响到员工的满意度与忠诚度。通过引入数字化技术，企业能够实现薪酬管理的自动化、智能化和个性化，显著提升管理效率，降低运营成本，同时增强决策的透明度和准确性。此外，数字化薪酬体系还能够为企业提供更丰富的数据支持，帮助管理层做出更加科学合理的薪酬决策。

一、数字化薪酬设计的原则

1. 灵活性与个性化

数字化薪酬体系应能灵活适应企业的战略调整及员工的个性化需求。通过模块化设计，企业可根据实际情况调整薪酬结构和计算方式，满足不同岗位、不同层级员工的薪酬需求。

2. 数据驱动决策

利用大数据分析技术，收集并分析员工薪酬、绩效、市场薪酬水平等多维度数据，为薪酬决策提供科学依据。数据驱动决策能够减少人为偏见，提升决策的公正性和准确性。

3. 安全性与合规性

薪酬信息属于敏感数据，数字化薪酬体系必须严格遵守数据保护法规，如中国的网络安全法等，确保数据的安全性与合规性。

4. 持续优化与迭代

数字化管理体系不是一成不变的，而是需要根据企业发展、市场变化和技术进步进行持续优化和更新。企业应建立反馈机制，定期收集用户意见，分析薪酬数据，以支持薪酬政策的调整和系统功能的升级。

二、数字化薪酬设计的流程

数字化薪酬设计的流程大致可分为以下几个步骤：

1. 需求分析

首先，企业需明确薪酬管理的目标和需求，包括提升效率、降低成本、增强员工满意度等。同时，分析现有薪酬管理体系存在的问题和不足，为数字化薪酬设计提供方向。

2. 系统设计

基于需求分析结果，设计数字化薪酬系统的整体架构和功能模块。这包括薪酬计算模块、数据分析模块、员工自助服务模块等。设计时需考虑系统的可扩展性、易用性和安全性。

3. 数据迁移与集成

将现有的薪酬数据准确无误地迁移到新系统中，并确保薪酬系统与人力资源信息系统（HRIS）、财务管理系统等其他关键业务系统的无缝协作。这一过程需要制订详细的数据迁移计划，并进行充分的测试以确保数据的完整性和准确性。

4. 员工培训与推广

为员工提供适当的培训，确保他们能够熟练地使用新系统。同时，通过内部宣传、讲座等形式推广数字化薪酬管理的理念和优势，提高员工的接受度和参与度。

5. 持续优化与更新

数字化薪酬管理体系并非一劳永逸。企业需根据业务发展、市场变化和技术进步进行持续的优化和更新。定期收集用户反馈，分析薪酬数据，以支持薪酬政策的调整和系统功能的升级。

三、数字化薪酬设计的策略

1. 自动化薪酬计算与发放

引入自动化薪酬计算系统，实现工资、奖金、福利等的自动计算和发放。通过预设的薪酬规则和算法，系统能够自动处理各种复杂的薪酬计算场景，减少人工干预和错误，提高计算效率和准确性。例如，某企业采用人力资源信息系统（HRIS）与财务管理系统集成的方式，实现了薪酬数据的自动流转和计算，大幅降低了人力成本。

2. 智能化薪酬分析

利用 AI 技术，对薪酬数据进行深度挖掘和分析，为企业提供更加精准的薪酬分析报告。这些报告可以帮助企业了解员工的薪酬满意度、市场薪酬水平、薪酬结构合理性等信息，为薪酬政策的制定和优化提供有力支持。例如，某企业通过分析员工薪酬数据发现，部分关键岗位的市场薪酬水平高于企业内部标准，随即调整了该岗位的薪酬策略，有效提升了员工的满意度和留任率。

3. 个性化薪酬激励

根据员工的个人能力和绩效表现，制定个性化的薪酬激励方案。通过设定不同的绩效指标和奖励标准，激励员工积极工作、提升自我。同时，企业还可以引入股权激励、项目奖金等长期激励措施，增强员工的归属感和忠诚度。例如，某科技公司针对研发人员设立了项目奖金制度，根据项目完成情况和成果贡献度进行奖励，极大地激发了研发人员的创新热情和工作动力。

4. 无缝集成与协同

确保薪酬系统与 HRIS、财务管理系统等其他关键业务系统的无缝集成与协同。通过系统集成，实现数据的实时共享和流转，提高整体管理效率。同时，加强与员工自助服务平台的集成，让员工能够随时查询自己的薪酬信息、提交相关申请等，提升员工的参与度和满意度。

第七节　数字化绩效与薪酬管理的挑战与应对策略

一、数据隐私与安全问题

在数字化绩效与薪酬管理的过程中，数据隐私与安全是首要且核心的挑战。数据隐私涉及员工个人信息、工作表现数据、薪酬信息等敏感内容，要确保这些信息不被非授权人员访问、使用、披露或泄露。随着技术的快速发展，数据泄露、滥用和篡改的风险日益增加，这些风险主要来源于网络攻击、黑客入侵、内部人员不当操作等。

（一）数据泄露与滥用

数据泄露是数字化管理中最严重的风险之一。一旦员工的个人信息或薪酬数据被泄露，不仅可能引发法律纠纷，损害员工的合法权益，还可能影响企业的声誉和竞争力。并且，数据还可能被用于诈骗、身份盗窃、勒索等非法活动，进一步加剧企业的经济损失。

（二）数据安全的维护措施

为应对数据隐私与安全挑战，企业需采取一系列安全措施。首先，数据加密是保障数据安全的基础，通过对敏感数据进行加密处理，可以有效防止未经授权的访问和篡改。其次，访问控制机制也至关重要，企业应设置严格的数据访问权限，确保只有授权人员能够访问和修改数据。此外，数据备份和恢复策略同样不可或缺，定期备份数据可以防止因硬件故障、软件问题或人为错误导致的数据丢失。

（三）隐私保护的强化

在保护员工隐私方面，企业需实施更为细致的策略。数据脱敏是一种有效的隐私保护手段，通过对个人信息进行脱敏处理，可以降低数据泄露的风险。同时，对于不再需要的个人信息，企业应及时进行删除，避免数据的滥用。此外，加强员工的隐私保护意识培训，提高全员对数据隐私的重视程度，也是保障数据隐私的重要手段。

二、员工接受度与系统实施的难点

数字化绩效与薪酬管理系统的实施并非一蹴而就，员工接受度和系统实施的难点是制约其成功推广的关键因素。

（一）员工接受度的挑战

员工对数字化管理系统的接受度直接影响其实施效果。一方面，部分员工可能对新系统存在抵触情绪，担心自己无法适应新的工作流程和考核方式；另一方面，数字化管理可能导致员工感到自己的隐私受到侵犯，从而引发不满和抵触。

（二）系统实施的难点

系统实施过程中，企业面临诸多挑战。首先，系统的定制化和集成度要求较高，需要与企业现有的 IT 系统进行有效对接，确保数据的准确性和一致性。其次，系统的稳定性和可靠性也是关键因素，任何系统故障都可能导致业务中断和数据丢失。最后，系统是否具备易用性和界面友好性也是影响员工接受度的重要因素。

（三）应对策略

为提高员工接受度和顺利推进系统实施，企业需采取以下策略：一是加强沟通和培训，让员工了解数字化管理的重要性和优势，提高其对新系统的认同感和信任度；二是确保系统的易用性和友好性，降低员工的学习成本和使用难度；三是建立健全的反馈机制，及时收集和处理员工的意见和建议，不断优化系统性能和功能。

三、未来发展趋势

随着技术的不断进步和企业管理理念的持续更新，数字化绩效与薪酬管理将呈现以下发展趋势。

（一）智能化与自动化

未来，数字化绩效与薪酬管理系统将更加智能化和自动化。通过引入人工智能、大数据等先进技术，系统能够自动完成数据分析、评估考核等工作，提高管理效率和准确性。同时，智能化的系统还能根据员工的实际表现和需求提供个性化的薪酬激励方案，增强员工的满意度和归属感。

（二）移动化与云端化

随着移动互联网和云计算技术的普及，未来的数字化绩效与薪酬管理系统将更加移动化和云端化。员工可以通过手机等移动设备随时随地查看自己的绩效数据和薪酬信息，管理者也可以远程监控和管理系统运行情况。

（三）数据驱动的决策

数据在企业管理中的地位将越来越重要。未来，企业将更多地依赖数据来驱动决策过程。通过收集和分析员工的绩效数据、薪酬数据等敏感信息，企业能够更准确地评估员工的工作表现和市场价值，从而制定更为科学合理的薪酬策略和激励措施。

（四）隐私保护的强化

随着数据泄露和隐私侵犯事件的频发，隐私保护将成为未来数字化绩效与薪酬管理的重点。企业将不断加强数据安全和隐私保护措施，提高数据加密技术、访问控制机制和数据备份策略的可靠性。同时，企业还将加强员工隐私保护意识的培养和宣传工作，提高全员对数据隐私的重视程度。

【案例5-1】

阳光保险集团股份有限公司的 OKR 实践

在数字化转型的大潮中，阳光保险集团股份有限公司（以下简称“阳光保险”）凭借其前瞻性的战略眼光和勇于创新的实践精神，成功将 OKR 管理方法导入企业运营中，不仅助力了企业的战略转型，还极大地激发了员工的工作主动性和积极性，增强了团队协作能力，为各项目标管理工作的落实提供了强有力的支撑。本文旨在详细阐述阳光保险如何结合自身特点，将 OKR 工作法内化为企业管理的核心工具，并探讨其实践过程中的经验与启示。

一、阳光保险引入 OKR 的背景与动因

（一）行业背景与挑战

随着保险行业的竞争日益激烈，客户需求日益多样化，传统的管理模式已难以满足企业快速发展的需要。阳光保险意识到，要在这场变革中脱颖而出，必须寻找新的管理方法和工具，以实现更高效的目标管理和更精准的市场定位。

（二）企业内部需求

阳光保险在多年的发展过程中，积累了丰富的管理经验，但也面临着目标设定不清晰、执行过程中监控不足、绩效评估主观性强等问题。为了进一步提升管理效率，激发员工潜能，促进团队协作，阳光保险决定引入 OKR 管理方法。

（三）OKR 引入的动因

OKR 作为一种高效的目标管理工具，以其透明性、挑战性和灵活性著称，能够帮助企业明确方向、聚焦重点、跟踪进度、及时调整策略。阳光保险看中了 OKR 的这些优点，希望通过引入 OKR，实现以下目标：

（1）明确企业战略方向，确保所有员工都围绕共同目标努力；

（2）提升员工工作积极性和自我驱动力，促进个人成长与企业发展同步；

（3）加强团队协作，打破部门壁垒，形成合力；

（4）实现目标管理的动态调整，快速响应市场变化。

二、阳光保险 OKR 实践的具体做法

（一）学习与理解 OKR 精髓

在引入 OKR 之前，阳光保险首先组织了大量内部培训和外部学习活动，深入理解 OKR 的工作法思想内涵与管理精髓。公司高层亲自参与，确保从上至下对 OKR 有统一的认识和理解。通过学习，阳光保险认识到 OKR 不仅仅是目标管理工具，更是一种文化和管理理念，需要全员参与、共同推进。

（二）结合企业特点形成特色 OKR 工作法

阳光保险并没有简单地照搬其他公司的 OKR 做法，而是紧密结合公司业务属性和特点，以及“红黄蓝”评价系统，形成了具有自身特色的 OKR 工作法。具体做法包括：

1. 明确目标是什么

阳光保险的 OKR 聚焦客户需求，制定目标过程中高度关注客户的价值与感受。在目标设定时，公司采用了统一的句式范式：“通过 xx，为 xx 提供/解决了什么样的产品/服务。”这种范式有助于明确目标的方向和目的，确保所有员工都能清晰理解并围绕这一目标努力。

例如，阳光寿险精准定价项目的目标表述为“通过精准定价，为优质客户提供高性价比的产品”。这样的表述既体现了项目的核心价值，又明确了项目的服务对象和预期成果。

2. 设定若干清晰的“关键结果”

在设定关键结果时，阳光保险强调衡量标准的明确性和可量化性。关键结果需要回答目标的预期结果及衡量标准是什么，衡量标准通常包括用户增长、用户活跃、收入增长、产品性能、质量改进等。对于无法直接量化的指标，阳光保险也采用了质化描述和设置关键里程碑、时间点等方式来确保关键结果的可追踪性和可评估性。

例如，在精准定价项目中，关键结果可能包括“提高客户满意度至90%以上”“将产品定价周期缩短至3天内”“实现首年保费收入增长20%”等。

3. 明确“关键工作项”和“工作项追踪”

为了确保OKR的有效执行和跟踪，阳光保险在OKR框架中增加了“关键工作项”和“工作项追踪”两个环节。关键工作项是指为实现目标所选择、采用的一些关键性措施；工作项追踪则运用“红黄蓝”评价系统对这些关键工作项进行过程追踪和评估。

“红黄蓝”评价系统是一种基于目标实现难度的评价工具，通过红、黄、蓝三种颜色分别表示目标的难度等级。在追踪过程中，阳光保险根据工作项的进展情况给予相应的颜色标记，并根据颜色标记及时调整资源和策略，确保项目按计划推进。

（三）强化沟通与透明化

阳光保险非常注重OKR实施过程中的沟通与透明化。公司建立了定期的OKR回顾会议制度，确保各级管理者和员工都能及时了解目标的进展情况和存在的问题。同时，公司还鼓励员工之间的跨部门沟通和协作，打破信息壁垒，形成合力推进项目。

为了增强透明度，阳光保险将OKR系统与公司内部平台集成，所有员工都可以通过平台查看自己和同事的OKR情况，了解公司整体目标和个人目标之间的关系。这种透明化的管理方式不仅增强了员工的归属感和责任感，还促进了相互学习和共同成长。

（四）绩效考核与激励机制

阳光保险将OKR完成情况作为员工绩效考核的重要依据之一。在年度或季度绩效考核中，公司会综合评估员工的OKR完成情况和贡献度，并给予相应的奖励和晋升机会。这种基于成果的绩效考核方式有助于激发员工的工作积极性和创造力，推动个人和企业的共同成长。

同时，阳光保险还建立了与OKR相配套的激励机制，通过奖金、股权激励等方式奖励表现优秀的员工和团队。这种激励机制不仅增强了员工的获得感和归属感，还促进了企业内部的良性竞争和协作氛围的形成。

三、阳光保险OKR实践的效果与启示

（一）实践效果

经过一段时间的实践和推广，阳光保险的OKR管理方法取得了显著成效：

（1）战略目标更加明确。所有员工都围绕公司战略目标努力，形成了强大的合力。

（2）员工工作积极性显著提高。OKR的透明性和挑战性激发了员工的工作热情和创造力。

（3）团队协作能力增强。跨部门沟通和协作成为常态，项目推进更加高效。

（4）目标完成情况得到有效监控。通过定期回顾和追踪机制，公司能够及时调整策略确保目标实现。

（5）绩效考核更加公平合理。基于成果的绩效考核方式减少了主观因素的影响提高了考核的公正性和准确性。

（二）启示与思考

阳光保险OKR实践的成功经验为企业界提供了有益的启示和思考：

（1）深入理解 OKR 精髓是关键。企业在引入 OKR 时应深入理解其思想内涵与管理精髓而非简单照搬。

（2）结合企业特点形成特色 OKR 工作法。企业应结合自身业务属性和特点形成具有自身特色的 OKR 工作法以提高针对性和有效性。

（3）强化沟通与透明化。沟通是 OKR 实施过程中的关键环节之一，企业应建立有效的沟通机制确保信息的畅通无阻。

（4）绩效考核与激励机制相配套。基于成果的绩效考核方式和配套的激励机制有助于激发员工的工作积极性和创造力推动个人和企业的共同成长。

（5）持续优化与迭代。OKR 实践是一个持续优化和迭代的过程企业应根据实际情况和市场变化不断调整和完善 OKR 体系以确保其适应性和有效性。

资料来源：董迎秋，朱仁健. 阳光保险的 OKR 实践［J］. 企业管理，2019（10）：82-84.

问题：

1. 阳光保险在导入 OKR 系统时，是如何根据公司实际情况进行定制化设计的？

2. OKR 系统导入后，阳光保险在绩效评估、激励机制和人才发展方面有哪些显著变化？

【案例 5-2】

从“青铜骑手”到“数据王者”：饿了么蜂鸟配送的数字化薪酬革命

在这个快节奏的都市生活中，有这样一群人，他们穿梭在大街小巷，与时间赛跑，只为将那一份份热腾腾的美食准时送达你手中。他们，就是外卖骑手，一个日益壮大且不可或缺的城市新力量。饿了么蜂鸟配送，作为这一领域的佼佼者，正通过一场数字化薪酬革命，重新定义着骑手的职业生涯与幸福指数。

一、青铜时代的余晖与数字浪潮的曙光

曾几何时，外卖配送还是一片混乱的战场。骑手们像无头苍蝇般四处奔波，手动派单、盲目接单，不仅效率低下，更让骑手们身心俱疲。何胜胜，一位从“青铜骑手”成长为站长的老将，见证了这一转变的全过程。“那时候，我每天都在跟时间赛跑，手动派单让我忙得焦头烂额，还经常因为路线规划不合理导致超时。”回忆起那段日子，何胜胜不禁苦笑。

然而，随着饿了么智能调度系统“方舟”的诞生，一切都发生了翻天覆地的变化。方舟系统，这位外卖配送领域的“智能指挥官”，利用大数据与机器学习技术，精准匹配订单与骑手，实现了自动化、智能化派单。骑手们再也不用为接单而烦恼，只需按照系统指示，高效完成配送任务即可。

二、数据为王，薪酬体系大升级

在这场数字化变革中，饿了么蜂鸟配送的薪酬体系也迎来了前所未有的升级。不再是传统的“一刀切”模式，而是根据骑手的实际表现与数据反馈，动态调整薪酬结构，真正实现了“多劳多得，优劳优得”。

1. 定制化薪酬方案，激发骑手潜能

饿了么平台将骑手按照游戏段位的划分方式，分为青铜、白银、黄金、铂金、钻石、王者六个等级。等级越高，不仅意味着更高的荣誉，更代表着更丰厚的收入。骑手的薪水由业绩提成、订单补贴、好评奖励及冲单奖励等多部分组成，每一部分都与骑手的等级、单量、服务质量等紧密相关。

以业绩提成为例，600单以下按7元/单计算，超过600单的部分则提升至8元/单。这样的设计既鼓励骑手多劳多得，又避免了单一计件导致的疲劳战。此外，订单补贴则根据重量、距离、天气等因素动态调整，确保骑手在不同条件下的付出都能得到相应的回报。

2. 透明化管理，增强骑手信任

数字化薪酬体系的另一大亮点在于其高度透明化。骑手们可以通过专属App实时查看自己的订单数量、收入情况、等级变化等关键信息。这种即时反馈机制不仅让骑手对自己的工作成果一目了然，更增强了他们对公司的信任与归属感。“现在我每天都会看看自己的收入，心里特别有底。”一位新晋的“白银骑手”兴奋地说。

3. 个性化激励，促进骑手成长

饿了么还针对不同等级的骑手制定了个性化的激励措施。对于新手骑手，公司提供丰富的在线培训课程和实战指导，帮助他们快速融入团队并提升技能；对于表现优异的骑手，则有机会获得晋升机会或参加高端培训项目，进一步提升自己的职业素养和收入水平。这种个性化的激励方式不仅激发了骑手的积极性和创造力，更为他们的职业发展铺平了道路。

三、数字化背后的故事：挑战与机遇并存

然而，任何一场变革都不可能一帆风顺。饿了么蜂鸟配送在推进数字化薪酬体系的过程中也遇到了不少挑战。

1. 技术难题：从理论到实践的跨越

方舟系统的研发与部署并非易事。团队需要克服大数据处理、机器学习算法优化、实时定位精度提升等一系列技术难题。为了确保系统的稳定性和准确性，研发团队进行了无数次的测试与调整，不断优化算法模型和系统界面。“那段时间我们几乎天天加班到深夜，但看到系统上线后骑手们的工作效率显著提升，一切努力都值了。”一位研发人员感慨地说。

2. 员工抵触：习惯的力量不容忽视

尽管数字化薪酬体系带来了诸多好处，但初期仍有不少骑手对此表示抵触。他们习惯了传统的工作方式和薪酬模式，对新技术和新规则持观望甚至怀疑态度。“刚开始的时候，很多骑手都担心自己的收入会减少或者不稳定。”何胜胜回忆道。为了消除骑手的顾虑，饿了么采取了多种措施：加强培训宣传、设置过渡期、及时调整优化等。随着时间的推移和效果的显现，越来越多的骑手开始接受并认可这一体系。

3. 市场竞争：不断创新才能立于不败之地

外卖配送领域的竞争日益激烈，美团、达达等竞争对手也在积极布局数字化战略。饿了么深知只有不断创新才能保持领先地位。因此，在数字化薪酬体系的基础上，饿了么还不断探索新的业务模式和技术应用，如无人配送车、智能保温箱等创新产品和技术解决方案的出现不仅提升了配送效率和服务质量更增强了企业的核心竞争力。

四、从“青铜骑手”到“数据王者”的蜕变之路

随着数字化薪酬体系的深入实施和推广，越来越多的骑手在饿了么蜂鸟配送平台上实现了从“青铜骑手”到“数据王者”的蜕变之路。他们不仅收入稳步增长更在职业发展和个人成长方面取得了显著进步。

李明（化名）：一位曾经的“青铜骑手”，在加入饿了么后不久便凭借出色的表现迅速晋升为“黄金骑手”。他积极参与公司组织的各类培训活动，不断提升自己的业务能力和服务水平。如今他不仅收入可观，更成为站点内的小有名气的“明星骑手”，经常受邀分享自己的经验和心得。

王丽（化名）：一位来自农村的女骑手起初对这份工作充满了不确定和担忧。但在饿了么数字化薪酬体系的激励下她逐渐找到了自信和动力。通过不懈努力，她不仅收入稳定还获得了公司的表彰和奖励。更重要的是她在这里结识了一群志同道合的朋友，共同为美好的生活而奋斗。

他们的故事是饿了么蜂鸟配送数字化薪酬革命背景下的一个缩影，也是无数外卖骑手在都市中奋斗与成长的真实写照。

五、展望未来：数字化薪酬的无限可能

展望未来，饿了么蜂鸟配送将继续深化数字化薪酬体系的创新与应用，不断探索新的业务模式和技术解决方案，以更好地服务于骑手和用户，推动整个外卖配送行业的健康发展。

1. 持续优化算法模型提升系统智能化程度

随着技术的不断进步和应用场景的不断拓展饿了么将不断优化方舟系统的算法模型，提升其智能化程度和自适应能力。更加精准的数据分析和预测系统将为骑手提供更加科学合理的订单分配方案，进一步提升配送效率和服务质量。

2. 加强与骑手的沟通与互动　构建更加和谐的企业文化

饿了么深知骑手是企业宝贵的财富也是推动企业发展的重要力量。因此公司将进一步加强与骑手的沟通与互动，了解他们的需求和期望，为他们提供更加贴心和周到的服务。同时通过开展丰富多彩的企业文化活动增强骑手的归属感和凝聚力，构建更加和谐的企业氛围。

3. 拓展应用场景　推动外卖配送行业的数字化转型

饿了么不仅关注自身的数字化转型，更致力于推动整个外卖配送行业的数字化转型进程。未来公司将不断拓展方舟系统的应用场景，将其应用于更多领域如生鲜配送、同城快递等，通过技术创新和模式创新为行业注入新的活力和动力，推动整个行业的持续健康发展。

问题：

1. 数字化薪酬体系对外卖骑手的工作积极性和忠诚度有何影响？饿了么应如何进一步优化薪酬结构以提升骑手的满意度和幸福感？

2. 在数字化时代，企业如何平衡技术创新与人文关怀，确保员工既能享受技术带来的便利又能感受到企业的温暖？

【本章内容小结】

本章系统性地探讨了数字化绩效与薪酬管理的核心议题。在数字化绩效管理部分，定义了数字化绩效管理的内涵，阐述了数字化绩效管理的基本框架、实施步骤、评估工具与技术等；在数字化薪酬管理部分，明确了数字化薪酬管理的定义及作用，对比分析了传统薪酬管理与数字化薪酬管理的差异，同时介绍了数字化薪酬管理工具与技术，包括薪酬管理软件与平台、人工智能在薪酬管理中的应用等。最后，探讨了数字化绩效与薪酬管理的挑战与应对策略。本章内容为企业实施数字化绩效与薪酬管理提供了全面的理论指导与实践参考，有助于企业在数字化转型浪潮中把握先机，实现人力资源管理的现代化与高效化。

【讨论思考题】

1. 数字化绩效管理与传统绩效管理在管理理念、评估准确性、效率灵活性及员工体验等方面有哪些主要区别？这些区别如何影响企业的绩效管理水平？

2. 数字化薪酬管理在提升管理效率、数据透明度、薪酬策略优化及个性化激励方面有哪些显著优势？同时面临哪些潜在不足？企业应采取哪些策略来克服这些不足，以更好地实施数字化薪酬管理？

第六章 数字化员工关系管理

【本章学习目标】

目标 1：掌握数字化员工关系管理的定义、目标和流程。

目标 2：熟悉数字化沟通与协作工具及其在企业中的应用。

目标 3：理解数字化技术在员工参与、满意度、福利与关怀管理中的应用及其实践效果。

随着信息技术的迅猛发展，数字化已经渗透到企业管理的各个层面，员工关系管理也不例外。在传统的员工关系管理中，企业往往依赖于面对面的沟通、纸质文件的传递以及手工的数据分析等方式来与员工进行互动和管理员工。然而，这些传统的方式在数字化时代无法满足企业对高效、精准和个性化管理的需求。在数字化时代，员工关系管理的目标已经不仅仅局限于维护基本的雇佣关系和工作秩序，而是更加注重激发员工的潜能、提升员工的满意度和忠诚度，以及促进企业的可持续发展。为了实现这些目标，企业需要借助数字化技术的力量，对传统的员工关系管理模式进行创新和重塑。数字化技术对员工关系的影响是全方位的。它改变了企业与员工之间的沟通方式，使得信息传递更加迅速、透明和全面。通过数字化平台，企业可以实时了解员工的工作状态、需求和反馈，及时作出调整和优化。同时，数字化技术也为企业提供了更加丰富的数据来源和分析工具，帮助企业更加深入地了解员工的行为和偏好，制定更加科学、个性化的管理策略。

然而，数字化员工关系管理的实施并非一帆风顺。企业在享受数字化带来的便利和效率的同时，也需要面对数据隐私、法律合规、员工监控等伦理和法律问题的挑战。如何在保障员工权益和尊重员工隐私的前提下，有效地利用数字化技术进行员工关系管理，是企业需要深思和解决的问题。因此，企业需要紧跟时代的步伐，不断创新和完善员工关系管理模式和方法，以适应数字化时代的需求和发展。

本章将深入探讨数字化员工关系管理的各个方面，包括其定义、目标、流程以及数字化技术对员工关系的影响等。同时，本章还将介绍数字化沟通与协作工具、数字化员工参与与满意度管理、数字化员工福利与关怀以及数字化员工关系管理的法律与伦理问题等内容。希望通过本章的学习，同学们能够对数字化时代的员工关系管理有一个全面而深入的了解，并能够在实践中有效地运用所学知识来提升企业员工关系管理的水平和效果。

第一节　数字化员工关系管理概述

一、员工关系管理的定义、目标和流程

（一）员工关系管理的定义

员工关系管理（Employee Relations Management，ERM）作为企业人力资源管理体系中的重要组成部分，其定义和内涵随着理论与实践的发展不断丰富和完善。从广义层面看，员工关系管理是指在企业内部，各级管理人员与人力资源职能管理人员通过制定和实施一系列人力资源政策、管理行为及其他沟通手段，调节企业与员工、员工与员工之间的相互关系，旨在实现组织目标的同时，确保为员工及社会创造增值的过程。这一过程不仅关注员工个体的工作满意度和职业发展，还强调构建和谐的劳动关系，促进组织的整体效能提升。

从狭义视角出发，员工关系管理更侧重于企业与员工之间的沟通管理，采用柔性的、激励性的、非强制性的手段，以提升员工满意度和实现组织其他管理目标。其核心职责在于协调员工与管理者、员工与员工之间的关系，营造积极向上的工作环境，使员工在心理上获得满足感，进而提高其工作意愿和积极性，保障企业战略和目标的有效执行。员工关系管理直接影响员工的行为态度、工作效率和执行能力，是企业管理者不可忽视的关键领域。

在数字化时代，员工关系管理进一步演化为数字化员工关系管理，它利用数字技术和工具来优化和提升员工关系管理的效率和效果。数字化员工关系管理不仅关注技术的应用，更强调在数字化环境中如何有效地管理和维护员工关系，确保员工满意度、工作积极性和组织承诺。

（二）员工关系管理的目标

1. 提升员工满意度与忠诚度

高满意度和忠诚度是员工积极投入工作的基础。企业通过关注员工需求，提供个性化的职业发展机会，创造公平、公正的工作环境，并建立有效的沟通机制，可以增强员工的归属感和忠诚度，进而提升他们的工作效率和创造力。

2. 构建和谐稳定的劳动关系

劳动关系的和谐稳定是企业持续发展的基石。员工关系管理致力于遵循相关法律法规，保障员工权益，同时注重与员工的沟通与交流，及时解决劳动纠纷，防止矛盾激

化。通过制定完善的劳动合同管理制度和劳动争议处理机制，企业可以确保劳动关系的和谐稳定。

3. 促进员工与组织的共同发展

员工关系管理不仅关注员工的个体发展，还将员工的发展与企业的战略目标相结合。通过提供系统的培训和发展机会，鼓励员工参与企业决策，企业可以帮助员工实现个人价值的最大化，同时促进企业的持续发展和创新。当员工感受到自己的发展与企业的发展紧密相连时，他们会更愿意为企业的长远目标付出努力。

4. 提升组织效能和市场竞争力

员工关系管理的有效实施可以优化人力资源配置，提高员工的工作效率和团队协作能力。制定公平合理的绩效考核制度，激励员工积极投入工作，同时注重团队建设和跨部门沟通，促进组织内部的协同合作，从而提升组织的整体效能和市场竞争力。

（三）员工关系管理的流程

1. 员工需求分析

作为员工关系管理的起点，企业需要通过问卷调查、面谈等方式，全面了解员工的需求与期望。这一步骤有助于企业识别员工关注的重点问题，为后续制定针对性的管理策略提供依据。例如，企业可以设计包含工作环境、薪酬福利、职业发展等方面的问卷，对员工进行全面调查。

2. 制定员工关系管理策略

基于员工需求分析的结果，企业需要制定具体的员工关系管理策略。这些策略应涵盖员工沟通机制、职业发展机会、薪酬福利体系、劳动关系管理等多个方面，以确保员工关系的全面和谐发展。例如，企业可以制定员工沟通政策，规定定期与员工进行面谈，听取他们的意见和建议。

3. 实施与监控

制定好员工关系管理策略后，企业需要将其付诸实践，并通过持续的监控和评估，确保策略的有效执行。这一过程中，企业应关注员工反馈，及时调整策略，以适应不断变化的内外部环境。例如，企业可以建立员工关系管理系统，用于跟踪和记录员工关系的发展状况。

4. 评估与改进

员工关系管理的最后一步是评估与改进。企业需要定期评估员工关系管理的成效，识别存在的问题与不足，并在此基础上进行改进。通过不断地循环迭代，企业可以不断提升员工关系管理的水平，为企业的长期发展奠定坚实基础。例如，企业可以每年进行一次员工关系管理评估，对各项策略的执行情况进行回顾和总结。

二、数字化技术对员工关系的影响

数字化技术不仅改变了传统的员工沟通方式，还优化了员工服务体验，增强了企业的数据分析能力，并促进了员工的参与和团队协作。

（一）提升沟通效率与打破时空限制

数字化技术为员工与企业之间的沟通提供了新的渠道和工具，显著提升了沟通效率。通过电子邮件、企业社交平台、即时通信软件等数字化沟通方式，员工可以更加便捷地与企业管理层进行交流和反馈。这种即时性和便捷性不仅加快了信息传递的速度，还有助于减少沟通中的误解和歧义，提高沟通的准确性和有效性。此外，数字化沟通方式打破了传统沟通方式的时空限制。员工可以随时随地通过移动设备与企业保持联系，无论是在家中、在旅途中还是在其他工作场所，都能够及时获取企业信息，参与企业讨论，提高了工作的灵活性和响应速度。这种无时空限制的沟通方式不仅增强了员工的参与感和归属感，还有助于提升企业的整体运营效率和竞争力。

（二）优化员工服务与提升满意度

数字化技术使企业能够为员工提供更加个性化的服务，从而优化员工服务体验。通过人力资源管理系统（HRMS）等数字化平台，企业可以为员工提供在线培训、职业规划、薪酬福利查询等一站式服务。员工可以随时随地访问这些平台，获取所需的信息和资源，提高了服务的便捷性和可及性。此外，数字化技术还使企业能够根据员工的需求和偏好，提供定制化的服务。例如，通过数据分析，企业可以了解员工对培训内容、职业发展路径、薪酬福利等方面的具体期望，并据此调整和改进服务。这种个性化的服务不仅满足了员工的多样化需求，还有助于提高员工的工作满意度和忠诚度。

（三）增强数据分析能力与精准管理

数字化技术使企业能够更加深入地了解员工的需求和行为，从而增强数据分析能力。通过收集和分析员工的数据，企业可以识别员工的关注点、问题和潜在需求，制定更加具有针对性的员工关系管理策略。例如，通过员工满意度调查数据的分析，企业可以发现员工对薪酬福利、职业发展、工作环境等方面的具体期望和不满点，并据此进行调整和改进。此外，数字化技术还可以帮助企业预测员工的行为和趋势。通过机器学习和人工智能算法，企业可以对员工数据进行深度挖掘和分析，发现员工行为的规律和模式。这有助于企业提前识别潜在的员工关系问题，并采取相应的预防措施，避免问题的发生和扩大。

（四）促进员工参与和团队协作

数字化技术为员工参与企业决策和团队协作提供了新的平台。通过企业社交平台、在线协作工具等数字化平台，员工可以更加便捷地参与企业讨论、分享经验和知识，从而增强团队的凝聚力和协作能力。这种数字化的参与和协作方式不仅打破了传统团队协作的时空限制，还提高了团队协作的效率和效果。例如，一些企业利用企业社交平台，如钉钉、企业微信等，建立了员工交流群组，鼓励员工分享工作经验、提出创新想法，甚至参与企业决策。这不仅增强了员工的归属感和参与感，还为企业带来了更多的创新思路和解决方案。此外，数字化技术还可以促进员工的创新和发展。通过数字化平台，员工可以更加便捷地获取行业资讯、学习新知识和技能，并与同行进行交流和分享。这有助于激发员工的创新思维和学习动力，促进企业的创新和发展。

（五）提高员工关系管理的效率与效果

数字化技术还可以显著提高员工关系管理的效率和效果。通过数字化平台，企业可以更加便捷地收集和处理员工的信息和数据，减少纸质文档和人工操作的成本和时间。同时，数字化平台还可以提供自动化的流程和工具，帮助企业管理员工关系，如自动化的员工满意度调查、自动化的绩效考核等。此外，数字化技术还可以帮助企业更好地跟踪和评估员工关系管理的效果。通过数据分析和可视化工具，企业可以实时监控员工关系的状况和趋势，及时发现和解决问题。这有助于企业持续改进员工关系管理策略和实践，提高员工关系的整体水平和效果。表 6-1 是数字化技术在员工关系管理中的具体应用。

表 6-1 数字化技术在员工关系管理中的具体应用

应用领域	具体应用	效果
沟通管理	使用即时通信软件（如钉钉、企业微信）进行实时沟通，设立企业社交平台进行信息交流	提高沟通效率，打破时空限制，增强员工参与感，促进信息的快速传递和反馈，提升团队协作效率
服务管理	通过 HRMS 提供在线培训、职业规划、薪酬福利查询等服务，实现一站式员工自助服务	优化员工服务体验，提高员工满意度和忠诚度，减轻人力资源部门的工作负担，提升服务效率和员工自我管理能力
数据分析	利用数据分析工具进行员工满意度调查和分析，挖掘员工需求和潜在问题	精准识别员工需求，制定针对性的员工关系管理策略，提前预测和解决潜在问题，提升管理决策的准确性和有效性
团队协作与项目管理	使用在线协作工具（如 Trello、钉钉协作）进行项目管理和团队协作，实现任务分配和进度跟踪	提高团队协作效率，促进跨部门合作，实现任务的无缝衔接和资源的共享，提升项目执行效果，促进团队的创新和发展
效果评估与持续改进	通过数据分析和可视化工具监控员工关系管理效果，实时反馈和评估管理策略的有效性	实时发现问题，及时调整和改进员工关系管理策略，提升管理效果，增强员工的参与感和满意度，促进企业的可持续发展和竞争力提升

第二节 数字化沟通与协作工具

在数字化时代，企业内部沟通与协作的方式发生了显著变化。传统的面对面沟通和纸质文档协作模式已逐渐被数字化沟通与协作工具所取代。这些新兴的数字化工具不仅显著提高了沟通与协作的效率，还有效降低了成本，大大增强了团队协作的灵活性。

一、内部社交网络与沟通平台

内部社交网络与沟通平台，作为企业内部员工进行交流、分享信息和协作的重要工具，正逐渐成为企业数字化转型的关键组成部分。这类平台不仅具备社交网络的用户个人资料、动态发布、评论、点赞等基本功能，还结合企业实际需求，融入了任务分配、项目管理、知识管理、员工培训等多种模块，形成了一个全面、多维的企业内部沟通与协作生态系统。

内部社交网络的核心价值在于其能够打破部门壁垒，促进跨部门沟通与协作。员工可以在平台上发布工作动态、分享专业知识、提出问题并寻求帮助，这种开放式的沟通方式有助于构建一个积极向上的企业文化，提升员工之间的信任度和凝聚力。同时，平台上的数据分析功能还能帮助企业了解员工活跃度、沟通效率等关键指标，为优化内部管理提供有力的数据支持。

进一步来说，内部社交网络与沟通平台在知识管理方面也发挥着重要作用。通过平台，员工可以轻松地分享和获取专业知识，形成知识共享的文化。这种知识共享不仅有助于员工个人能力的提升，还能促进团队整体知识水平的提高，从而增强企业的竞争力。

此外，内部社交网络还具备强大的搜索功能，员工可以快速找到相关同事、项目或文档，极大提高了工作效率。平台上的数据分析功能也能帮助企业了解员工的行为模式、工作习惯等，为制定更加科学的人力资源管理策略提供数据支持。

在选择内部社交网络与沟通平台时，企业需要综合考虑多方面因素。首先，平台的易用性和用户体验是关键因素。一个易用、直观的平台能够降低员工的学习成本，提高使用意愿。其次，平台的安全性和稳定性也是不可忽视的。企业必须确保平台能够保护敏感信息不被泄漏，同时保证服务的稳定性，避免因平台故障而影响正常工作。

表 6-2 展示了不同内部社交网络与沟通平台的功能和优劣势。不同的内部社交网络与沟通平台在功能、用户规模和优劣势方面存在差异，企业在选择时应根据自身实际需求和规模进行考量，确保所选平台能够满足企业的特定需求。

表 6-2　内部社交网络与沟通平台功能对比

平台名称	用户规模	主要功能	优势	劣势
企业微信	大型	沟通、任务管理、文件共享、知识管理	高度集成微信生态，易用性强	功能相对单一，定制化程度较低
钉钉	中大型	沟通、项目管理、知识管理、员工培训	丰富的企业管理功能，高度定制化	学习成本高，界面相对复杂
Slack	中小型	沟通、文件共享、集成第三方应用、搜索功能	界面简洁、易用性强，高度集成第三方应用	安全性问题，免费版功能有限
Workplace	大型	沟通、任务管理、知识管理、员工培训、数据分析	强大的数据分析功能，高度定制化	学习成本高，需要较高的 IT 支持
Yammer	中小型	沟通、文件共享、知识管理、员工反馈	强大的员工反馈功能，有助于构建积极向上的企业文化	定制化程度较低，功能相对单一

二、项目管理与协作软件

项目管理与协作软件是数字化沟通与协作工具中的重要组成部分，它为企业提供了一个集中化的平台，用于项目规划、任务分配、进度跟踪、团队协作和知识共享，极大地提升了项目管理的效率和系统化水平。项目管理与协作软件通过整合多种功能，如甘特图、任务管理、文档共享、讨论区和报告生成等，使得项目管理更加便捷和高效。其中，甘特图作为项目进度管理的经典工具，能够帮助项目经理清晰地了解项目的整体进度和各个阶段的任务分配情况。任务管理功能则允许项目经理对任务进行详细的拆分和分配，确保每个团队成员都清楚自己的职责和任务要求。文档共享功能使得团队成员可以实时访问和编辑项目文件，确保信息的准确性和一致性。讨论区则为团队成员提供了一个实时沟通和协作的平台，他们可以在这里分享想法、讨论问题、提出解决方案，从而大大提升工作效率和团队凝聚力。

除了上述基本功能外，项目管理与协作软件还具备一些高级特性，如自定义字段、版本控制和集成 API 等。自定义字段允许企业根据项目的特定需求，添加额外的信息字段，如任务优先级、关联风险等，以便更好地跟踪和管理项目。版本控制功能则能够记录文件的修改历史，防止信息丢失和冲突，确保团队成员之间的协作顺畅无阻。集成 API 则允许企业将项目管理与协作软件与其他业务系统进行集成，如 CRM 系统、财务系统等，从而实现数据的共享和业务的协同。

项目管理与协作软件的核心优势在于其能够提供实时的项目进度跟踪和团队协作功能。项目经理可以实时查看项目状态，包括任务完成情况、资源分配和潜在风险，从而做出及时的调整和优化。这种实时性对于项目管理来说至关重要，它可以帮助项目经理及时发现并解决问题，确保项目能够按照计划顺利进行。同时，团队成员可以在软件上进行实时沟通和协作，分享文件、讨论问题、提出解决方案，大大提高了工作效率和团队凝聚力。这种协作方式不仅打破了地域和时间的限制，还使得团队成员之间的信息交流和知识共享变得更加便捷和高效。

在选择项目管理与协作软件时，企业需要综合考虑多个因素。首先，软件的易用性和用户体验是关键因素。一个直观、易用的界面能够降低员工的学习成本，增加使用意愿。如果软件的操作过于复杂或者界面设计不合理，那么员工在使用过程中可能会遇到很多困难，从而影响工作效率和团队协作效果。其次，软件的定制化程度也是重要的考量因素。不同的企业有不同的项目管理需求和流程，软件需要具备足够的灵活性，以适应企业的特定需求。如果软件无法满足企业的定制化需求，那么企业在使用过程中可能会遇到很多限制和不便。

除了基本功能和用户体验外，项目管理与协作软件的安全性也是不可忽视的。企业必须确保软件能够保护敏感信息不被泄漏，同时保证服务的稳定性，避免因软件故障而影响项目的正常进行。在安全性方面，企业需要关注软件的加密技术、访问控制机制以及数据备份和恢复策略等。只有确保软件的安全性，企业才能放心地使用它进行项目管理和团队协作。

表 6-3 展示了不同项目管理与协作软件的功能和优势，不同的项目管理与协作软件在功能、优势和劣势方面存在差异。企业在选择时应根据自身实际需求和项目规模进行考量，确保所选软件能够满足企业的特定需求。

表 6-3　项目管理与协作软件功能对比

软件名称	主要功能	优势	劣势
Jira	项目规划、任务管理、进度跟踪、报告生成	强大的定制化功能，适用于复杂项目管理	学习成本高，界面相对复杂
Trello	任务管理、文档共享、团队协作、卡片式界面	界面简洁易用，适合小型项目和团队协作	功能相对单一，对于大型项目可能不够灵活
Microsoft Project	项目规划、资源分配、进度跟踪、甘特图	与 Microsoft Office 集成，功能全面	价格较高，学习成本高
Asana	任务管理、项目规划、团队协作、日历视图	易于使用，提供多种视图和报告功能	对于复杂项目可能不够灵活，定制化程度有限
Basecamp	项目规划、任务管理、文档共享、讨论区	简洁易用，提供全面的项目管理功能	对于大型项目可能不够灵活，定制化程度有限

三、实时沟通工具的应用

实时沟通工具作为数字化沟通与协作的重要组成部分，在现代企业中的应用日益广泛。这类工具通过提供即时通信、在线会议、屏幕共享、文件传输以及多种集成功能，极大地改变了企业的沟通方式和协作模式，提高了工作效率和沟通效果。实时沟通工具的核心优势在于其即时性和便捷性。通过这类工具，团队成员可以随时随地发送消息、进行语音或视频通话，甚至共享屏幕进行在线协作和演示。这种即时的沟通方式有助于团队成员之间更快速、更准确地传递信息，避免信息的延误或误解，从而提高团队协作的效率和准确性。

以知名实时沟通工具——Slack 为例，该工具提供了丰富的功能，包括即时通信、在线会议、屏幕共享、文件传输以及与项目管理软件的集成等。团队成员可以通过 Slack 实时发送消息，进行一对一或群组的沟通。同时，Slack 还支持在线会议功能，允许团队成员进行视频或音频通话，无须面对面即可进行高效的沟通与协作。屏幕共享功能则使得团队成员可以共享屏幕，进行在线演示或协作编辑文档，进一步提高团队协作效率。此外，Slack 还支持文件传输功能，方便团队成员之间共享和传输文件。这一功能对于需要频繁交换文件或资料的团队来说尤为重要，可以大大提高工作效率。同时，Slack 还与多种项目管理软件进行了集成，如 Trello、Asana 等，使得团队成员可以在 Slack 中直接查看项目进度、分配任务等，进一步提高了团队协作的便捷性和效率。

实时沟通工具的应用不仅提高了企业的沟通效率，还对企业的团队协作和项目管理产生了积极的影响。研究表明，实时沟通工具的使用可以显著提高企业的团队协作效率和项目管理效果。一项针对多家企业的调查显示，使用实时沟通工具后，企业的团队协作效率提高了约 30%，项目管理效果也得到了显著提升。实时沟通工具的应用不仅限于企业内部，还可以扩展到企业与外部合作伙伴或客户之间的沟通与协作。通过实时沟通工具，企业可以与外部合作伙伴或客户进行实时的沟通和协作，共享信息和文件，从而提高工作效率和合作效果。这一应用对于需要与外部合作伙伴或客户进行频繁沟通和协作的企业来说尤为重要。

如表 6-4 所示，不同的实时沟通工具在功能、优劣势方面存在差异。企业在选择时应根据实际需求、团队规模和预算进行考量。

表 6-4 实时沟通工具功能对比

工具名称	主要功能	优势	劣势
腾讯会议	在线会议、屏幕共享、录制会议、虚拟背景、实时互动	1. 提供高清稳定的视频通话； 2. 支持大规模会议，适合企业使用； 3. 丰富的虚拟背景和功能	1. 需要注册和登录才能使用全部功能； 2. 免费版本功能有限，如会议时长和参会人数限制
Slack	实时通信、在线会议、文件传输、与项目管理软件集成	1. 提供丰富的沟通方式，包括文本、语音、视频等； 2. 支持跨平台使用，方便团队成员随时沟通； 3. 与多种项目管理软件集成，提高工作效率	1. 可能产生沟通疲劳或信息过载，需要良好的团队管理； 2. 存在安全风险或隐私问题，需要采取相应的安全措施
Zoom	在线会议、屏幕共享、录制会议、虚拟背景、实时互动	1. 提供高清视频通话和稳定的连接； 2. 支持大规模会议，适合国际会议和远程教育； 3. 丰富的虚拟背景和功能，提升会议体验	1. 免费版本功能有限，如会议时长和参会人数限制； 2. 近期安全问题频发，需要关注并采取相应的安全措施
Teams	实时通信、在线会议、文件共享、任务管理、与 Office 365 集成	1. 集成 Office 365 套件，方便文档协作和共享； 2. 支持大规模团队协作，适合企业级使用； 3. 提供丰富的任务管理功能，提高工作效率	1. 界面可能较为复杂，需要一定的学习成本； 2. 对于小型团队或个人用户可能过于复杂，功能冗余

第三节 数字化员工参与和满意度管理

一、数字化员工参与度调查

在数字化时代，员工的参与度成为衡量企业成功与否的关键因素之一。数字化员工参与度调查不仅提高了数据收集的效率，还确保了信息的准确性和完整性，为管理层提供了科学决策的依据。

1. 数字化调查工具的应用

数字化调查工具，如在线问卷系统、AI 聊天机器人等，极大地简化了传统纸质问卷或面对面访谈的烦琐流程。这些工具支持大规模、快速的数据收集，同时能够自动分析数据，生成直观的图表和报告。例如，通过在线问卷系统，企业可以设计涵盖工作环境、福利待遇、职业发展、工作压力等多维度的问卷，确保问题设计得简洁明了，便于员工理解和回答。

数字化调查工具的优势不仅在于其高效的数据收集能力，还在于其提供的数据分析功能。这些工具能够实时分析员工反馈，帮助管理层快速识别员工参与度的关键问题和趋势。此外，数字化调查工具还支持数据的可视化呈现，如图表、报告等，使得管理层能够更直观地了解员工参与度的整体情况。

图 6-1 展示了数字化调查工具生成的一份员工参与度报告。通过饼图、柱状图等形式，报告直观地展示了员工在各维度的参与情况，便于管理层快速把握整体趋势和关键问题。

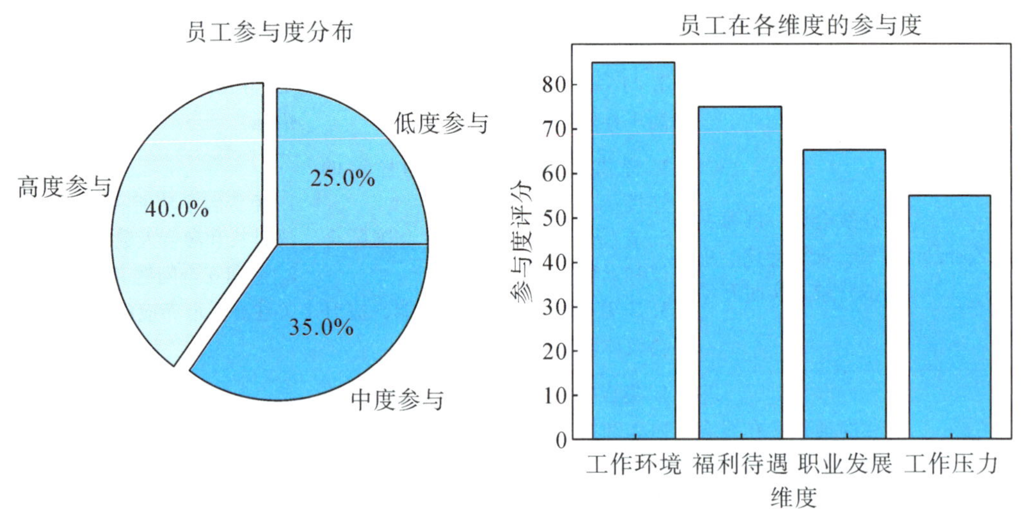

图 6-1　员工参与度报告

2. 实时反馈机制与员工参与度的提升

数字化调查不仅限于定期的满意度调查，还支持实时的反馈收集。通过 AI 聊天机器人或企业内部社交平台，员工可以随时提出意见和建议，管理层也能及时响应并作出调整。这种即时反馈机制有助于建立更加开放和透明的企业文化，增强员工的归属感和参与度。

实时反馈机制的优势在于其能够及时捕捉员工的意见和建议，避免问题的积压和恶化。通过即时反馈，管理层可以迅速了解员工的需求和关切，并采取相应的措施进行改进。这种机制不仅提高了员工的满意度和参与度，还增强了员工对企业的信任和忠诚。

3. 数据分析与个性化管理策略

收集到的员工参与数据需要通过先进的数据分析技术进行处理，以发现潜在的问题和趋势。AI 系统可以通过聚类分析、关联规则挖掘等方法，识别出哪些方面的问题最为普遍和严重，为管理层提供有针对性的解决方案。此外，基于员工个人特征（如年龄、性别、职位等）的个性化分析，可以为企业实施差异化管理策略提供支持。

数据分析在员工参与度调查中的应用不仅限于问题的识别和解决，还可以用于预测和规划。通过对历史数据的分析和建模，企业可以预测未来员工参与度的变化趋势，并制定相应的管理策略进行应对。这种预测和规划能力有助于企业提前识别潜在的问题和风险，并采取相应的措施进行预防和干预。

4. 数字化员工参与度调查的实施步骤

数字化员工参与度调查的实施可以分为以下几个步骤：

（1）确定调查目标和范围。明确调查的目的和范围，确定需要收集的数据和指标。

（2）设计调查问卷。根据调查目标和范围，设计合理的调查问卷，确保问题设计得简洁明了，便于员工理解和回答。

（3）选择数字化调查工具。根据企业需求和预算，选择适合的数字化调查工具，如在线问卷系统、AI 聊天机器人等。

（4）实施调查。通过数字化调查工具进行数据的收集和分析，确保数据的准确性和完整性。

（5）生成报告和制订改进计划。根据调查结果生成报告，识别关键问题和趋势，并制订相应的改进计划。

（6）反馈和改进。将调查结果和改进计划反馈给员工和管理层，并根据反馈进行相应的调整和改进。

【案例】

腾讯公司，作为中国的互联网巨头，近年来在提升员工满意度和参与度方面取得了显著成效。这得益于其创新实施的数字化员工参与度调查。

调查之初，腾讯明确了目标和范围，涵盖了工作环境、福利待遇、职业发展等多个关键方面，确保调查的全面性和针对性。为了确保调查的科学性和有效性，腾讯设计了一份结构合理、问题明确的调查问卷，并通过先进的在线问卷系统进行数据的收集。通过对收集到的数据进行深入分析，腾讯成功识别了员工参与度的关键问题和趋势，如某些部门的工作压力大、员工职业发展路径不够清晰等。针对这些问题，腾讯制定了详细的改进计划，包括优化工作流程、提供更多的职业发展机会和福利待遇的调整。改进计划实施后，腾讯的员工满意度和参与度得到了显著提升。员工们感受到了公司的关怀和重视，工作积极性提高，创造力也随之增强。这一数字化员工参与度调查的成功实践，不仅为腾讯带来了更加稳定和高效的团队，也为其他企业提供了宝贵的借鉴经验。腾讯的成功案例证明，数字化员工参与度调查是提升员工满意度和参与度的有效途径，值得更多企业借鉴和推广。

二、员工满意度与敬业度的数字化管理

员工满意度与敬业度是企业持续发展的重要基石。通过数字化手段对员工满意度和敬业度进行管理，可以更加精准地识别员工需求，提升管理效能。

（一）满意度与敬业度指标的量化

为了有效管理员工满意度和敬业度，首先需要将其量化为可衡量的指标。这一过程涉及将员工的主观感受转化为客观数据，以便进行更精准的分析和管理。

在量化员工满意度时，可以考虑多个维度，如工作环境、福利待遇、职业发展、团队合作等。每个维度下都可以设置具体的指标，如工作环境的舒适度、薪酬福利的竞争力、晋升机会的公平性、团队合作的顺畅度等。通过定期的调查和评估，企业可以收集员工对这些指标的主观评价，并将其转化为满意度得分。例如，可以采用五分制或百分制来对每个指标进行评分，其中五分制中的 5 分表示“非常满意”，1 分表示“非常不满意”，百分制中的 100 分表示“非常满意”，0 分表示“非常不满意”。

同样地，员工敬业度也可以量化为具体的指标。例如，可以衡量员工的工作投入程度、对公司的忠诚度、对工作的热情等。这些指标可以通过员工的行为表现、工作成果以及态度调查等方式进行量化评估。比如，可以采用员工自我评估、同事评价和上级评价相结合的方式，对员工的工作投入程度和忠诚度进行评分。

在量化员工满意度和敬业度指标的过程中，企业需要借助一些有效的工具和方法。例如，可以利用在线调查系统收集员工的反馈数据，通过数据分析工具对数据进行整理和分析，生成满意度和敬业度的得分和报告。这些工具和方法的运用可以提高数据收集的准确性和时效性，为后续的管理决策提供更可靠的依据。

在这一方面，一些先进的企业已经取得了显著的成果。例如，谷歌公司就通过其内部的员工满意度调查系统，定期收集员工对工作环境、福利待遇、职业发展等方面的反馈，并将其量化为具体的满意度得分。这种量化管理的方式使得谷歌能够更加精准地了解员工的需求和期望，从而制定更有效的管理策略来提高员工的满意度和敬业度。

（二）数字化管理平台的建设

基于量化指标，企业可以建立员工满意度与敬业度的数字化管理平台。该平台集成数据采集、分析、报告生成等功能于一体，支持管理层实时监控员工满意度和敬业度的变化情况，并作出相应的调整和优化。例如，通过平台可以定期发布满意度调查报告，分析员工满意度和敬业度的变化趋势，识别关键影响因素，并制定相应的改进措施。

数字化管理平台应具备以下核心功能：

1. 数据收集与整合

平台应能够方便地收集员工通过各种渠道（如在线调查、社交媒体、内部论坛等）提供的反馈数据，并将其整合到一个统一的数据库中。这样可以确保数据的全面性和一致性，为后续的分析提供可靠的基础。

2. 数据分析与可视化

平台应提供强大的数据分析工具，能够对收集到的数据进行深入分析，并生成易于理解的可视化报告。这些报告应能够揭示员工满意度和敬业度的关键问题和趋势，帮助管理层快速识别需要改进的领域。

3. 实时反馈与预警

平台应能够实时跟踪员工满意度和敬业度的变化，并在发现潜在问题时及时发出预警信号。这样，管理层可以迅速采取措施，防止问题进一步恶化，从而维护员工的满意度和敬业度。

4. 个性化管理与激励

基于数据分析，平台应能够为每位员工提供个性化的关怀和发展计划，以及定制化的激励措施。这样可以更好地满足员工的多样化需求，提高他们的满意度和敬业度。

（三）个性化激励与辅导

在数字化管理员工满意度和敬业度的过程中，个性化激励与辅导是至关重要的一环。数字化管理平台还可以支持个性化激励与辅导策略的实施。通过深入了解每位员工的独特需求和期望，企业可以制订更加精准的激励措施和辅导计划，以提高员工的满意度和敬业度。

个性化激励方面，企业可以根据员工的绩效表现、职业发展需求以及个人兴趣爱好等因素，为其量身定制激励方案。例如，对于绩效优秀的员工，企业可以提供更具吸引力的薪酬福利、晋升机会或专业培训等激励措施；对于希望进一步拓展职业领域的员工，企业可以为其提供跨部门的学习机会或导师制度，以帮助其实现职业发展目标。

在个性化辅导方面，企业可以利用数字化管理平台收集的员工反馈数据，识别员工在职业发展、团队合作或个人成长等方面可能遇到的问题或挑战。随后，企业可以为每位员工制订个性化的辅导计划，提供针对性的建议和支持。例如，对于在团队合作方面遇到困难的员工，企业可以安排专业的团队建设活动或提供沟通技巧培训；对于希望提升个人技能的员工，企业可以为其提供在线学习资源或外部培训机会。

【案例】

近年来，谷歌公司一直致力于提升员工的满意度和敬业度，为此引入了先进的数字化管理平台——Workplace Analytics。该平台不仅具备用户友好的界面，还拥有强大的数据分析功能，能够实时为管理层提供员工满意度和敬业度的关键数据。在实施过程中，谷歌公司将员工满意度和敬业度量化为多个具体指标，并通过定期的调查和评估来收集员工的主观评价。这些数据被输入到 Workplace Analytics 平台中，进行深入的分析和挖掘，从而揭示出关键问题和趋势。基于平台的分析结果，谷歌公司为每位员工量身定制了个性化的激励措施和辅导计划。这些计划涵盖了定制化的薪酬福利、晋升机会、专业培训等多个方面，旨在满足员工的不同需求和期望。同时，针对员工在职业发展、团队合作或个人成长等方面遇到的问题，谷歌也提供了针对性的辅导和支持。

通过实施数字化管理策略，谷歌公司取得了显著的成效。员工的整体满意度和敬业度得到了大幅提升，特别是在工作环境、福利待遇和职业发展方面，员工的满意度提高尤为明显。这不仅有助于激发员工的工作热情和忠诚度，还进一步提高了团队的整体绩效和创新能力。同时，数字化管理也极大地提高了谷歌公司的管理效率。通过 Workplace Analytics 平台的数据分析和可视化功能，管理层能够更加科学地识别员工需求和问题，并制定更加精准的改进措施。这不仅减少了不必要的人力和时间成本，还为公司的持续发展提供了有力的支持。此外，谷歌公司还成功营造了一个更加开放、包容和关爱的企业文化氛围。员工之间的沟通更加顺畅，团队合作更加紧密，这进一步增强了企业的整体竞争力和员工的归属感。

第四节　数字化员工福利与关怀

一、数字化福利管理平台

随着信息技术的快速发展和企业管理模式的不断创新，数字化福利管理平台逐渐成为企业提升员工福利管理效率与质量的重要工具。数字化福利管理平台利用云计算、大数据、人工智能等先进技术，实现了福利政策的快速传达、员工需求的即时反馈以及福利数据的实时分析，为企业和员工之间搭建了一座高效沟通的桥梁。

（一）数字化福利管理平台的功能

数字化福利管理平台通过整合多种福利资源，为企业提供一站式、个性化的福利解决方案。

1. 个性化福利定制

平台能够基于员工的需求和偏好，提供定制化的福利选项。通过数据分析，企业可以深入了解员工的福利需求，为其量身定制福利方案，增强员工的满意度和归属感。

2. 福利透明化管理

数字化平台为员工提供了清晰的福利信息和规定，减少了误解和疑虑。员工可以随时查看自己的福利详情，包括积分余额、可兑换商品、已领取福利等，提高了福利使用的透明度和效率。

3. 便捷高效的福利申请与兑换

员工可以通过数字化平台随时随地访问福利信息，并在线申请和兑换福利。这不仅简化了烦琐的纸质流程，还提高了福利使用的便捷性和效率。

4. 实时沟通与反馈机制

平台促进了企业与员工之间的实时沟通，员工可以通过平台反馈对福利的意见和建议，企业则可以根据反馈不断优化福利政策，实现更精准的员工关怀。

5. 数据驱动决策

数字化福利管理平台提供了丰富的数据支持，企业可以通过数据分析了解员工对不同福利的需求和喜好，以及福利的使用情况，从而做出更加科学和有效的决策，优化福利配置。

图 6-2 展示了数字化福利管理平台的主要功能模块和流程。平台通过数据采集与分析模块了解员工需求，通过福利资源整合模块提供个性化福利选项，通过在线申请与兑换模块实现便捷高效的福利领取，最后通过实时沟通与反馈模块收集员工意见并优化福利政策。

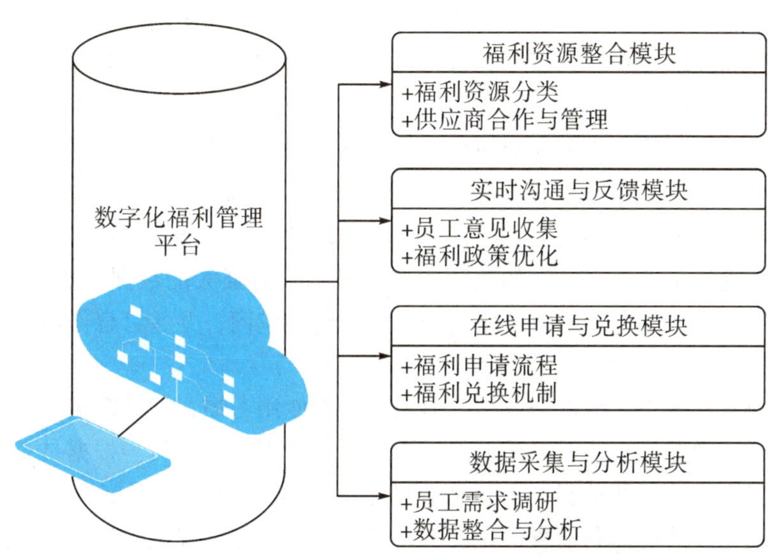

图 6-2　数字化福利管理平台的主要功能模块和流程

（二）数字化福利管理平台的优势

数字化福利管理平台相比传统福利管理模式，具有显著的优势：

1. 提高管理效率

数字化平台实现了福利政策的即时发布和更新，员工可随时查看最新政策，减少了信息传达的时间差。同时，在线提交和审批流程也大大提高了福利申请和审批的效率。

2. 增强员工参与度

员工可通过平台反馈福利需求，参与福利政策的设计和改进，增强了员工的归属感和满意度。这种参与式的管理方式也有助于激发员工的积极性和创造力。

3. 数据驱动决策

平台收集并分析员工福利数据，为管理层提供决策支持。通过数据分析，企业可以更加准确地了解员工的福利需求和偏好，制定更加符合员工实际的福利政策。

4. 降低管理成本

数字化福利管理平台通过自动化和智能化的管理方式，降低了企业福利管理的人力成本和时间成本。同时，平台还可以提供福利成本的实时监控和分析，帮助企业更好地控制福利成本。

5. 提升员工体验

数字化平台提供了便捷、高效的福利服务，员工可以随时随地查看福利政策、提交福利申请、查询审批状态等。这种良好的员工体验有助于提升员工的满意度和忠诚度。

（三）数字化福利管理平台的实施步骤

1. 明确目标与需求

首先，通过问卷调查、访谈或焦点小组讨论等方式，收集员工对于福利的具体需求和偏好，如健康保险、弹性工作时间、培训机会等。同时，结合企业战略目标，明确福利管理平台需要实现的具体目标，如提升员工福利满意度、降低福利成本、增强员工忠诚度等。基于需求分析结果，设定具体、可量化的目标，如提高员工福利满意度至 90% 以上、降低福利成本 10%等。这些目标将作为平台实施效果评估的依据。

2. 选择合适的平台供应商

广泛收集市场上数字化福利管理平台的信息，包括供应商背景、平台功能、用户评价等。通过对比分析，筛选出符合企业需求的潜在供应商。请潜在供应商进行方案演示，评估其专业能力、技术能力、运营服务水平以及定制化能力。重点考察平台是否易于集成现有系统、是否支持灵活的福利配置、是否具有强大的数据分析和报告功能等。基于评估结果，选择最合适的数字化福利管理平台供应商，并签订合作协议。

3. 定制化设计

与供应商紧密合作，根据企业品牌形象和员工使用习惯，设计简洁、易用的平台界面和操作流程。确保员工能够轻松上手，快速找到所需福利项目。根据员工需求和企业目标，配置多样化的福利项目，如健康保险、养老金计划、员工旅游、在线学习资源等。同时，设置灵活的福利套餐，让员工根据自己的实际情况进行选择。将数字化福利管理平台与企业现有的 HR 系统、财务系统等进行集成，实现数据的无缝对接和共享。减少重复录入工作，提高工作效率。

4. 培训与推广

组织专门的培训课程，向员工介绍数字化福利管理平台的功能和使用方法。通过实操演练和答疑环节，确保员工能够熟练掌握平台操作技巧。通过企业内刊、公告栏、电子邮件等多种渠道，向员工宣传数字化福利管理平台的优势和特色。鼓励员工积极参与平台使用，享受更加便捷、高效的福利服务。

5. 持续优化与迭代

利用平台的数据收集和分析功能，定期收集员工使用数据、满意度反馈等信息。通过数据分析，了解员工的使用习惯和需求变化，为平台优化提供依据。根据数据分析结果和员工反馈意见，对平台进行持续优化和迭代。增加新功能、优化现有功能、修复漏洞等，确保平台始终满足企业和员工的需求。

二、个性化福利方案的设计

员工福利与关怀已不再是简单的物质给予，还包括更加个性化和精细化的设计。个性化福利方案的设计，旨在满足不同员工群体的特定需求，从而增强员工的归属感、满意度和忠诚度。

（一）设计原则

在设计个性化福利方案时，应遵循以下几个原则：

1. 个性化原则

福利方案应根据员工的个人需求和偏好进行定制。不同年龄、性别、职位和家庭状况的员工，其需求也会有所不同。因此，企业应通过调研和数据分析，深入了解员工的真实需求，以便为他们提供更加精准的福利。

2. 公平性原则

个性化福利方案的设计应确保公平性，避免出现歧视或偏袒某一员工群体的情况。

每位员工都应有机会享受到与其贡献相匹配的福利。

3. 灵活性原则

福利方案应具有足够的灵活性，以便根据市场变化、员工需求变化以及企业发展战略的调整进行相应优化。

4. 可持续性原则

企业在设计福利方案时，应考虑到其长期性和可持续性。这意味着福利方案不仅要满足员工当前的需求，还要能够适应企业未来的发展。

（二）具体设计策略

1. 弹性福利制度

弹性福利制度允许员工在一定的福利预算内，根据自己的需求选择适合的福利项目。这些项目包括医疗保险、健康计划、家庭护理、子女教育等。通过让员工自主选择，企业能够更好地满足员工的个性化需求，并提高福利的效用。

2. 职业发展支持

企业应根据员工的职业发展规划，提供个性化的培训和发展机会。例如，为技术岗位的员工提供专业技能提升课程，为管理岗位的员工提供领导力培训和管理技能提升课程。这样的支持不仅有助于员工的个人成长，还能提高企业的整体竞争力。

3. 工作灵活性与远程办公

在数字化时代，远程办公和工作灵活性已成为许多员工的需求。企业应提供灵活的工作安排，如弹性工作时间、远程办公等，以帮助员工更好地平衡工作与生活。

4. 精神与心理健康关怀

随着工作压力的增大，员工的心理健康问题日益受到关注。企业应设立心理咨询热线、提供在线心理咨询服务，并定期组织心理健康讲座和活动，以提高员工的心理素质和抗压能力。

（三）实施与评估

个性化福利方案的实施需要跨部门协作和员工的积极参与。企业应设立专门的福利管理团队，负责方案的宣传、推广和执行。同时，建立有效的反馈机制，定期收集员工的意见和建议，以便对方案进行持续优化。

评估福利方案的效果是确保其实施成功的关键。企业可以通过员工满意度调查、离职率分析、员工绩效变化等指标来评估方案的实际效果。此外，还可以借鉴行业内的最佳实践和成功案例，不断完善自身的福利体系。

三、员工健康与心理关怀的数字化工具

在数字化时代，企业对员工福利与关怀的重视程度日益提升。员工健康与心理关怀作为其中的重要环节，已经借助多种数字化工具得到了显著的改善和优化。这些工具不仅提高了员工关怀的效率，还使得关怀更加个性化和精准。

（一）健康管理数字化：实时监测与预防

随着健康管理理念的深入人心，数字化健康管理工具已逐渐成为企业关怀员工健康的重要方式。这类工具通过智能设备如智能手环、智能手表等，实时监测员工的心率、

血压、血氧等生理指标，从而为员工提供全方位的健康数据分析与个性化建议。例如，某些高端健康管理平台能够根据员工的健康数据，智能生成个性化的运动与饮食计划，帮助员工改善生活习惯，提升健康水平。同时，这些平台还能及时发现员工的健康隐患，提供预警与就医建议，从而有效预防重大疾病的发生。研究显示，引入数字化健康管理工具后，员工的健康状况得到了显著改善，缺勤率降低，工作效率与满意度均有所提高。

（二）心理健康的数字化关怀：从测评到干预

心理健康对于员工的工作效率与创造力具有至关重要的影响。数字化心理健康辅助应用，通过提供心理测评、在线咨询、心理训练等服务，为员工打造了一个全方位的心理健康保障体系。心理测评应用能够定期为员工提供科学、客观的心理评估，帮助员工及时了解自己的心理状态；在线咨询应用则让员工能够随时随地寻求心理专家的帮助，解决心理问题；而心理训练应用则通过一系列科学设计的训练课程，帮助员工提升自我认知、情绪管理、压力应对等方面的能力。一项针对大型企业员工的调查显示，引入心理健康辅助应用后，员工的心理健康水平得到了显著提升，工作压力得到有效缓解，整体工作氛围更加和谐。

（三）综合性福利平台：一站式解决方案

除了专门的健康和心理关怀工具外，综合型员工福利平台也为企业提供了一个全面、便捷的福利解决方案。这类平台整合了多种福利资源和服务，如健康保险、员工旅游、节日福利等，让员工能够根据自身需求选择合适的福利项目。通过综合性福利平台，企业可以更加高效地管理和发放员工福利，同时员工也能更加直观地了解自己的福利情况。这种一站式的福利解决方案不仅提升了员工满意度，还增强了企业的凝聚力与向心力。

第五节　数字化员工关系管理的法律与伦理问题

在数字化时代，员工关系管理正逐步向数字化转型，这种转型为企业带来了前所未有的管理效率和便利性。与此同时，它也带来了一系列法律和伦理问题。这些问题不仅关乎员工的隐私权和数据安全，还涉及企业的合规性和社会责任。

一、数字化员工关系管理的法律问题

（一）数据保护与隐私权

在数字化员工关系管理中，数据是核心。企业借助各种信息系统、管理软件等工具收集、存储和处理大量员工数据。这些数据包括个人身份信息、教育背景、工作经历、健康状况等敏感信息。然而，数据的收集和使用必须遵守严格的数据保护法律。以欧盟的《通用数据保护条例》（GDPR）为例，它要求企业在处理个人数据时，必须遵循一系列原则，如数据处理的合法性、透明性和目的限制等。在中国，《中华人民共和国个

人信息保护法》也对个人信息的收集、使用、加工、传输等进行了明确规定。企业若违反这些法律，将面临严重的法律后果，包括罚款、信誉损失甚至刑事责任。因此，在数字化员工关系管理中，企业必须确保员工数据的合法收集和使用。这包括获得员工的明确同意、明确数据收集的目的和范围、采取必要的安全措施保护数据等。

（二）知识产权问题

数字化员工关系管理往往涉及各种软件、平台和内容的使用。这些资源可能受知识产权法的保护，如著作权、专利权等。如果企业在未经授权的情况下使用这些资源，可能构成知识产权侵权。为避免知识产权纠纷，企业在选择和使用相关软件、平台和内容时，应确保已获得合法的授权或许可。此外，企业还应加强对员工的知识产权培训，增强员工对知识产权的尊重和保护意识。

（三）劳动法合规性

数字化员工关系管理还必须符合我国劳动法的相关规定。例如，使用数字化工具进行员工监控、考核和裁员等操作时，必须确保程序的公正性、透明性和合法性。否则，企业可能面临劳动仲裁、诉讼等法律风险。为确保劳动法合规性，企业应建立完善的员工关系管理制度和流程，明确各项操作的标准和程序。同时，企业还应定期对员工关系管理进行审查和调整，以适应相关法律的变化和员工需求的变化。

二、数字化员工关系管理的伦理问题

（一）数据使用的道德边界

在数字化员工关系管理中，大量员工数据的收集和使用引发了一系列道德问题。首先，企业必须明确数据使用的范围和目的，避免滥用数据进行不道德的营销、歧视或其他不当行为。其次，企业应尊重员工的隐私权，避免过度监控和侵犯员工的个人空间。为建立道德的数据使用环境，企业应制定严格的数据使用政策，明确数据使用的原则和限制。最后，企业还应加强对员工的数据使用培训，增强员工对数据道德的认识和遵守意识。

（二）算法决策的公正性

随着人工智能和大数据技术的发展，越来越多的企业开始使用算法来辅助员工评估、晋升和薪酬决策。然而，这些算法可能存在偏见或不公平的情况，导致决策结果的不公正。为确保算法决策的公正性，企业应建立专门的算法审查团队或委托第三方机构进行定期审查与评估工作。审查重点应关注算法原理、数据来源及质量、决策过程等方面内容，并确保其符合相关法律法规要求及伦理道德规范。此外，在必要时可公开部分关键信息以增加透明度并接受公众监督评价。

（三）透明度与信任

数字化员工关系管理可能增加企业与员工之间的信息不对称性。为维护双方的信任关系，企业应提高管理过程的透明度，让员工了解其个人数据是如何被收集、使用和保护的。这有助于增强员工的安全感和归属感，提高工作满意度和绩效。为提高透明度与信任，企业应建立完善的沟通机制和信息披露制度。通过定期的员工大会、内部网站或其他渠道，及时向员工通报员工关系管理的最新动态和政策变化。同时，企业还应鼓励员工参与到数字化员工关系管理的设计和实施过程中来，增强员工的参与感和主人翁意识。

第六节　数字化员工关系管理的未来发展趋势

一、技术革新推动员工关系管理数字化升级

未来的员工关系管理将更加依赖于先进的技术手段。随着人工智能、大数据、云计算等技术的不断进步，员工关系管理系统将更加智能化、自动化。此外，虚拟现实（VR）和增强现实（AR）技术也将在员工关系管理中发挥重要作用。这些技术可以为员工提供更加沉浸式的培训和体验，增强员工对企业的归属感和忠诚度。同时，它们也可以用于模拟各种工作场景，帮助员工提升应对复杂情况的能力，从而提高工作效率和满意度。

二、人性化关怀成为数字化员工关系管理的核心

在数字化员工关系管理的未来发展中，人性化关怀将成为核心要素。企业需要关注员工的需求、情感和职业发展，为员工提供更加个性化的支持和帮助。例如，通过建立完善的员工福利体系、提供灵活的工作安排、关注员工的心理健康等方式，企业可以打造更加人性化的工作环境，从而激发员工的工作热情和创造力。同时，数字化员工关系管理系统也将更加注重员工的参与和互动。通过搭建员工社区、举办线上线下活动等方式，企业可以促进员工之间的交流与合作，增强团队凝聚力。此外，系统还可以为员工提供个性化的职业发展规划建议，帮助员工实现自我价值的同时，也为企业培养更多优秀人才。

三、数据分析与智能决策助力员工关系管理精准化

数据分析将在未来的员工关系管理中发挥越来越重要的作用。通过对员工行为、绩效、满意度等数据的深入挖掘和分析，企业可以更加精准地了解员工的需求和问题，从而制定出更加有效的管理策略。同时，也可以根据员工的绩效和兴趣，为其提供更加合适的岗位和发展机会。智能决策系统也将在员工关系管理中得到广泛应用。这些系统能够基于历史数据和实时数据，为企业提供科学的决策支持。例如，在招聘过程中，智能决策系统可以根据企业的需求和候选人的特点，自动匹配最合适的岗位和人才；在员工晋升和薪酬调整方面，系统也可以为企业提供公平、合理的建议。

四、跨界融合与创新应用拓展员工关系管理边界

未来的员工关系管理将更加注重跨界融合与创新应用。随着互联网的普及和新技术的发展，越来越多的行业开始与科技、艺术、文化等领域进行深度融合。在这种背景下，员工关系管理也需要不断拓展其边界，探索更多创新应用的可能性。例如，企业可

以与高校、研究机构等合作，共同研发更加先进的员工关系管理系统和技术；同时，也可以借鉴其他行业的成功经验，将员工关系管理与市场营销、客户服务等领域进行有机结合。通过这些跨界融合与创新应用，企业可以打破传统思维定式，为员工提供更加丰富多彩的工作体验和发展机会。

五、安全与隐私保护成为数字化员工关系管理的重中之重

随着数字化员工关系管理的深入发展，安全与隐私保护问题也日益凸显。在未来的发展中，企业需要高度重视员工数据的安全性和隐私性，确保员工信息不被泄漏和滥用。为此，企业需要建立完善的数据保护机制，包括数据加密、访问控制、安全审计等措施；同时，也需要加强对员工隐私权益的宣传和教育，提升员工的安全意识和自我保护能力。此外，政府和相关机构也需要加强对数字化员工关系管理的监管和规范。通过制定更加严格的法律法规和标准体系，确保企业在享受数字化带来的便利和效益的同时，也能够充分保障员工的合法权益和隐私安全。

六、移动化与远程管理成为新趋势

随着移动互联网的普及和远程工作的兴起，移动化与远程管理将成为数字化员工关系管理的新趋势。企业需要为员工提供更加便捷的移动应用和服务，使员工能够随时随地处理工作事务、获取企业信息和寻求帮助。同时，远程管理也将成为企业关注的重点，如何有效地管理分布在不同地区的员工团队、保持沟通和协作的顺畅将是未来企业需要面对的挑战。为了移动化与远程管理的有效实施，企业需要建立完善的技术支持体系和服务流程。例如，开发移动应用程序（App）或移动网页端，提供实时通信、任务管理、日程安排等功能；同时，也需要关注远程员工的培训和支持问题，确保他们能够高效地完成工作任务并保持与团队的紧密联系。

七、员工自助服务与社交化平台提升管理效率

在未来的数字化员工关系管理中，员工自助服务与社交化平台将发挥重要作用。通过搭建员工自助服务平台，企业可以让员工自主查询薪资、考勤、绩效等信息，减轻人力资源部门的工作压力并提高管理效率。同时，社交化平台也可以促进企业内部的沟通与协作，让员工更加便捷地分享经验、交流想法和解决问题。为了实现这一目标，企业需要选择合适的技术和工具来搭建自助服务平台和社交化平台。例如，可以利用现有的企业社交网络平台或协作工具进行集成和创新应用；同时，也需要关注平台的易用性和用户体验问题，确保员工能够方便地使用这些工具并获得实际效益。

【案例 6-1】

当“智能小助”遇上“职场小白”

在快节奏的现代企业中，员工关系管理正悄然经历着一场数字化革命。这不，知名互联网公司“云辉科技”就引进了一款名为“智能小助”的数字化员工关系管理系统，旨在通过智能化的手段提升员工满意度和工作效率。而我们的故事，就从一位刚入职的

"职场小白"——小李，与"智能小助"的不解之缘开始。

小李是个朝气蓬勃的年轻人，刚毕业就加入了云辉科技。他本以为自己将面对一堆烦琐的入职手续和严肃的HR，却没想到，他的入职流程竟然被一个可爱的智能助手引领得井井有条。

"嗨，小李！我是智能小助，欢迎加入云辉科技大家庭！"小李刚踏入公司大门，手机就收到了这样一条温馨的信息。原来，智能小助已经通过公司内部系统，提前获取了小李的联系方式，并为他量身定制了一套入职指南。

接下来，小李在智能小助的指引下，轻松完成了员工手册的学习、工号申请、办公设备领取等一系列入职流程。最让他感到惊喜的是，智能小助还能根据他的个人兴趣和职业规划，推荐适合他的内部培训课程和项目机会。

"这真是太神奇了！"小李不禁感叹，"以前听说入职流程很烦琐，没想到在云辉科技，一切都变得如此简单高效。"

然而，智能小助的本领可不止于此。在日常工作中，它更是成了小李的贴心小助手。每当小李遇到工作上的困惑或难题，智能小助总能及时提供解决方案或相关资源。比如，有一次小李在编写代码时遇到了难题，正当他愁眉不展之际，智能小助主动推送了一份相关的技术文档和教程，让他豁然开朗。

除了工作上的帮助，智能小助还关心小李的生活和职业发展。它会根据小李的工作表现和兴趣爱好，定期推送一些行业资讯、职业发展建议以及健康生活小贴士。这让小李感受到了公司的人文关怀，也让他更加珍惜这份工作。

当然，智能小助的出现也给云辉科技的员工关系管理带来了革命性的变化。传统的员工关系管理往往依赖于人工操作和纸质文档，效率低下且容易出错。而智能小助通过大数据和人工智能技术，实现了员工信息的自动化管理和智能分析。这不仅提高了工作效率，还为公司提供了更精准的员工关怀和激励方案。

比如，智能小助可以根据员工的工作表现和满意度调查数据，为公司提供针对性的员工培训和晋升机会。同时，它还能实时监测员工的工作状态和情绪变化，及时发现并解决员工在工作中遇到的问题和困惑。

如今，在云辉科技，员工关系管理已经不再是人力资源部门的独角戏。智能小助的加入，让每一位员工都能感受到公司的关怀和支持。这种新型的数字化员工关系管理模式，不仅提升了员工的工作满意度和忠诚度，也为公司创造了更加和谐的工作氛围和高效的工作流程。

问题：

1. 数字化员工关系管理如何平衡技术与人文关怀？在追求效率的同时，如何确保员工感受到公司的温暖和关怀？

2. 随着数字化员工关系管理的普及，未来企业的人力资源部门将扮演怎样的角色？他们应该如何适应和利用这一变革？

【案例6-2】

辉瑞公司的员工离职管理

辉瑞大数据分析的首要应用场景是员工离职风险预测，整个分析流程主要分为五个步骤，依次为制订分析计划、数据收集、数据清理、建模分析、预测模型（见图6-3）。

制订分析计划 ⇨ 数据收集 ⇨ 数据清洗 ⇨ 建模分析 ⇨ 预测模型

图6-3　辉瑞的大数据分析流程

一、制订分析计划

第一，明确业务需求。项目规划前期，识别业务需求是非常关键的一环。数据分析的本质是服务于业务需求，如果没有对业务的深刻理解，会导致分析无法落地。辉瑞的人力资源部会与业务团队、数据分析团队充分沟通，识别当前业务离职率高的痛点，判断分析需求是否可以转换为数据分析项目，找到离职的关键数据维度，建立预测模型的需求，并以此需求为基础展开后续项目计划工作。

第二，确立分析方法。辉瑞人力资源部与业务团队和数据团队共同进行头脑风暴，结合数据团队其他项目的分析经验共同确立分析步骤，在项目早期达成共识，明确项目计划与重要事件。

二、全渠道数据收集

一般情况下，人力资源用于战略数据分析的核心数据，其采集维度可划分为2～3个层级，而用于支持AI平台作全面数据分析的数据，则不受上述规模限制。因此，辉瑞在数据采集过程中，利用AI技术进行全渠道数据采集，汇总各个维度的数据。除了人员相关的数据以外，还尽可能地与其他部门合作，采集市场数据、销售数据、供应链数据等相关数据（见表6-5）。数据采集范围越广，就越有可能通过人工智能技术充分地发掘各类数据与员工离职之间的相关性，越能提高预测精准性。

表6-5　辉瑞的全渠道数据收集

HR系统： 组织架构（汇报线） 岗位信息（入职日、当前岗位时间） 职位等级 福利信息（加保、体检） 敬业度调查数据 个人信息（性别、年龄、学历、住址） 家属信息 休假信息（请假及加班情况） 工作城市	财务数据： 报销数据 薪资数据 奖金数据 股票数据 差旅情况	市场数据： CPI/GDP/城市人口 失业率 外部市场薪资数据 外部市场销售动态 产品销售情况
会议信息： 医院药店拜访记录 业务会议情况	销售数据： 负责产品 业务指标 业绩达成率	供应链数据： 样品申请频率及数据

三、数据挖掘与清理

大数据分析中抽取到的原始数据存在数据缺失、坏数据，因此必须通过数据清理提取有效数据。辉瑞虽然在日常的数据管理中已有较好的质量基础，但仍不放松对数据的检查及清理。人力资源部在数据应用中发现的异常数据，观察其经历的步骤和路径，寻找导致数据错误的原因，以此改进数据收集的流程，或者教育及培训相关的负责人。

四、AI 大数据分析与建模分析

辉瑞在分析过程中主要运用的工具是 AI 人工智能软件。AI 可以通过不同的维度去寻找关联因子，通过数据模型关联和挖掘匹配的原因。通过初步的人工智能软件的分析，发现了如下的一些关键相关因素：

◆行为数据/动态数据：员工日常工作中产生的行为数据

3 个月内报销金额下降的员工离职风险高

3 个月内样本申请量下降的员工离职风险高

销售达成率下降 40%的员工离职风险高

◆静态数据：员工的一些基础数据

特定城市特定薪资范围的员工离职风险高

中低绩效人员的离职风险高

五、模型预测与数据结果验证

预测模型的运用是大数据分析技术较为关键的部分，其分析结果更接近于问题预警，通过预测、预警机制有效干预管理问题。辉瑞通过 AI 建立预测模型，根据员工层级、在职时间等不同的维度对员工进行划分和归类，分析模型会得出员工离职倾向高低的信息，通过打分机制量化员工的离职风险概率，分数高的需要重点关注（见表 6-6）。这样做的目的是可以从离职预测中得知高离职倾向的员工，人力资源部可以提前有针对性地采取员工留任的措施。

表 6-6　辉瑞的员工离职预测

员工姓名	风险评估分数	风险组	绩效	重点保留对象
A	0.73	高	高	Y
B	0.73	高	中	Y
C	0.65	高	低	
D	0.68	中	高	
E	0.52	中	中	
F	0.33	低	低	
G	0.30	低	高	

预测模型用到的关键数据维度并不是一成不变的，离职的因素往往和企业政策、环境等因素相关。因此，预测模型需要不断地验证及校对，才能够跟随企业变化，做到员工离职倾向的精准预测。

辉瑞将模型预测出的结果与实际离职数据进行比较，实现分析预测流程的自我提升。在实践的过程中，将 AI 预测的半年内离职可能较高的员工与半年后实际离职的人员进行比较，如果两者的匹配程度较低，就要对数据计算模型、数据的分析维度、分析预测的流程进行不断地优化改进，提高预测模型的精准程度。同时，除了 AI 智能预测和实际结果的对比之外，也会与企业 HR 的经验数据进行对比分析，从而提升与员工在一线打交道的 HRBP 的经验价值。

资料来源：徐刚. 辉瑞：大数据在离职分析中的应用尝试［EB/OL］.（2019-07-31）［2023-07-19］. https://www.sohu.com/a/330690697_183808.

问题：

在辉瑞的案例中，预测模型的结果通过打分机制来量化员工的离职风险概率。请问，如何合理设定打分标准，以确保模型能够准确反映员工的实际离职倾向？另外，当预测模型识别出高离职风险的员工后，辉瑞会采取哪些具体措施来降低这些员工的离职风险，并提高他们的工作满意度和忠诚度？

【本章内容小结】

本章深入探讨了数字化时代员工关系管理的新挑战与机遇以及数字化技术在员工关系管理中的应用实践。本章首先介绍了员工关系管理的定义、目标和流程以及数字化技术对员工关系的影响；然后详细阐述了数字化沟通与协作工具、数字化员工参与与满意度管理以及数字化员工福利与关怀等方面的内容；接着分析了数字化员工关系管理中的法律与伦理问题并提出了相应的解决方案；最后预测了数字化员工关系管理的未来发展趋势。通过本章的学习，同学们能够全面理解数字化员工关系管理的内涵和价值并掌握相关实践技能。

【讨论思考题】

1. 数字化时代如何平衡员工关系管理中的效率与隐私保护？
2. 如何利用数字化技术提升员工的参与度和满意度？
3. 在实施数字化员工福利管理时需要注意哪些法律与伦理问题？
4. 未来员工关系管理将如何进一步发展？企业应该如何应对这些变化？

第七章 面向大数据的人力资源管理

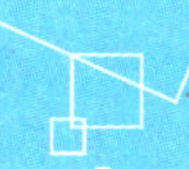

【本章学习目标】

目标 1：理解大数据在人力资源管理中的应用价值。

目标 2：掌握大数据对人力资源管理各模块的影响。

目标 3：熟悉大数据分析工具与技术，包括数据挖掘、文本挖掘、机器学习等。

2017 年 12 月，习近平总书记在中共中央政治局就实施国家大数据战略进行第二次集体学习时指出，善于获取数据、分析数据、运用数据，是领导干部做好工作的基本功。各级领导干部要加强学习，懂得大数据，用好大数据，增强利用数据推进各项工作的本领，不断提高对大数据发展规律的把握能力，使大数据在各项工作中发挥更大作用。目前，大数据已经嵌入经济社会发展的各个层面，大数据与人工智能的发展改变了人们的思维与生活习惯，并促使我们的社会进步。社会的进步离不开人的主观能动性，只有充分发挥人脑的作用，才能最大限度地发挥大数据的作用，才能达到科学计算为人类服务的根本目的。

在大数据时代背景下，人力资源管理对数据的依赖性也会更强。在企业人力资源管理中，从招聘中的能力和素质测评，到培训评估、绩效管理、岗位分析、劳动用工、效能分析、薪酬管理等各方面都需要进行数据分析。但人力资源的数据分析大多是描述性统计分析，较少用到高级数据分析技术，如回归分析、聚类分析、因子分析、判别分析、文本挖掘等，对数据的利用率不高，更缺乏对数据的有效和深入挖掘。大数据时代下，需要将概率统计、机器学习、文本挖掘等大数据时代流行的数据分析技术和人力资源管理实践结合在一起，看看有何化学反应。企业人力资源管理者如果可以将大数据的技术和理念同人力资源管理的手段和方法进行定向结合，通过对海量、碎片的数据进行提取和分析，创造和发现更多的管理智慧，为企业在人才方面的决策提供新的视角和思路，这无疑是一个非常有实践价值和划时代意义的发现和研究，无论是对人力资源领域，还是大数据领域来说这都是一个值得探索的课题。在此之前，鲜见人力资源管理专业人员涉足这个领域，在此之后，读者会发现原来人力资源管理也可以运用大数据分析技术，也可以通过数据挖掘来发现数据价值，也能用机器学习的算法预测未来可能发生的事件，还能对文字内容进行数据分析，而这一切在大数据相关发展技术的驱动下变得容易实现。本章的目的从大数据时代背景的兴起及其技术发展的轨迹出发，谈谈企业人力资源管理未来发展呈现的一些时代特征与变革方向。因此，对人力资源从业者来说，这是一个充满无限机遇的时代，也是一个充满巨大挑战的时代。

第一节　大数据及其特点

一、大数据概念的由来

1980 年，著名未来学家阿尔文·托夫勒在其《第三次浪潮》一书中，第一次提出了“Big Data”概念，但该概念当时并没有引起关注和广泛传播。直到 2011 年，麦肯锡全球研究院公开发布《大数据：下一个创新、竞争和生产力的前沿》研究报告，报告中正式提出“大数据时代”已经到来，“Big Data”才开始广受关注。报告指出，数据已经渗透到当今每一个行业和业务职能领域，成为重要的生产因素。人们对于海量数据的挖掘和运用，预示着新一波生产力增长和消费盈余浪潮的到来。此后，随着高德纳（Gartner）技术成熟度曲线和 2012 年维克托·迈尔·舍恩伯格、肯尼斯·库克耶联手著作的《大数据时代：生活、工作与思维的大变革》的推广，大数据（Big Data）概念才风靡全球。

对于大数据，大多数人的第一感受是很多数据、很大规模的数据以及很难处理的数据。维基百科的定义是：“大数据是指无法在一定时间内用常规软件工具对其内容进行抓取、管理和处理的数据集合。”大数据具有体量大、种类多和存取速度快等特点，涉及互联网、经济、生物、医学、天文、气象、物理等众多领域，是从各种渠道（如企业、政府、产业管理部门、网络、电子邮件、视频、图像及社交媒体等）中收集到的海量数据信息的总称。

什么是大数据？本书认为，大数据是综合利用新的技术方法对多源、异构、动态的数字资源进行规模化整合和处理，通过构成新的、复杂的逻辑结构以帮助人们解决具体问题的信息集成。大数据是以信息技术为基础的决策支持系统的演进，可以被看作统计插上了信息化的翅膀。

大数据主要来源于本地数据、互联网数据和物联网数据。本地数据无处不在，人类自从发明文字开始，就在记录各种数据。在互联网普及之前，绝大多数数据都存储在本地，而不是公开的数据资源。例如，政府统计数据、居民消费数据和企业运营数据等历经多年的沉淀，数据量巨大，一旦开放，就将成为一座巨大的数据宝库，有待研究者们进行挖掘。随着互联网的普及，人们每天都会通过使用网络产生数以十亿计的海量互联网数据。如高德地图、百度地图等出现后，其产生了大量新型的代表着行为和习惯的位置数据；随着微博、Facebook、Twitter 等社交媒体的兴起，用户可以随时随地在网络上分享内容，由此产生海量的用户生产数据；电子商务的热潮带来了支付行为、购买行为、物流运输等方面的数据……这些海量的互联网数据中隐藏着特定人群的行为和习惯，经分析挖掘后能够帮助企业准确识别出影响用户行为的因素，有效地将客户需求分级，从而能够既有创造力又有效率地满足客户需求。物联网是新一代信息技术的重要组成部分，也是信息化时代的重要发展阶段，其用户端已经延伸和扩展到了在任何物品与物品之间进行信息交换和通信，因此其数据量规模、数据生成频率、数据传输速率、数据多样化、数据真实性等均优于传统互联网。大数据的发展离不开物联网，物联网为大数据提供了足够且有利的数据资源，大数据技术也推动着物联网的发展。

二、基于应用的大数据解释

赛凡信息科技（厦门）有限公司总经理在 2015 首届大数据论坛上对大数据应用作出了自己的解释：大数据不应该仅仅是量，更主要的是数据之间的关联。原来未曾想到有关联的数据，经过大数据的分析后，产生了一些关联结果，而这些结果可能是原来想到的，也有可能是没有想到的。通过超级计算机，采用一些特殊的算法来寻找数据的关联关系，同时找出关联关系的价值，这就是对基于应用的大数据的解释。

将语义搜索技术、推荐算法等运用到电商平台或者媒体平台来提升用户体验可以理解为大数据应用。大家在电商平台购物时会发现，搜索和购买商品的体验越来越好，这是语义搜索技术的应用，利用数据进行文本语义分析、同义词挖掘、机器学习等，将使在线购物的交易率大幅提升，而这对于商家来说就意味着营业额的增长。同样，今日头条也是充分利用了大数据推荐算法，根据读者的浏览轨迹，计算出读者的阅读偏好，实时个性化推荐阅读内容，以提升读者的阅读体验，从而获得大量用户，并以广告等模式来实现企业的盈利和发展。

通过分析微博、微信、Twitter 等社交媒体数据发现用户特征并提供精准服务可以理解为大数据应用。现在，很多消费品公司会在进行以精准营销为目的的数据分析后，借此提升品牌或产品的忠诚度和消费量。而一些商业机构往往受利益的诱惑会侵犯消费者的隐私，这一点需要特别注意。

基于 SAS 系统的实时定价机制可以理解为大数据应用。这种机制使商场、百货公司或超市可以根据顾客需求和库存的情况，对上万种商品进行实时调价，以响应市场的价格策略，保持竞争优势。

从数据结构上看，来源于网络和云的海量数据大约 80%以上是非结构化的，尽管如此，当前的数据环境也为发现和创造价值、丰富商业智能以及支撑领导决策提供了新的机遇。当然，大数据也面临着复杂、安全和隐私风险等挑战。传统的商业智能（Business Intelligence，BI）已经无法满足业务发展的需要。尽管我们经常接触到大量的企业级 BI 平台，但这些传统的 BI 平台只能实现事后的报告和滞后的预测。我们应该开始构建真正能预测顾客忠诚度的模型，并基于历史交易数据，采用多个变量进行分析预测，识别出即将流失的客户或者即将成交的订单。

三、大数据的特点

高德纳分析员道格·莱尼在一份演讲中指出，数据增长将面临三个方向的挑战和机遇，简称为 3V，即 Volume，代表数据多少的量；Velocity，代表数据输入输出的速度；Variety，代表数据类型多样性的类。IBM 公司在莱尼的理论基础上对大数据特征进行了扩充，并取得了业界的一致认可。扩充的大数据特征，以下简称 4V 特征。

1. 海量数据规模（Volume）

海量数据规模即超大数据量，甚至可以到 ZB 级别。小数据以 MB/GB 为单位计算，但在大数据时代，计量单位以 TB/PB/EB/ZB 为单位计算。现代企业在经营过程中的交易行为、用户互动行为等方面产生的大量的数据正在大规模增长。据 IDC 预测，全球数据圈将从 2018 年的 33 ZB 增长到 2025 年的 175 ZB。1ZB 相当于 1 万亿 GB，如果以平均 25Mb/秒的速度下载 2025 年的整个全球数据圈，那么一个人完成此任务需要 18 亿年，如果全世界所有人一起不间断下载，也需要 81 天才能完成。

2. 多样数据类型（Variety）

多样数据类型即数据类型繁多，既包含格式统一的结构化数据，又包含视频、音频、网页日志、浏览足迹等非结构化的额数据。在小数据时代，大部分的数据都可以通过二维结构来逻辑表达，它们内存较小，便于存储。但是在大数据时代，一些不方便用数据库二维逻辑来表现的非结构化数据，比如文档、文本、报表、音频、视频，也可以存储下来，创造价值。因此，大数据存储的数据既包含结构化数据，也包含非结构化数据，数据类型更为繁多，种类更繁杂。

3. 快速数据流动（Velocity）

快速数据流动即数据被创建和移动处理的速度快。在高速网络时代，实时数据流已经成为一种流行的趋势，通过高速的计算机处理器和服务器的软件性能的优化来实现。企业既需要了解如何产生数据，还要知道如何处理它们，以获取客户的需求信息，并进行及时反馈。IDC 预测，到 2025 年，全球物联网设备数将达到 416 亿台，产生 79.4 ZB 的数据量，对数据实时处理要求极高，更需要数据能够快速实时动态更新，因为通过传统数据库查询方式得到的“当前结果”很可能已经没有价值。

4. 数据价值巨大（Value）

数据价值巨大即大数据可以带来巨大的商业价值和社会价值。在大数据时代，数据种类和数量变得多了，单个数据的价值密度降低，但整体上带来了巨大的商业价值，数据之间的关联性支持深层次的数据挖掘，可以为我们对未来、对行为模式的分析和预测提供可参考性的依据。

第二节　大数据分析技术

“中国云”的分析师团队认为，大数据（Big Data）中包含了大量的非结构化、半结构化数据，这些数据即使花费大量的时间和金钱也很难下载到传统的关系型数据库中去处理。故大数据的处理技术对计算软件、硬件环境要求都极高。从某个角度来看，大数据是分析技术的最前沿，大数据技术即从复杂的多类型的数据中快速获取那些有价值的信息的能力。随着大数据技术的进步，关于分析值以及数据的相关性问题为大数据理论的发展带来了新的挑战，包括考虑到这些数据的相关性、可靠性以及有效性。

为了应对这一挑战，出现了一门新兴的结合了统计学、数据挖掘以及分析学在内的跨领域学科，即数据科学。数据科学强调组织、性能和数据的分析的系统研究，以及他们在推理中的作用和推理的可信赖度。大数据是指具有多样性、可以收集和管理的数据，数据科学是指可以抓取、可视化和分析的数据开发模型。在大数据的技术上，主要关注五个领域：数据收集、数据存储、数据处理、数据分析和报告可视化，每个领域面临的具体挑战和解决方案如表 7-1 所示。

表 7-1　大数据挑战和解决方案

处理过程	挑战	解决方法
数据收集	· 轻松访问以标准化格式提供的数据。对这些数据的大小没有实际限制，提供无限的可伸缩性 · 有效地获得大量代理的详细数据 · 安全，隐私和数据权限协议	· 传感器和可穿戴设备 · 网页抓取 · Web 流量和通信监控
数据存储	· 数据存储，匹配和集成不同大数据集的工具 · 数据可靠性 · 仓储	· SQL、NoSQL、Apache Hadoop · 仅保存基本信息，并实时更新
数据处理	· 使用非数字数据进行定量分析	· 文本挖掘工具将文本转换为数字 · 情感识别
数据分析	· 大量的变量 · 因果关系 · 查找潜在问题并附加意义 · 数据太大，无法处理	· Ridge，lasso，主成分回归，偏最小二乘，回归树 · 主题建模，潜伏 · 狄利克雷分配，熵基测度，深度学习 · 交叉验证和保持 · 样本 · 现场实验 · 并行，引导小袋，序列分析

表7-1(续)

处理过程	挑战	解决方法
报告可视化	·便于解释，面向外部合作 ·伙伴和用户的知识难以理解复杂模式	·描述数据源 ·描述方法和规格 ·贝叶斯分析 ·可视化和图形解释

1. 数据收集

技术的进步，使得数据收集方法通常受限于研究者的想象力，而不是技术限制。事实上，其中一个关键的挑战是“创造性思考”如何建立大量观测资料的详细数据。帮助克服这一挑战的大数据收集方法包括传感器，网络抓取和网络流量和通信监控。

使用传感器或智能穿戴设备连续收集数据。一方面可以在自然状态下自发地收集数据，另一方面允许在长时间段内收集数据。可穿戴传感器可以用于实时监测和收集用户的生理数据和环境信息。

网络抓取允许从网站自动提取大量的数据。例如在必应、百度等主流搜索引擎安装数据抓取的插件、使用编程语言或者 API（应用程序接口）。网络抓取可以提取数字数据，还可提取文本、音频和视频数据，以及关于社交网络结构的数据。

网络流量和通信监控，即访问公司网页的访问者生成的数据。跳出时间、访问顺序、访问路径的数据都可以进行监控和跟踪，访问网站的日期和时间，这些数据可以更好地反映客户需求、关注点等方面。此外，员工之间的通信数据也可以进行收集，即通过内外部网页、电话和电子邮件产生的数据。

上述方法都允许大规模、自动化、连续的数据收集。

2. 数据存储

大数据需要大的存储容量，通常会超过常规台式计算机和笔记本电脑的容量。但是可以从各种来源的数据中提取感兴趣的单元进行分析。一般有两种方法，根据数据的大小定制存储方法或者连续更新和存储感兴趣的变量，同时丢弃与研究无关的信息。数据存储的解决方法总结如表 7-2 所示。

表 7-2　大数据存储解决方法

数据集大小	存储解决方案
较小数据集	Excel，SAS，SPSS 和 Stata 等数据存储软件套件
较大数据集	结构化查询语言 SQL 关系数据库、开源关系数据库 MySQL 和 PostgreSQL
更大数据集	NoSQL（可快速处理数据）；Apache Hadoop（允许跨多台计算机的数据分配）

当研究的问题和需要的数据定义非常清楚时，则不需要存储所有可用数据，可以在新数据进入时连续地更新感兴趣的变量，然后仅保存更新的变量而不保存完整的新信息本身。当新数据变得可用时更新感兴趣的变量，而如果感兴趣的变量是已知的，则丢弃新数据本身。

3. 数据处理

大数据的4V特征之一的Variety（数据多样性）使得数据可能包含非结构化和半结构化数据，这类数据用传统的数据处理软件已无法解决问题。文本数据的处理、社交媒体、电子邮件对话、年度报告均可产生文本数据，可以用于理论测试，验证假设和理论发展，开发新理论。

在理论测试的情况下，我们清楚地了解需要从文本中提取的信息。在进行文本处理时，可以删除文本标点符号，并将所有字母转换为小写。删除标点符号可避免将逗号，分号等视为字词的一部分；将字符转换为小写以保证将相同的字视为一样。

在理论发展中，探索数据的重点要放在那些与讨论和分析的变量相关联的数据上。对于需讨论和分析的部分，首先需自动化单词出现的次数，然后删除标点符号并将所有文本转换为小写，删除非文本字符等。最终确定所有要讨论的部分中有唯一的字集合，并计算他们出现的次数以及长度。

其他非结构化的数字的数据来源包括音频、图像和视频。这些数据需要通过新的技术来提取数字信息，比如人的情绪数据，可以通过数值尺度表示。

4. 数据分析

随着大数据时代的到来，人们对数据的认知已经区别于小数据，无论是数据的存储还是数据的处理，都已经是小数据时代无法解决的问题了。小数据分析强调对特定业务问题的描述，找到因果关系，技术基础的关键是算法的更新和开发，数据的价值明显和精确；大数据分析重在涵盖全体数据，强调相关关系，技术基础的关键是存储和计算，从数据噪声中提取隐性和潜在价值。表7-3详细说明了大数据分析与小数据分析的区别。

表7-3 大数据分析与小数据分析区别

类目	小数据分析	大数据分析
目标	记录、保存、检索、分析业务过程	数据应用分析，建模、预测
数据结构	面向对象	面向主题
数据生命周期	业务过程的开始到终结	周期长，随数据价值链的延长而定
样本	从业务问题中的抽样数据	所有数据总量
资源建立	实现业务过程的数据资源管理	自发产生，没有明确目标
数据价值	显性，针对特定业务过程	潜在隐性，从数据噪声中提取价值
算法	针对业务全过程分析的复杂算法	针对若干数据要素的简单算法
特点	精确分析和数据统计	快速计算，大数据量分析
技术基础	单机或多机串行计算，算法开发	简单存储和并行计算
数据间关系	找到因果关系，回答为什么	强调相关关系，回答是什么

对于大数据来说，数据被收集和存储处理后，便面临了新的挑战——如何进行数据分析。其中有两个问题：可用的潜在解释变量多，基于数据驱动的变量选择来开发理

论；数据太大不能用传统的个人计算机处理。

5. 报告可视化

在报告方面，大数据的多样性使得清楚地描述所使用的不同数据源成为重点，强调报告的完整性。关于数据分析，在处理大数据时，统计意义变得不那么重要，样本的大小对于因变量来说非常重要。大数据除了统计显著性之外，还需关注变量的效应及其样本外性能。贝叶斯统计推断可以提供一个解决方案，因为它假设数据是固定的，参数是随机的，不像频率方法，它假设数据可以重采样。

在应用变量选择的方法时，重要的是描述所使用的方法，特别是如何调整模型。因为不同的方法可以得到不同的结果，鼓励尝试多种方法来显示结果的稳健性。在理论测试中，很清楚使用哪些变量，这些变量通常可以以不同的方式操作。此外，包括控制变量的数量和方式可以开放讨论。

最后，研究人员可以考虑在数据中实现可视化模式，给予人们晚直观的感觉，这样对比起来也更容易和具象。随着数据科学的兴起，许多新的可视化工具变得可用，其允许对大数据集的多个选择和可视化的应用。

第三节　大数据对人力资源管理产生的影响

随着互联网技术的不断发展和深化，无论是个人、企业还是政府，都已经越来越离不开网络，当今社会已然进入一个信息泛滥的时代。大数据的诞生和发展，对于人力资源管理的影响是巨大的。人力资源部门通过对企业内部的数据进行收集、统计和分析，使决策变得更加客观，让管理者真正意义上做到用数据说话。

一、大数据时代人力资源管理亟需改革

人力资源管理的发展大致可以划分如下：

1. 人事管理阶段

这个阶段属于基础阶段，是计划经济背景下的产物，企业将员工视为成本负担。对于员工的管理主要是一些行政事务方面最基本的档案管理，比如员工的日常考勤、工资和奖金的发放、离职手续的办理等。企业对于管理成果的检验主要在管理效率方面。

2. 资源管理阶段

这个阶段属于中级阶段，企业逐渐将员工作为重要资源来对待。在管理内容上，开始关注人员配置的规划、员工的岗位匹配度、员工的培训管理、员工的关系管理等方面。人力资源管理的标准是要做到“交接有数据，管理有价值”，企业开始重点关注人力资源管理的实践成果。

3. 战略管理阶段

这个阶段属于高级阶段，人力资源管理的地位逐渐被提升到战略的高度，管理内容

开始向组织战略、人才战略、文化战略等方面进行转变。企业将人力资源管理与战略目标联系到一起，为战略的制定提供参考依据，从另一个角度为企业提供价值。

4. 由外而内的管理阶段

这是人力资源管理理论发展的新层次，企业会根据外部环境调整工作重心以适应变化，在这个阶段，市场占有率以及社会影响力等方面的数据成为企业的关注重点。

随着科学技术的不断发展，企业规模的不断扩张，人才资源的逐渐稀缺，人力资源管理也随之得以发展，并且在企业中的地位越来越高。然而在我国，仍然还有相当多的企业还存在人事管理阶段时的习惯：

（1）存在不少企业，特别是中小型企业，对于人力资源管理仍然是以工作为中心，把员工视为成本而不是资源，不重视企业文化的建设。

（2）很多企业没有合理的人才培养规划，也没有制定符合内部实际情况的人力资源管理战略；过分重视企业内部的生产管理，而减少了对外部客户关系的维护。

（3）许多企业在人员的统筹和配置上存在较多困难，特别是生产制造类的企业，人力资源部门与生产作业部门之间存在较大的沟通障碍；企业的管理层忙于业务，对于下属的员工缺乏指导和培训。

（4）网络普及率的提高使信息获取更加便捷，企业对新员工的吸引力不足很容易引起员工的满意度下降，导致员工离职率上升。许多企业的薪酬管理在行业内处于滞后水平，并且缺乏对员工的培训方案和激励措施，员工的工作积极性以及对企业的忠诚度都很低。

这些问题如果长期存在，势必会对企业的发展造成巨大的阻碍。所以，为了保障企业的健康发展，人力资源管理必须进行改革优化，而近几年大数据时代的到来正好提供了良好的机会。

将企业内部各种各样的数据整理在一起并进行分析处理，可以使人力资源管理中六大模块融会贯通，组合成一套完整的体系。不论是在技术上，还是在思维上，人力资源管理都将得到显著的提升。

二、大数据使人力资源管理的角色发生转变

大数据时代的到来和发展，为人力资源管理提供了新的思路和方法。从过去的人事管理逐步演变至如今的战略性人力资源管理，再向由外而内的人力资源管理进发，大数据思维为人力资源管理提供了极好的借鉴和引导作用，人力资源管理的定位也在不断地调整。

（一）从主观判断转变为数据事实

在过去的人事管理中，很大一部分管理活动都是经验主义。管理者在员工评估以及工作决策等方面，往往是依据个人经验、文化水平、关系亲疏等进行管理，非常的主观和片面，人力资源管理的实际效果并不理想。随着大数据思维的不断发展，企业将其应用到人力资源管理活动中，传统的经验主义从此不再奏效，人力资源管理开始逐渐从经验主义的主观判断向“用数据说话”的客观决断进行调整。基于大数据技术和思维的现代人力资源管理，是在数据化的基础上进行管理决策，将比过去更加客观公平。

（二）从数据收集者转变为管理决策者

在过去的人事管理中，管理人员充当的是数据收集者的角色，其主要职责是对企业员工的日常考勤、人事报表、工作表现等方面进行数据收集和统计。这些工作不仅繁杂，而且往往会占用管理人员较多的精力导致其无法更好地对工作进行优化和创新。通过对大数据的应用，企业员工可以通过信息系统、数据平台等途径自动上传或编辑人力资源部门所需的数据，数据的收集和统计工作不再是负担。现代人力资源管理的工作核心，是运用大数据技术和思维，使用相关的算法和模型，筛选和处理管理过程中所产生的大量数据，掌握人力资源的现状和缺点，并提出优化解决的办法。

（三）从幕后工作者转变为前台表演者

随着经济的发展，当今社会的竞争变得越来越激烈，商业环境也不断地发生改变。而信息技术的高速发展，使得不同的行业之间的融合成为可能，企业的经营模式也变得越来越多元化。人力资源部门作为连接企业内部和外部的桥梁，在当前的商业形势中越来越受到企业的重视。大数据能帮助企业分析外界的商业环境，调整战略部署；或者分析内部的现况，调整管理政策，间接导致了人力资源管理在企业越来越受到重视。

综上所述，在当今的大数据时代，不管是主动改革还是被动接受，人力资源管理都将面临大数据所带来的变化。角色上的转变，既是机遇也是挑战，企业对人力资源管理必须随时做好思维上的转变，把握住时代机遇，努力实现战略目标。

三、大数据对人力资源管理各模块的作用

（一）大数据使人员招聘更高效

在传统人力资源管理中，企业对于员工的招聘与选拔往往是从简历筛选开始的。人力资源部门通过应聘者提供的简历，了解其年龄籍贯、学历学位、工作经验、技术能力等个人信息。对于匹配度较高、符合企业需求的应聘者，企业将提供比较有竞争力的工资薪酬和福利待遇。在整个招聘流程中，招聘管理人员更多地是凭借个人经验和主观判断对应聘者进行评估，缺乏客观公平的审核机制。

大数据的到来，对企业的人员招聘工作起到了良好的优化作用，使人力资源部门对于应聘者的选拔更客观。通过大数据的应用，人力资源部门可以更加高效地对应聘者的简历进行筛选，将所有应聘者的简历进行整合后，利用大数据提供的精确的人才画像，在简历库中匹配合适的人才。此外，人力资源部门还可以通过进一步整合应聘者在社交网络上的行为数据，了解其在简历之外的非结构化数据信息，为企业发掘到需求匹配度更高的人才。

（二）大数据使人才测评更精准

人才测评（Talent Assessment）指的是运用现代心理学、管理学等知识，对员工的综合素质、工作绩效等进行测量和评估的一系列活动。多数企业对于人才测评，所采用的都是专家评估模式，而 IT 技术的应用主要是题库和评卷方面，所以企业对人才测评的结果进行分析时，依然还具有比较强的主观性。

企业可以结合大数据的挖掘和应用技术，改良人力资源管理的人才测评工作。根据企业内不同岗位的需求，对人才测评指标进行量化分析，使定性和定量关联在一起，助

力人力资源管理从业者在数据库信息中探索隐含的内在关系，让人才测评的输出结果更加符合企业的实际需要，提升人力资源配置的匹配度及合理性。

（三）大数据使人员管理更公平

对于传统制造企业而言，由于体量规模较大，部门员工众多，人力资源相关的数据也十分庞大。员工的个人信息、教育背景、培训考核、薪酬发放、绩效排名等，都随着企业员工数量的增多而增加。而传统的人力资源管理之所以存在一直被诟病的效率低、主观性强等问题，其原因之一可能就是这些数据量过大，而人力资源从业者往往精力有限，没有办法很好地做到每项工作具体分析，所以造成员工对人力资源管理产生不公平的感觉。

大数据可以提升高速处理大量信息的能力，很大意义上地对人力资源管理从业者的管理手段也进行了提升。利用大数据，人力资源管理可以对企业各员工之间的业绩进行排名和分析，找到员工业绩不同的主要因素，提供改善方案。对于各员工工作的表现情况、安全事故的产生原因、企业成本过高的主要部分等，人力资源管理可以通过大数据技术，找到员工各项行为之间的关系，不仅帮助员工和企业全面发展，而且使人员管理变得更加科学公平。

（四）大数据可以使企业降低离职率

一方面，多数企业在员工提交离职申请之后，往往都是通过上级领导谈话的方式试图挽留员工，综合看来，这种方法的效果并不理想。在理性人的假设下，当员工决定离职的时候，必然已经深思熟虑过了。另一方面，上级领导与员工之间的谈话有时候还可能存在主观性强、话题盲目等问题，如果对员工离职的真正原因不了解，谈话显然很难起作用。

通过大数据，人力资源部门可以了解员工的动态情况，比如员工过往的业绩表现情况、请休假情况、工资薪酬情况等。一方面，对于出现数据波动较大的员工，人力资源部门可以提前与员工进行谈话沟通、了解原因并采取相应的措施，帮助员工回归到正常表现；另一方面，对于突然提出离职的员工，人力资源部门可以从多方面的工作数据进行分析，了解员工近期的工作情况，为其上级领导的谈话提供参考依据，使谈话更有目的性和客观性。

（五）大数据能够调动员工的积极性

随着时代的不断进步，员工对于企业的需求也变得多元化。在过去的行政人事管理阶段，管理的核心在于“事”，其重点是管理全体员工的群体行为。到了现代的人力资源管理阶段，通过应用大数据技术与思维，管理的核心已经从“标准化”逐渐转变为“个性化”，对各员工实施有针对性的培养方案。

数据化的人力资源管理，通过收集员工的教育背景、个性习惯、工作履历等非结构化的数据并进行处理，依照大数据技术分析出的特征性指标对员工的驱动力需求进行倒推，了解不同员工之间的需求差异。企业可以通过人力资源部门所提供的数据分析报告，对员工提供个性化、差异化的服务和福利，比如教育培训、医疗保险、户籍迁入等等。通过针对性的个性化激励，调动员工的工作积极性，提升满意度和忠诚度。

第四节　谷歌公司的人力资源管理

目前在大多数企业中，尤其是传统中小企业，并未意识到数据化分析的重要性，多数决策和判断还都是通过企业决策层“拍脑袋”拍出来的。近年来，随着互联网技术的发展、大数据概念的提出，一些互联网企业开始意识到量化客观思考的重要性，逐步进入第一个反应阶段，大数据在人力资源管理领域的应用还是一片蓝海。大数据技术虽然不好掌握，但是其带来的数据客观分析的思想确实人人都可以借鉴和使用，因此下面将结合案例来进一步说明大数据理论在人力资源管理中的应用。

一、谷歌公司基本情况介绍

谷歌公司成立于1998年9月4日，由拉里·佩奇和谢尔盖·布林共同创建，被公认为全球最大的搜索引擎，业务范围涵盖互联网搜索、云计算、广告投放技术等，同时提供大量基于互联网的产品与服务，AdWords等广告服务是其主要利润来源。其官方网站于1999年下半年启动，于2004年8月19日在纳斯达克上市。

作为全球公认的最大的搜索引擎，谷歌公司占全球所有搜索引擎的40%，它的搜索浏览量占了全球搜索引擎链接市场份额的56%。它的搜索超过80亿网页，有100多种语言和用户界面。据统计，谷歌上每天有超过2亿次搜索，每月用户数超过8 700万，每年用户超过十个亿，覆盖全球250个国家和地区。然而，谷歌公司先进的技术和产品不仅仅是体现在搜索引擎方面，其在云计算、卫星地图、三维制图、智能手机操作系统、广告联盟等16个领域有将近2 000多项产品。

截至2015年年底，谷歌公司全球拥有的正式员工有55 419多人，技术人员占相当大一部分。其中91%为白人和亚裔人，女性员工占比为31%，高级职位中女性员工占比仅为21%。

谷歌的核心文化理念是创新改变世界。这一理念体现在战略、文化、领导、控制等企业经营管理的方方面面。谷歌提倡扁平化的组织结构，弱化等级制度，鼓励全员创新，强调积极主动的工作氛围；提倡三位一体的文化，围绕着口号打造组织文化，围绕着文化塑造组织结构，围绕着组织结构推动公司运营。

在组织架构上，提倡扁平化的组织结构，并非没有等级制度和组织框架，而是公司需保留必要的基本部门和相关职位；针对不同的工作任务组建项目团队，保持小团队工作，即“两个披萨原则”：即使组建大型团队也不能阻碍小团队的创新，团队人数不能多到两个披萨还吃不饱。

在战略上提倡“没有计划就是最好的计划”，注重四方面的战略管控。技术洞察，是指应用创新性的科技或设计，以实现生产成本的显著降低或产品功能的大幅提升；注重平台，即能够吸引供应商及用户群从而形成的多边市场的产品和服务平台；专注的力量，即专注于搜索引擎业务的发展，以速度、准确、好用、全面、新鲜五把标尺来衡量搜索引擎的好坏；开放为主，即坚持平台开放，更有利于扩张。

在管理上，强调以才为本、沟通至上。围绕项目，以招聘创意精英为核心，打造常规人员招聘与管理流程；每个人都要做最牛的“路由器”，打破阻碍信息在内部流通的瓶颈，促进信息的流动。

在人才观上，谷歌强调招揽和培养创意精英式的人才。创意精英的明显标志是激情澎湃，体现了其是否用心，这是第一条标准；其次是热爱学习的，通过新知识的学习，充实自我；最后是善于思考的，拥有洞察力、感知力和创造力。

正是谷歌公司的文化和价值观以及匹配的组织、制度和流程，使得这个公司成为了全球最佳雇主，并汇集了全球顶尖人才。同时，庞大的数据体量和人员规模，也使得这个公司对大数据的研究成果居于全球前列，无论是业务技术上的大数据研究成果还是人力资源大数据研究实践，都为全球的互联网公司树立了一个好的典范。

二、谷歌公司人力资源大数据实践

谷歌是全球企业中涉及大数据比较早的公司，许多前沿的技术和理论都来源于它的开发和流程。同样，它的人力资源实践也成为全球学习和研究的标杆。

谷歌公司称 HR 职能部门为“人力运营部”，而不是具有简单属性的“人力资源部”。企业高层管理者和人力资源部门在“所有领域包括人事方面都需要基于数据进行决策”这方面达成了高度的统一和共识。

谷歌有一个强大的人事数据分析团队来为人力资源管理方面的决策提供支持和服务；员工拥有一个共同的目标：在人力资源决策方面，数据分析的精确化水平同项目管理方面决策的水平必须达到一致。

对于 HR 们来说，主观决策的方式早已被摒弃，而是转变成“基于数据/数学的决策”或者是“基于事实和证据的决策”。

谷歌具体的人力资源管理十大模式如下。

（一）氧气项目，鉴别卓越管理者的优秀特质

2009 年，谷歌公司对一万多名员工进行了“一个好的经理人才是什么样的”问卷访谈及调研，并对这些资料进行编码和数据研究分析，找到了有规律性的模式。结果显示发现员工的工作表现和感受及主管领导的影响远远超过其他任何一种因素，并总结卓越领导者的八大特质，并将其作为杰出管理者的卓越表现的判断标准。

这些数据说明：一名优秀的领导者身上有一个共同的特性，那便是关注下属发展及感受，愿意花时间与他们进行交流和有反馈。谷歌将数据发现的这个结果作为员工评价上司表现的维度之一。

八个氧气计划的具体指标如下：第一个特质是成为一个好的教练；第二个特是要避免微管理，并且进行授权；第三个特质是管理者对团队成员的成就和心情保持着高度的兴趣；第四个是关注生产力，用结果证明一切；第五个是能够成为一个很好的沟通者；第六个是帮助团队成员去发展他们的职业生涯；第七个是为团队设置一个明确的愿景和战略；第八个是拥有关键的技术能力来帮助员工解决问题。

（二）人力资源实验室，提高员工工作效率

谷歌的人力运营部设置了一个专门研究员工工作效率的实验室团队，这个团队通过做一些应用型的实验，辅助科学的数据分析来研究通过怎样的环境优化可以最大化提高员工的工作效率，并进行相应改善。如通过缩小餐盘尺寸，减少员工卡路里摄入量，促进员工健康。

（三）人才保留算法，解决个性化员工留任问题

谷歌开发了一个有效的数学算法对员工的离职意向进行预测，帮助管理者解决员工的离职问题，并提供个性化的员工留任办法。

（四）多样化人才管理，解决女性员工流动性大的问题

谷歌运用数据分析来处理人力资源管理过程中的多样化员工问题。利用数据对为什么女性员工的招聘、留任和升职比较难的原因进行了分析，并根据分析结果对此项工作进行了改进和优化。

（五）高效招聘算法，进行智能化招聘，实现科学招聘

招聘方面，谷歌开发了一种算法结合战略来预测候选人是否具备最佳生产力，并根据研究结果深度鉴别员工潜在价值，缩短聘请的周期；同时，为了避免漏掉任何一个可能卓越的应聘者，他们对不同岗位员工的招聘开发了不同的算法模型，对被拒绝的简历进行分析，重新审视候选人。这一算法仅有 1.5%错失率，成功地鉴别了大批的优秀者。这种预测应聘者在获聘后是否具有最佳生产力的算法非常精准，一方面可以鉴别出候选人的隐含价值，另一方面大大缩短了聘请周期，实现科学招聘。

（六）优秀人才的绝对值，整合最佳实践案例

谷歌通过数据分析，找到优秀技术专家与平均水平技术员之间的差异数据，为人才的发展和价值的创造提供依据；高层管理者会依据这些数据，动用资源聘请、留下卓越人才，最大化地为其提供展示才能的机会；人力运营部的专业人员会对行业最佳实践案例进行整合，为业务部门提供卓越的行政支持。

（七）改善工作环境，促进跨部门协作

为了提升不同职能部门之间的协作水平，谷歌通过数据分析发现，有三方面的因素可以促进跨部门协作，即发现、合作、娱乐。比如，大部分公司认为设计“娱乐”环节是奢侈的，但是数据显示这一因素对人力吸引、员工留任、部门合作都起到非常关键的作用。因此谷歌公司有意识地结合学习、合作与娱乐项目来设计工作环境，以保证员工高效率地工作。

（八）通过数据分析，找到高效学习的因素，提升发现和学习机制

数据证明，在实践中学习更加高效。谷歌通过多种方式来调动员工对学习的积极性和热情。比如通过复盘学习、经验总结、名人明星演讲等形式，找到员工发现与学习的契机，提升学习效率，并将自主学习能力和适应能力作为员工核心胜任能力模型中的两个能力。

（九）用数据来说服员工接受变革，给管理者提供决策建议

谷歌的高效率的数据分析团队，其核心能力是根据数据结果给公司高层和管理者出具具有说服力的建议报告，而不是分析过程。出具的建议和报告再由团队内影响力较大

的人进行宣教，改变员工观念，使其接受变革，从而影响更多的人。

（十）人才管理预测模型，提高前瞻性，推动人力资源变革

谷歌开发了一个模型对未来人力资源管理方面可能遇到的问题与契机进行预测，提高了工作的前瞻性；同时根据模型分析的结果制定有针对性、有效果的员工计划，推动企业人力资源变革与发展。

正是上述这样数据化、精细化的人力资源实践，使其在2013年之前就达成了“每个员工每年创造将近百万市值的生产力以及平均每年二十万的利润”的惊人业绩，对这样的业绩对大多数企业而言是望尘莫及的，谷歌已然成为典范。

总的来说，谷歌公司用数据驱动人力资源决策的思想和实践使其人力资源管理模式成为全球楷模，它事实上是通过员工数据追踪计划，最大化地激发员工的工作活力和效能。其人力资源大数据实践特征归纳如表7-4所示。

表7-4 谷歌公司人力资源大数据实践特征

基础	员工数据追踪计划
HR大数据团队	由具有统计、金融、组织心理学等领域的博士学位背景的成员组成
实施方法	十大人力资源管理模式
目的	使企业的人事管理决策成为“基于数据的决策”或者基于“事实和证明的决策”
成果展现	人才保留、打造多元人才队伍、智能化招聘、工作环境优化设计、管理经理人等

谷歌公司的人力资源大数据实践的核心思想便是基于数据的决策，弱化主观决策。这主要包含两层含义：一是以大规模数据为基础，开发数学算法对人力资源领域的问题进行分析；二是根据分析的结果进行人力资源决策，包括解决问题和预测趋势。并且，从谷歌的人力资源管理大数据实践的成果可以看到，大数据确实给人力资源管理领域提供了一个新的视角，证明应用空间非常大，大量的数据分析为各项人事工作提供了量化的参考。

总而言之，当今互联网技术的革新以及大型互联网企业的快速扩张，为大数据在人力资源管理领域的研究提供了非常丰沃的土壤。近年来国内一些大型的互联网企业都纷纷组建大数据实践的相关部门，以提升人力决策的质量。但是，我们也要认识到，大数据归根结底只是辅助工具，具体决策还是需要依靠人力资源管理者的思考与大数据思维方法相结合来定夺，依此循序渐进地进行人力资源管理的高效创新。更重要的是，当前企业对大数据的认识和实践还处在一个不断发展变化的过程中，大数据应用过程中存在的挑战与问题也需要企业管理者进一步去思考和应对。不可否认的是，无论大数据技术多么强大，最终决策还是由人来做，大数据思维与技术的重大价值或许只是让人的决策更客观、更理性、更全局。

【案例7-1】

智慧之光：云途科技的大数据人力资源管理变革

在浩瀚的数字海洋中，有这样一家企业，它像一艘破浪前行的巨轮，正引领着人力资源管理的新航向。这就是云途科技，一家以创新为灵魂，以大数据为舵手的科技巨头。今天，就让我们一起走进云途科技，探索它是如何利用大数据技术，在人力资源管理的惊涛骇浪中，开辟出一条智慧航线的。

一、迷雾中的灯塔

在云途科技创立之初，公司的人力资源部门面临着诸多挑战。招聘效率低下，人才流失严重，员工培训缺乏针对性……这些问题像迷雾一样笼罩着公司的发展道路。传统的人力资源管理方式显得力不从心，管理者们急需一盏明灯，照亮前行的道路。

就在这时，大数据的浪潮汹涌而来，为云途科技的人力资源管理带来了前所未有的机遇。公司高层意识到，只有拥抱大数据，才能在这场管理革命中立于不败之地。于是，一场以大数据为核心的人力资源管理变革悄然拉开序幕。

二、数据的魔法

变革的第一步是从数据的收集开始。云途科技打造了一套全面且精细的数据采集系统，覆盖了员工从入职到离职的每一个环节。无论是考勤记录、绩效数据，还是员工的学习与发展轨迹，都被一一记录在案。这些数据如同魔法般，为云途科技的人力资源管理插上了翅膀。

然而，数据的价值并不在于数量，而在于如何挖掘和利用。云途科技组建了一支由数据科学家和人力资源专家组成的“智慧团队”，他们运用先进的数据分析工具和技术，对海量数据进行深度挖掘。通过这些数据，他们发现了许多之前未曾注意到的规律和趋势，为人力资源决策提供了有力的支持。

在云途科技，数据的力量无处不在。比如，在员工绩效评估方面，传统的方式往往依赖于主观评价和人工统计，难以做到客观公正。而现在，通过大数据分析，云途科技能够实时追踪员工的绩效数据，包括工作完成量、项目贡献度、团队协作等多个维度。这些数据被自动汇总和分析，生成详细的绩效评估报告，为管理者提供了全面、客观的决策依据。

再比如，在员工培训方面，云途科技也充分利用了大数据的优势。通过对员工学习记录、技能掌握情况和工作绩效的综合分析，公司能够精准地识别出员工的培训需求和发展方向。然后，根据这些数据，云途科技为员工量身定制个性化的培训计划，帮助他们不断提升自己的能力和素质。

三、招聘的智慧之眼

在招聘领域，大数据的应用让云途科技实现了从“人海战术”到“精准打击”的转变。传统招聘中，HR往往需要花费大量时间筛选简历，效率极低。而现在，云途科技通过大数据分析，构建了一套智能化的招聘系统。

系统能够根据岗位要求和应聘者的数据特征，自动进行匹配和筛选。不仅如此，系统还能通过对应聘者在社交媒体、专业论坛等行为数据的分析，评估其综合素质和潜力。这样一来，云途科技不仅能够快速找到最符合岗位需求的人才，还能在招聘过程中节省大量成本和时间。

在云途科技的一次招聘活动中，这套智能招聘系统发挥了巨大的作用。当时，公司正在寻找一名高级软件开发工程师，要求具备丰富的项目经验和出色的编程能力。面对海量的简历，HR 们一时无从下手。然而，智能招聘系统却迅速地从众多应聘者中筛选出了一位符合条件的候选人。

这位候选人的简历虽然并不华丽，但他在专业论坛上的活跃表现和多个开源项目的贡献引起了系统的注意。通过进一步的面试和考察，云途科技最终决定录用这位候选人。事实证明，这位候选人的确是一位才华横溢的工程师，为公司带来了许多创新性的成果。

四、个性化发展的蓝图

在员工发展方面，云途科技同样将大数据运用得淋漓尽致。公司开发了一套个性化的员工发展计划系统，该系统能够根据员工的职业规划、能力现状和学习需求，为员工量身定制发展计划。

李明是云途科技的一名软件开发工程师，他渴望在技术领域有所突破。云途科技通过员工发展计划系统，系统分析了李明的工作绩效、技能掌握情况和学习记录，为他推荐了一系列具有针对性的培训课程和项目实践机会。在系统的帮助下，李明不仅技术能力得到了显著提升，还成功参与了一个重要项目的开发，为公司创造了巨大价值。

对于李明来说，这套员工发展计划系统就像是一位贴心的导师，它不仅为他指明了发展的方向，还为他提供了实现目标的路径和资源。在系统的引导下，李明不断地学习新知识、掌握新技能，逐渐成长为一名优秀的软件开发工程师。

除了李明之外，云途科技还有许多员工受益于这套个性化的发展计划系统。他们根据自己的职业规划和发展需求，在系统中找到了适合自己的培训课程和实践机会。通过这些学习和实践，他们不断提升自己的能力和素质，为公司的创新发展贡献了自己的力量。

五、情感关怀的温度

然而，云途科技深知，大数据虽好，但人力资源管理终究是关于“人”的管理。因此，在运用大数据的同时，公司也注重情感关怀的传递。

公司开发了一套基于大数据的员工关怀系统，该系统能够实时监测员工的工作状态和情绪变化。当系统发现某位员工出现工作压力过大、情绪低落等情况时，会自动触发预警机制，提醒 HR 及时介入并提供必要的支持和帮助。

张华是公司市场部门的一名骨干员工，近期因为项目进展不顺而倍感压力。员工关怀系统及时捕捉到了张华的情绪变化，并向他推送了一系列心理健康资源和放松小贴士。同时，HR 也主动找到张华进行沟通，了解他的困难和需求，并为他提供了专业的心理辅导。在公司的关怀下，张华很快调整了心态，重新找回了工作的热情和动力。

除了像张华这样的个别关怀外，云途科技还通过大数据分析，发现了员工整体的工作状态和情绪变化趋势。比如，在某个项目的关键时期，系统监测到团队成员普遍出现了工作压力增大、情绪波动等情况。针对这一问题，公司及时组织了团队建设活动和心理辅导课程，帮助员工缓解压力、调整心态。这些措施不仅提高了员工的工作效率和满意度，还增强了团队的凝聚力和向心力。

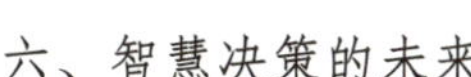

六、智慧决策的未来

随着大数据技术的不断发展和应用，云途科技的人力资源管理正逐渐走向智能化和自动化。公司正在研发一套基于大数据的智能决策支持系统，该系统能够根据实时数据和历史趋势，自动生成人力资源决策建议。

想象一下这样的场景：当公司需要制定新的薪酬方案时，智能决策支持系统会根据员工绩效数据、市场薪酬水平以及公司财务状况等多个维度进行分析和计算，最终生成一套科学合理的薪酬方案。HR 只需轻轻一点，即可轻松完成薪酬方案的制定和调整工作。

再比如，在员工晋升和调配方面，智能决策支持系统也能发挥巨大的作用。系统能够根据员工的绩效数据、能力评估和发展规划等多个因素，自动为每位员工生成一份晋升和调配建议报告。这份报告不仅包括了员工的晋升路径和调配方向，还提供了详细的理由和依据。这样一来，管理者在做出晋升和调配决策时，就能更加客观、公正和准确。

然而，智能决策支持系统的应用并不仅仅局限于薪酬、晋升和调配等方面。在云途科技，这套系统还被广泛应用于员工培训、招聘选拔、员工福利等多个领域。通过大数据的分析和挖掘，系统能够为每个领域提供精准、个性化的决策支持，帮助公司更好地管理和发展人力资源。

问题：

1. 大数据在云途科技的人力资源管理中扮演了哪些关键角色？它如何帮助公司提升管理效率和员工满意度？
2. 在实施大数据人力资源管理的过程中，云途科技可能遇到了哪些挑战？公司是如何克服这些挑战的？
3. 未来，随着大数据技术的进一步发展，你认为人力资源管理还将发生哪些变革？云途科技应该如何应对这些变革以保持领先地位？

【本章内容小结】

本章概述了大数据在人力资源管理中的应用及其带来的变革。本章介绍了大数据的概念、特点及其在现代社会的重要性。然后详细阐述了大数据分析技术的关键环节，包括数据收集、存储、处理、分析及可视化。大数据显著改变了人力资源管理的传统模式，通过量化分析提升决策科学性，使管理更精准高效。例如，在招聘、人才测评、绩效管理及离职预测等方面，大数据发挥了巨大作用，帮助企业实现科学管理，降低离职率，提升员工满意度。最后，通过谷歌公司的案例，展示了大数据在人力资源管理中的成功应用及其实践价值，为企业提供了宝贵的经验和启示。

【讨论思考题】

1. 大数据如何改变人力资源管理者的角色与职责？
2. 大数据在人力资源管理中的应用是否真的能消除主观偏见？
3. 大数据对人力资源管理的效率提升有哪些具体表现？
4. 企业在实施基于大数据的人力资源管理时，面临哪些主要挑战？

第八章 数字化人力资源服务业发展

【本章学习目标】

目标一：了解数字化人力资源服务业发展现状；
目标二：了解国家人力资源服务产业园发展模式及数字化转型；
目标三：了解数字化人力资源服务业解决方案供应商提供的内容；
目标四：了解数字化人力资源服务公司主要服务业务。

中国信息通信研究院的《全球数字经济白皮书（2021）》指出，智能化已经成为人类社会发展的趋势。当前，各行业对智能化转型的迫切需求，以及信息与通信技术（information and communications technology，ICT）能力的快速发展推动了全球智能化数字化进入快速发展时代。全社会的智能化转型，需要拥有复合型行业背景的创新型 ICT 技术技能人才[①]。欧盟预计，到 2025 年，所有拥有初级电子技术的欧盟成员人口比例将上升至 65%，而 2018 年这一比例仅为 57%。《中国 ICT 人才生态白皮书》指出，中国在这一领域的专业人员数量缺口将会在 2025 年达到 2 135 万人，培养数智人才已成为各国共识。英国更新《英国数字战略》，阐明将重点关注数字人才领域。德国对《数字战略（2025）》进行了增订，其中包括数字化技能、数字化转型和人才培训等方面的内容。"十四五"规划纲要中明确指出，要推动网络强国，加速数字经济发展，构建"数字中国"，需要培育一批具有世界水平的战略科技人才和领军人才。

第一节　数字化人力资源服务产业园

一、人力资源服务业发展概述

2007 年 3 月，《国务院关于加快发展服务业的若干意见》中首次提出"发展人才服

① 孟萍莉，李曼. 国际数字服务税发展及我国的应对策略［J］. 价格理论与实践，2023（3）：120-123，205.

务业，完善人才资源配置体系”（后通用“人力资源服务业”的表述）。这标志着人力资源服务业作为一个行业被正式确立。2007 年 8 月《中华人民共和国就业促进法》的出台，在法律层面明确人力资源市场概念。2010 年 6 月，《国家中长期人才发展规划纲要（2010—2020）》提出要大力发展人才服务业，人力资源服务行业得到了政策及法律层面上的成体系的规范和支持。2011 年 12 月，《国务院办公厅关于加快发展高技术服务业的指导意见》提出要加快发展人力资源服务业，促进高技术服务业人才资源优化配置和合理流动。

2014 年 12 月，《人力资源社会保障部 国家发展改革委 财政部联合关于加快发展人力资源服务业的意见》，更是全面系统地提出了促进行业发展的政策措施，各省份的政策文件也陆续出台。该意见提出发挥市场在人力资源配置中的决定性作用和更好发挥政府作用，面向多样化、多层次人力资源服务需求，鼓励各类人力资源服务机构提供专业化、规范化、标准化的优质高效的人力资源服务。《关于促进服务外包产业加快发展的意见》提出要加快人力资源服务业的重点任务与政策支持。

2017 年 1 月，《国务院关于印发“十三五”促进就业规划的通知》提出要大力发展人力资源服务业，充分发挥各类人力资源服务机构、行业协会和社会力量的监督作用，积极推进社会协同共治；培育人力资源服务产业园；实施“互联网+人力资源服务”行动，培育壮大人力资源服务产业。2017 年 7 月，人力资源社会保障部印发《人力资源服务业发展行动计划》，鼓励人力资源服务企业向价值链高端发展，推动跨界融合，探索新兴业态，开发服务产品，拓展服务内容，创新服务方式，提升人力资源服务供给水平。

2018 年 6 月，国务院颁布《人力资源市场暂行条例》，将发展人力资源服务业确立为各级政府的法定职责。2019 年 1 月，《人力资源社会保障部关于充分发挥市场作用促进人才顺畅有序流动的意见》提出，按照在人力资本服务等领域培育新增长点、形成新动能的要求，制定新时代促进人力资源服务业高质量发展的政策措施。2019 年，人力资源服务业正式成为国民经济统计中生产性服务业的十大门类之一，“人力资源和人力资本服务业”单列为国家鼓励发展类产业。

2020 年 1 月，国家发展改革委发布的《产业结构调整指导目录（2019 年本）》中将“人力资源和人力资本服务业”列入了鼓励类的第 46 类，从原版本的第 23 类商务服务业中独立出来。2020 年 7 月，《国务院办公厅关于提升大众创业万众创新示范基地带动作用进一步促改革稳就业强动能的实施意见》提出，支持有条件的区域示范基地建设产教融合实训基地，人力资源服务产业园，加快发展面向重点群体的专业化创业服务载体。

2021 年 8 月，《“十四五”就业促进规划》指出要加快人力资源服务业高质量发展。推动人力资源服务与实体经济融合发展，引导人力资源服务机构围绕产业基础高级化、产业链现代化提供精准专业服务。鼓励人力资源服务业管理创新，技术创新，服务创新和产品创新，大力发展人力资源管理咨询、高级人才寻访、人才测评等高技术、高附加值业态。2021 年 11 月，《人力资源社会保障部 国家发展改革委 财政部 商务部 市场监督管理总局关于推进新时代人力资源服务业高质量发展的意见》（简称《意见》）的发布为加快我国人力资源服务业高质量发展指明了方向。2021 年 12 月，国务院办公厅发布《要素市场化配置综合改革试点总体方案》提出加快发展人力资源服务业，把服务就业的规模和质量等作为衡量行业发展成效的首要标准。

2022 年 12 月，人力资源社会保障部发布《人力资源服务业创新发展行动计划（2023—2025 年）》，更为行业创新发展制定了路线图。2023 年 6 月，人力资源社会保障部发布《人力资源服务机构管理规定》，是首部系统规范人力资源服务机构及相关活动的专门规章。《意见》指出：到 2025 年，行业营业收入突破 2.5 万亿元，人力资源服务机构达到 5 万家，从业人员数量达到 110 万，培育 50 家骨干龙头企业，国家级人力资源服务产业园达到 30 家左右。《“十四五”就业促进规划》加快人力资源服务业高质量发展，推动人力资源服务与实体经济融合发展，引导人力资源服务机构围绕产业基础高级化、产业链现代化提供精准专业服务，鼓励人力资源服务业管理创新、技术创新、服务创新和产品创新，大力发展人力资源管理咨询、高级人才寻访、人才测评等高技术、高附加值业态。

二、国家级人力资源服务产业园

2019 年 9 月，人力资源社会保障部印发了《国家级人力资源服务产业园管理办法（试行）》，促进规范国家级人力资源服务产业园建设管理工作，进一步促进人力资源服务业集聚发展。对国家级产业园的规划布局、建设标准、运营管理等做出了明确规定，标志着国家级产业园的发展进入新阶段。

在国家和各地区的支持下，人力资源服务产业的建设在近几年进入了快车道，实现了快速的规模扩张。产业园区建设由经济发达的东部地区开始，逐步扩展到全国东、中、西、东北四大经济区域，在京津冀城市群、长三角城市群、粤港澳大湾区等城市圈发展过程中起到了迅速传递人才和劳动力供需信号并调配人力资源供需的作用，全国人力资源服务产业园建设取得阶段性进展。

从 2010 年起，人力资源和社会保障部与有关省份共建了 26 个国家级人力资源服务产业园。截至 2022 年年底，共入驻人力资源服务机构 4 390 家，营业收入 4 672 亿元，服务 2 190 万人次劳动者和 277 万家次重点企业，成为创新要素集聚平台。

2013 年之前，国家级人力资源服务产业园的规划多以上海产业园为样本，均为单一园区；随着苏州产业园“一园多区”模式的设立，2013 年后设立的园区多为“一园多区”模式。国家级人力资源服务产业园“一园多区”模式的形成，既是园区所在城市综合实力的体现，也是充分发挥城市辐射和区域协调功能、推动人力资源服务业高质量发展的现实需要。

建设人力资源服务产业园是我国人力资源服务业发展的积极探索和成功实践。自 2010 年人力资源社会保障部与上海建立首家国家级人力资源服务产业园以来，国家级产业园在推动人力资源服务业高质量发展、促进就业、优化人力资源配置及打造当地经济社会发展新引擎等方面，发挥了积极作用。

建设人力资源服务产业园，是促进人力资源服务业集聚发展的创新举措。近年来，国家级人力资源服务产业园建设发展取得积极成效，政策体系逐步完善，功能作用明显增强，集聚效益加快显现，开放发展取得突破，管理运营不断健全，在服务就业、服务人才、服务发展方面发挥了积极成效。

人力资源服务业经过多年的发展，已经取得了显著的社会效益与经济效益，在保障劳动者充分就业、促进人才合理流动、推动产业结构升级、优化人力资源配置方面发挥了积极作用，作出了重大贡献，其自身也在不断发展壮大。其主要成就可归纳为十个方面，即经营规模快速增长，业务形态日臻丰富，新技术运用层出不穷，资本市场风生水起，跨界合作卓有成效，国际空间广泛拓展，知名品牌不断涌现，扶持政策陆续出台，产业园建设遍地开花，以及行业协会广泛建立。

（一）上海人力资源服务产业园

人力资源服务产业园是我国人力资源服务产业集聚的重要产业形态和市场载体。2010 年，中国上海人力资源服务产业园区（以下简称园区）正式挂牌成立，成为国内首个以人力资源服务业为特色的国家级产业园区，开创了产业集聚发展的新模式。十余年来，园区始终坚持创新驱动发展战略，推动人力资源产业向纵深发展，积极服务经济社会发展，产业规模不断扩大，产业能级不断提升，社会效益不断增强，集聚了一批国内外知名的人力资源服务机构，培养了一批中高层次专业人才，为经济社会发展提供了优质的人力资源配置和管理服务。

上海人力资源服务产业园以上海人才大厦为核心，辐射周边楼宇面积 2.18 平方千米。通过产业园区赋能，人力资源企业迅速成长。上海人才大厦作为主体，连同杨浦区北外滩的东部园、闵行虹桥商务区的虹桥园，上海人力资源服务产业园现已形成“一区多园”的产业格局。截至 2022 年年底，上海人力资源服务机构达到 3 609 家，从业人员 6.83 万人，全年营业收入 4 719.31 亿元，产业规模持续保持全国领先地位。

园区主要有四大功能：一是集聚产业，即积极引进国内外人力资源服务业企业，使其成为上海乃至全国的人力资源服务业园区；二是拓展服务，即整合上海人力资源服务资源，延伸服务领域，创新服务项目，为各类企事业单位和人才提供专业化服务；三是孵化企业，即培育中小人力资源服务企业，引导、扶持其做大做强；四是培育市场，即以各类机构集聚为契机，建设专业化、信息化、规范化、国际化的人力资源市场，致力于打造成为全国规模最大、实力最强的人力资源服务业园区，以支持现代化大都市经济发展对人才的需要及国际化水平的经济、金融、贸易、航运中心建设的需要，成为辐射长三角、辐射全国、连接海外的人力资源服务业平台。

园区建设特色方面：

1. 大力推进制度探索

园区充分发挥市、区两级园区建设协调联动机制的作用，积极推进国家服务业综合改革试点，推动落实行政审批权下放、“先照后证”改革、服务外包业务试点等“先行先试”政策。同时，积极争取与“双自联动”同步试行国家和本市有关人才制度创新。2020 年，在总结经验的基础上，园区制定发布《中国上海人力资源服务产业园区建设管理办法（试行）》，进一步探索完善“市区政府、事业单位、行业协会、企业机构”四位一体协同发展模式，为打造具有全球资源配置能力的人力资源服务平台奠定了坚实的制度基础。

2. 加快标准和技术发展

园区支持和鼓励运用人工智能、云计算、大数据等新技术升级传统人力资源服务产品，支持具有高知识性、高附加值的人力资源产品的建设。截至 2019 年 12 月，园区已有 6 家经认定的市级高新技术企业，出现了如社保通、i 人事、欧孚视聘等一批“人力资源+科技”服务产品。同时，园区还积极推进人力资源服务标准化体系建设，申请开展创建国家级人力资源服务业标准化示范区（试点），建立完善标准体系及框架，推动人力资源服务业依托标准和技术实现加快发展。

3. 建立业务对接平台

园区积极组织人力资源企业与商贸、金融、科技创新等企业开展互动，通过举行“融合·共享”系列活动，为园区重点发展企业搭建供需平台和合作机会，推动人力资源服务与法律服务、金融服务等行业开展对接，促进行业间资源共享，扩大跨行业、跨领域服务范围。

（二）中原人力资源服务产业园

1. 中原人力资源服务产业园概况

中国中原人力资源服务产业园（以下简称中原产业园）于 2012 年 7 月获得人力资源和社会保障部（以下简称人社部）批准筹建，是国内第三家获得国家级认可的人力资源服务产业园，于 2018 年 1 月 3 日正式启用运营。中原产业园以促进就业创业、优化人才配置、市场化招才引智、推动人力资源服务业发展为导向，旨在成为区域性人力资源服务产业集聚发展枢纽型基地、人力资源和社会保障公共服务基地、人才资源开发高地、市场化招才引智前沿阵地。通过发挥市场在资源配置中的决定性作用和更好发挥政府作用，中原产业园已成为新时代河南人社事业发展的创新平台，也是中原地区对外开放的重要窗口。

2. 中原人力资源服务产业园服务功能描述

（1）园区与政府联动机制。

三大领域相互融合，形成了产、学、研、用一体的良好发展态势。园区聚集了一批具有核心竞争力的人力资源服务机构，涉及人才咨询、猎头服务、人力资源外包、培训教育等多个领域，为各类企业提供了全方位的人力资源服务。同时，园区还积极开展各类人才培训和创业孵化工作，为创业者提供创新创业的支持和保障，不断培育新兴产业和人才。通过政府引导和市场化运作相结合的方式，中原人力资源服务产业园已成为河南省甚至全国人力资源服务行业的重要基地和品牌，为河南经济社会发展作出了积极贡献。

（2）园区市场拓展。

中原人力资源服务产业园在吸引人才、推动人力资源服务业发展、优化人才配置方面发挥了重要作用。它引进了河南省社会保险中心、人才交流中心等 12 家河南省人社厅公共服务机构和 52 家人力资源服务企业以及金融、法务、财务、餐饮、物业等配套服务机构入驻园区。这些企业涵盖了人力资源服务领域招聘、派遣、外包等业态，注重产业链上下游完整性，形成以人力资源要素集聚为核心的产业生态圈和优质产业集群。这种集聚和融合不仅有利于推动产业发展，促进就业创业，优化人力资源流动配置，还助力实体经济高质量发展。

3. 产业园服务功能特征

（1）打造共享开放平台和智慧园区。

中原人力资源服务产业园的共享开放平台和智慧园区建设，是园区信息化建设的重要内容，旨在打造高效、安全、智能的信息化环境，实现内外协同发展，提高服务水平和满足企业需求。为此，中原人力资源服务产业园采取了一系列措施，包括整合各类信息化基础设施资源、划分相互独立的区域、立体安全措施、虚拟化、云计算、大数据等技术等。这些措施实现了各类基础设施资源融合成通用的资源池，通过云平台实现一体化的支撑平台，为各类业务系统和大数据平台提供统一管理、按需分配、弹性调度等服务。这样，可以提高信息化的效率和安全性，同时满足企业的需求，支持产业园区的发展。中原人力资源服务产业园的共享开放平台和智慧园区建设，将进一步促进人力资源服务产业的发展，助力园区的产业集聚和升级，提升烟台市的整体竞争力。

（2）建设人力资源 SaaS 数据中心。

中原人力资源服务产业园借助现有计算机技术，如 Hadoop、流处理技术、数据仓库技术、数据预处理技术、开发技术、数据挖掘、可视化技术、大数据安全技术等，建立了河南省人力资源 SaaS 数据中心。该数据中心采用政府主导、市场化运作的模式，实现了人力资源的最优化配置。在政府主导下，采用 PPP 运作模式，整合各方资源，实现 SaaS 数据中心的建设和运营。河南省人社厅作为项目的指导和监管单位，出台相关政策，有效引导各地市及省内企业的人力资源数据在 SaaS 数据中心的统筹化管理。为促进示范作用，实验区管委会推出相关政策和激励措施，鼓励区内企业将人力资源数据导入 SaaS 数据中心，并形成示范效应。

该数据中心由社会资本投资建设，成立专门机构负责土地整理、基础设施建设、选址、设计、招商和管理运营，并对 SaaS 数据中心进行品牌化运作和推广。选择外部服务机构作为技术提供单位，负责 SaaS 数据中心的日常维护、技术支持和安全保障。对 SaaS 数据中心的设备采购采用融资租赁模式，由专业融资租赁企业提供所需设备。该数据中心基于现有计算机技术，通过信息中心和大 SaaS 数据中心，建立了共享开放平台和智慧园区，实现了内外协同发展，创造高速、开放、共享的信息服务环境。

（三）深圳人力资源服务产业园

中国深圳人力资源服务产业园是一个国家级人力资源服务产业园，成立于 2018 年 11 月 1 日，旨在加快建设粤港澳大湾区人才高地，服务广东省乃至全国经济社会发展，促进就业创业和优化人才配置。

该产业园以深圳人才园为核心园区，同时拥有龙岗区天安云谷智慧广场、南山区深圳湾科技生态园、宝安人才园等分园区，形成了一个“一园多区”的人力资源服务产业园网络。整个产业园的总建筑面积近 13 万平方米，聚集了 80 余家国内外知名人力资源服务机构，为各类人才和用人单位提供高效快捷和“一站式”的人力资源公共服务和市场服务。

此外，中国深圳人力资源服务产业园还积极响应政府关于党建引领人力资源行业高质量发展的要求，通过持续做强基层党组织，围绕中心工作、战略需求、市场需求和人民需求，增进民生福祉。龙华区人力资源服务产业园的“国家级园区”揭牌，标志着国家、省、市等上级部门对龙华区人力资源工作的充分肯定，同时也为龙华区持续奋战、砥砺前行提供了新的动力和方向。

该产业园不仅在促进人力资源服务业集聚发展方面发挥着重要作用，还通过其高效的服务和丰富的资源，为吸引人才、聚集人才、服务人才提供了重要支持，成为深圳市乃至全国人力资源服务的重要载体。

（四）成都人力资源服务产业园

1. 成都人力资源服务产业园概况

成都人力资源服务产业园是全国第 7 家人社部批复的国家级人力资源服务产业园，产业园采取“一园三区”发展模式，分设高新园区、经开园区及成都人才园区。努力建设成为“立足成都、服务川渝、链接国际”的人力资源服务业融合发展先行园区，为加快推进两业融合产城融合城乡融合发展、奋力建设成渝制造业高地和现代化中心城区提供有力的智力支撑和人才保障。

2. 发展目标

（1）近期：坚持“两步走”战略，抓好以政务中心为主体的人力资源服务产业园建设，加快推进以人才大厦为载体的产业园拓展区建设。

（2）中期：重点打造一个核心区，以人才大厦为核心载体，建成高端人力资源服务产业的“聚焦区”和人力资源服务机构品牌“孵化器”。

（3）远期：拓展四个功能区，即人力资源服务保障区，人力资源职业技能培训区、人力资源企业创新创业孵化区、人力资源服务产业科研区。

中国成都人力资源服务产业园将统筹构建“三平台两基地一中心”协同发展格局，践行“政府引导、企业主体、市场化运作”的发展机制，围绕推动人力资源服务业与汽车制造业等支柱产业和新能源汽车、智能网联汽车等战略性新兴产业协同发展，聚焦引进各类产业技能人才和综合管理人才，在完善人力资源服务产业链条的前提下，重点招引与经开区主导产业发展相匹配的人力资源服务机构，努力建设成为“立足成都、服务川渝、链接国际”的人力资源服务业融合发展先行园区，为加快推进两业融合产城融合城乡融合发展、奋力建设成渝制造业高地和现代化中心城区提供有力的智力支撑和人才保障。

第二节 数字化人力资源管理解决方案供应商

一、用友-新道数字化人力资源管理解决方案

用友人力资本管理融合了前沿理念和实践经验，为大中型集团企业和各类组织量身定制全生命周期的人力资本管理方案。该方案涵盖多个关键领域，包括多组织集团的管控、核心人力资源的高效管理、劳动力管理的精细化以及全面的人才管理策略。

（一）产品简述

用友人力资源管理软件是一款创新平台与产品，专为中小企事业单位打造全面的人力资源管理方案。它特别关注生产制造和流通服务行业的特性，提供了一系列功能，如清晰的组织架构图、详尽的员工信息记录、精准的薪酬与保险管理、灵活的考勤制度以及科学的绩效考核体系。此外，该软件还提供了资源使用管理功能，有助于企业实现精准的出勤统计和工资核算。同时，自助平台的引入促进了全员协同工作，实现了与企业其他管理软件的顺畅集成。

（二）背景阐述

近年来，随着中国企业对人力资源管理理念的不断深化和实践，对高效、便捷的管理工具的需求也愈发强烈。在这一背景下，用友人力资源软件应运而生，为企业提供了全面而精细的解决方案。该软件致力于帮助企业贯彻落实先进的人力资源管理理念，优化业务流程，提高管理效率，从而有效应对日益激烈的市场竞争、管理难度以及日益严格的劳动法要求。

（三）产品特性与定位

用友人事管理软件是一款专注于中小企业人力资源管理的核心应用工具，旨在实现与企业现有系统的紧密集成和数据对接，提升整体管理效能。该软件广泛适用于服务流通、制造等各行业企业，能够满足不同企业对人力资源管理的多元化需求。

图 8-1 和图 8-2 展示了用友-新道数字化人力资源管理网站平台和用友-新道人力资源总体框架。

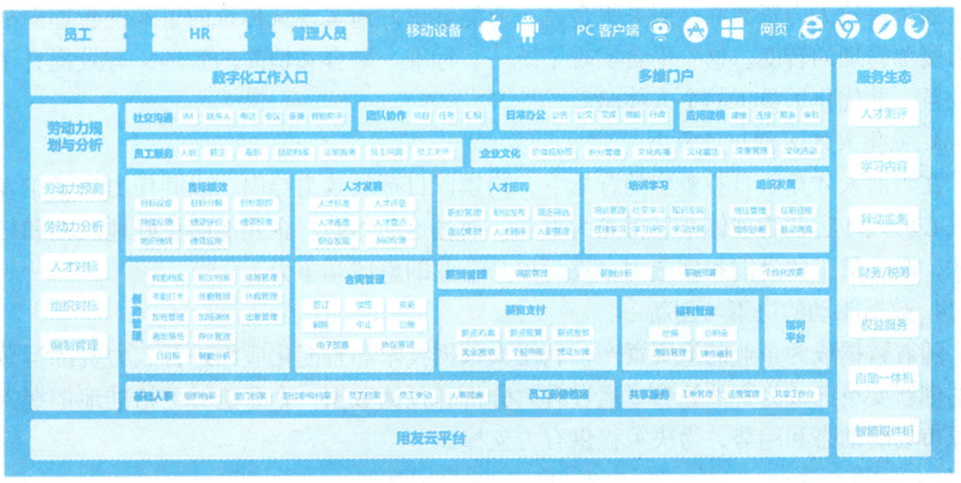

图 8-1　用友-新道数字化人力资源管理网站平台

图 8-2 用友-新道人力资源总体框架

（四）优势价值

1. 规范高效的管理流程

核心人力资源管理体系涵盖了组织管理、员工管理、时间管理、薪酬管理、社保福利以及报表管理等核心领域，通过构建全面支持高效运营和合规操作的人力资源管理信息系统，显著提升了企业的运营效率和管理水平。

2. 人力资源的共享与转型

通过搭建人力资源共享服务平台，企业能够更好地实现从传统的事务性管理向战略人力资源管理的转变。这一平台实现了统一、标准、融合和精简的管理，有效提升了管理效益，并优化了员工的个人体验。

3. 强化人才运营与竞争力

在当前人才竞争日益激烈的背景下，构建以目标绩效为导向、以胜任力和员工发展为核心的人才运营管理体系显得尤为重要。通过这一体系，企业能够更好地发掘和培养人才，激发员工的潜能和创造力，进而提升企业的整体竞争力。

4. 数据驱动的决策与创新

随着数据成为企业的重要资产，利用大数据技术和智能化应用进行人力资源运营服务的创新变革已成为必然趋势。通过有效分析和预测数据，企业能够更精准地把握人力资源市场的动态和趋势，为决策提供有力支撑。

（五）应用场景

1. 集团管控

对于拥有多个子公司或业务部门的集团型企业而言，WPSAI 的超级降重功能能够极大地提升管控效率。企业可以灵活运用战略、财务和操作等多种管控模式，集中管理关键人才和业务，确保核心资源的合理配置。同时，通过精确控制关键指标，企业能够实时掌握各子公司的运营状况，确保整体战略目标的顺利实现。

2. 敏捷组织

在数字化时代，组织形态正朝着更加灵活、网络化的方向发展。WPSAI 有助于企业打破传统的组织边界，以目标和任务为导向，构建网状或扇形团队结构。这种结构能够促进业务单元之间的社交属性与主动协作，使工作变得更加有趣且高效。

3. 目标绩效

目标绩效管理是企业实现高效发展的关键所在。WPSAI 的超级降重功能可以帮助企业更加精准地制定目标、分解任务、评估绩效，并通过持续的反馈、沟通、评价与改进过程，推动组织实现高效发展。

4. 人才激活与组织发展

在竞争激烈的市场环境中，人才是企业赢得未来的关键。WPSAI 的超级降重功能可以帮助企业更加全面地掌握人才数据，实现精准的人才识别与动态培养跟踪。通过深入分析人才的能力、潜力、兴趣等因素，企业可以制定出更加科学、合理的人才发展策略，确保健康的人才梯队和持续的人才供应。

5. 主要功能

（1）自助管理平台：全员参与人力资源管理，提供自助服务，建立管理通道。

（2）组织管理：支持多种组织体系，建立职位体系，实现职位编制分析与控制，提供报表。

（3）人员管理：快速验证身份证信息，全生命周期管理员工档案，灵活查询统计，管理人事异动。

（4）薪资管理：全面计算薪资，多样报表呈现，实现财务人事一体化，通知薪资发放。

（5）考勤管理：完善考勤流程，实时掌握考勤情况，支持多种规则和多班次设置，出具多样化报表。

（6）招聘管理：全流程管理招聘计划、面试、甄选、录用及归档，提供人才库导入功能，提升效率与质量。

（7）培训管理：针对各个岗位，我们提供定制化的培训课程和计划，并严格实施培训考勤和效果考核，以确保培训效果能够切实达到预期。

（8）绩效管理：我们提供丰富的考核指标、模板和任务管理功能，以及人员考核和统计分析工具。企业可以根据自身的管理需求自由设定考核指标和任务，从而构建符合自身特点的个性化考核体系。

（9）劳动合同管理：我们实现了员工合同的全生命周期管理，并与法律条款紧密结合，确保合同的合规性。我们预置了各地的标准合同范本，并提供特殊合同签订提醒功能，帮助企业更好地管理员工合同。

（10）计件工资管理：我们为生产制造型企业提供计件工资管理功能，支持基础信息的设置，实现快速提取和准确计算。这有助于提升计件工资计算的效率和精确度，降低企业的管理成本。

（11）报表管理：我们提供常用的人事管理报表，并支持企业根据实际需求自定义报表。这有助于企业更好地掌握人事管理情况，为决策提供有力的数据支持。

二、金蝶的人力资源管理数字化转型——金蝶人力云

金蝶人力云通过一个专业的 HR 应用平台，一个多角色的社会化自助服务平台，一个开放的云计算的轻应用平台，为企业建立一个战略驱动的、全员互联的人力资源管理系统，从人力资源的视角来构建并提高企业的核心能力。

（一）组织管理

金蝶 S-HR 云中的一个基本功能就是“组织管理”，它在 EAS 的多个组织结构框架下，为企业提供了一个完整的、可视化的行政组织结构和岗位结构管理的函数，对企业常见的组织和岗位的建立和调整进行了支持，还可以对变化的历史进行追踪，并对未来的变化进行仿真。通过建立行政组织结构和岗位结构，建立了一个基于组织结构和岗位系统的企业人力资源管理框架，并在岗位价值评价的基础上建立了一个工作系统，可以充分支撑针对不同类型下属企业的差异化管控政策的制定和实施。金蝶 S-HR 还将为人力资源业务中的人员管理、假勤管理、薪酬核算与管控、绩效管理、培训管理、招聘管理等方面的应用，以及为多组织、多层次、多维度的人力资源统计分析工作、编制管控工作提供支撑。

（二）人事管理

金蝶 S-HR 云人员管理模块能够适应企业在整个生命周期中对信息的动态管理和人事业务的联动需求，能够对集团企业的各种“入、转、调、离”流程进行规范的管理，能够满足企业内部的各种复杂的人事工作场景，同时还能在系统中自动地记录各种人事和合同变更的操作结果。为企业提供全任职周期的员工信息管理、流程驱动人事事务处理、高效联动的人事信息。结合各类结构化分析、关联查询、统计、提醒及预警功能，为人事事务操作、员工关怀和员工服务提供更大的便利，更加体现公司对每一位雇员的尊重与关怀，为激活人心、增强企业凝聚力发挥更加主动的作用。

图 8-3 为金蝶人力云人事管理的具体内容展示。

图 8-3　金蝶人力云人事管理

（三）假勤管理

金蝶人力云假勤管理系统能够针对企业不同的经营场景、不同的雇员，实现对假期、排班表、考勤、考勤等业务要求；可以提供员工自助、团队考勤、专业服务等。可以实现集团多业务的假期管理、灵活弹性的考勤制度管理、日历式考勤排班、多渠道的考勤打卡管理、高效的考勤计算、一单多分录处理假勤业务、国际化业务协作、团队管理等；并且可以为员工办理出差、请假、加班、调休、补卡等各项业务的审批及统计。

（四）薪酬管理

金蝶的人力云薪酬管理系统可以帮助企业根据职位体系来建立一个薪酬系统。它可以实现定薪调薪业务，计算调薪预算，并对员工的薪酬水平进行分析，从而大大提升了薪酬管理制度和薪酬计划的合理性。包括工资核算、社保核算、个税服务、薪酬设计、定薪/调薪等内容。支持各种支付方式下的薪资计划的设定，以及薪资计算发放的整个流程，协助薪资专员进行每日的薪资计算管理工作，并能即时产生薪资报告，并能与金蝶公司的财务系统无缝连接，支援企业与企业之间的薪资支付以及薪资凭证的产生。并且可以将企业的经营数据和工资计算进行实时的连接，从而达到业、薪一体化的应用。并利用各种自助式服务来提高管理者和员工对薪酬管理的满意程度。

图 8-4 展示了金蝶人力云薪酬管理的具体内容。

图 8-4　金蝶人力云薪酬管理

（五）绩效管理

金蝶 S-HR 云绩效管理模块适合于不同行业和不同类型的企业，它支持策略解码和可视化的绩效指数图。设置了目标管理、BSC、PBC、OKR 等绩效模式；对绩效考核过程的绩效目标设置、考核流程管理、考核计划设置、考核周期设置等内容进行规范。可以适应不同的绩效管理方式，通过灵活、智能的考核过程工具，可以将绩效目标管理、绩效计划管理、绩效考核过程、结果应用、绩效交流等各个工作步骤进行整合，从而建立起一套科学的、系统化的绩效管理闭环，大大提升了业绩经营的便利性。同时，在工资计算中，人力资源管理人员的工作效率也得到了很大的提高。

（六）招聘管理

金蝶 HR 云是建立在一个统一的 HR 管理平台之上的，它可以让猎头公司的经理根据公司的人力资源规划，在目前的人力资源配置条件下，制订一套科学合理的招聘工作计划。通过招聘网站，微信企业门户等各种方式发布招聘信息，通过招聘管理平台，为招聘信息发布、简历收集筛选、面试流程组织、审批等“一站式”提供招聘服务，保证招聘工作在可控之中。利用移动互联的社交技术，可以大大减少招聘成本，形成企业和人才的良好交互，提高企业的招聘效率，保证企业在人才竞争中获胜。系统涵盖招聘计划、招聘实施、招聘跟踪等环节。

（七）培训管理

金蝶人力云培训管理系统，是一款集员工管理、知识资源管理、学习活动管理、线上知识传输、学习行为分析于一体的企业知识及人才开发管理与实践的一体化平台。这个系统具有很强的企业内外部讲师、员工管理和知识资源管理功能，能够为企业的培训管理者和讲师提供培训计划管理、培训实施管理、考试管理、培训档案管理等方面的服务。同时，还可以让学生利用 PC 和各种移动设备进行在线课程学习、在线考试和在线知识交流。它能系统地分析和评价学生的学习行为和教师培训的效果。在该系统的帮助下，企业可以有效地减少知识的开发与学习成本，增强知识的扩散与传递的效率，促进知识的吸纳与运用以及人才的成长，从而构建出一套满足公司战略发展需求的人才开发制度。

第三节　数字化人力资源咨询服务机构

一、北森 HR

北森一体化 HR SaaS-iTalentX，在北森 PaaS 平台（见图 8-5）上建立了完整的人力资源管理体系，为企业提供了一套完整的、标准化的 HR 解决方案，提高了组织与人才的洞察能力，提高了员工的使用效率，赋能企业从人力成功走向业务成功。北森 PaaS 平台包含招聘、测评、入职、人事、假勤、薪酬、目标绩效、盘点/继任、学习、离职/退休等功能。

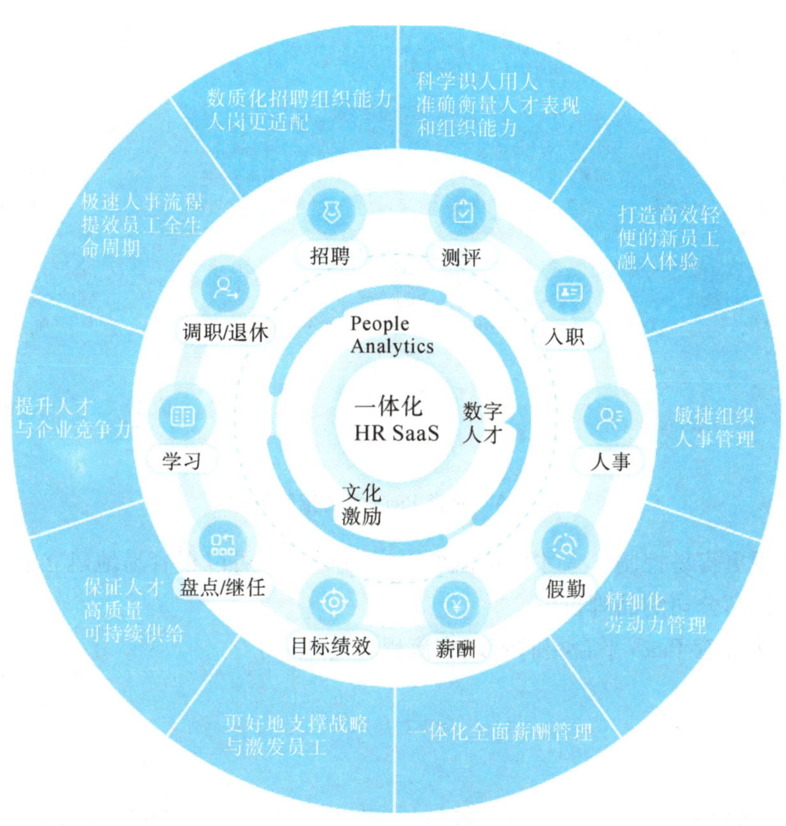

图 8-5　北森 PaaS 平台

（一）招聘管理

招聘过程自动化，平均招聘时间减少 50%。全流程自动化，灵活定制流转规则。需求打通编制，一键发布职位广告。智能简历解析和筛查，让识人更精准。Offer 到入职无缝衔接，流程温暖高效。

北森 PaaS 平台招聘管理（见图 8-6）通过招聘过程化管理中，加强人才需求分析、人才搜寻、人才甄选、人才融入等方面管理。在招聘数据分析方面，通过招聘达成、招聘转化、工作效率、渠道分析、招聘质量评价等数据分析，加强企业招聘成本-收益分析；以人为本，照顾到业务经理、人力资源管理者、面试官、候选人等的角色体验，使各类角色都有良好体验。通过为人才提供全周期质量跟踪，加强人才评估，为人才提质。通过自动化招聘流程、智能化精准识人、强体验校招运营，实现为校招加速。通过岗位设计、测评赋能、面试官认证等管理，为组织赋能。

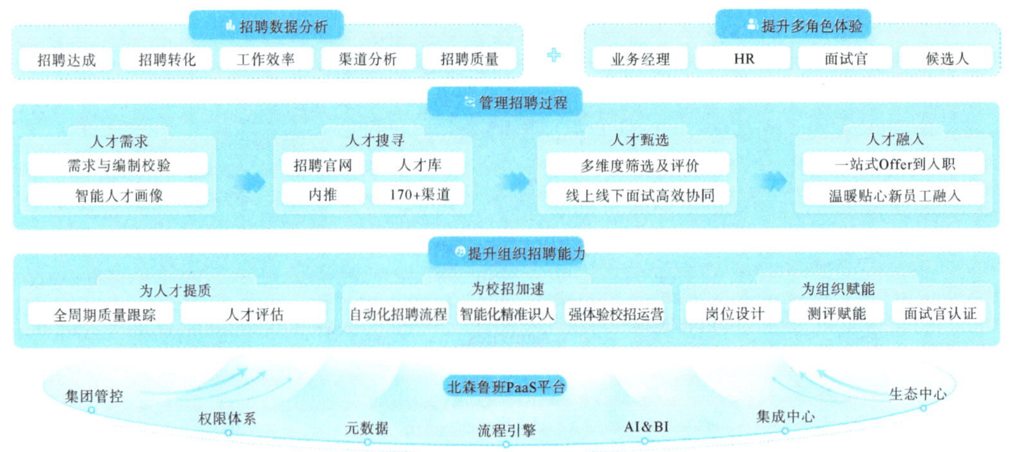

图 8-6　北森 PaaS 平台招聘管理

渠道费用更容易控制，人才库价值可以提高 69%，可以很容易地建立起一个漂亮的招聘网站，提高公司的品牌价值。

图 8-7 为北森 PaaS 平台招聘管理全流程自动化。

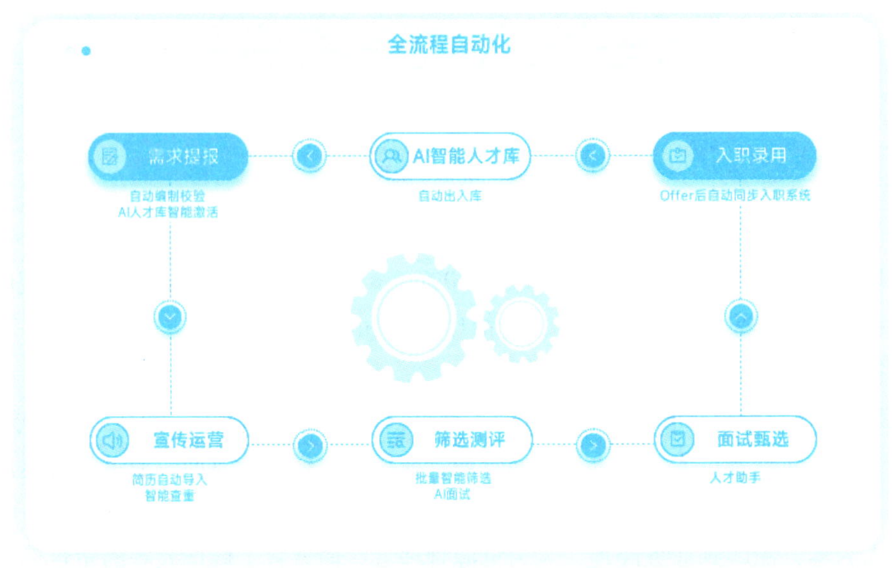

图 8-7　北森 PaaS 平台招聘管理全流程自动化

人和岗位的精确匹配，让人才发现错误减少了 70%。以高质量的人才画像为基础，把人才的标准贯穿到整个过程中，测试和招聘的一体化，提高了人才的辨识准确度，整个生命周期的数据观察，五个板块，10 个报表，近百个指标都是现成的。

多角色的招聘体验，让应聘者的满意度提高了 56%；商务经理的办公桌，一页就能看懂整个企业的招聘情况，面试官的面试、看简历和评估同步进行，效率倍增，应聘者可以快速投递简历，自主约面，企业微沟通，让求职变得更加便捷，腾讯的面试，以及飞书、钉钉、OA 等系统的通知，都能在短时间内实现。

（二）人才测评

如图 8-8 所示，北森猎头公司为求职者及员工的能力、素质、性格、行为习惯等方面提供了一套科学的测评工具及应用服务，协助企业对应聘者及员工的能力、素质、性格、行为习惯等进行全方位的了解，从而为人才的引进与选拔培训提供科学的参考。北森 PaaS 人才测评平台具有较强的行业影响力，北森在人才标注方面，自主研发了北森内置岗位模型库，企业自定义岗位模型库，北森标准测评方案库，以及测评方案等。北森还建设了自己的人才数据中心，包含一体化人才测评档案、团队数据洞察、全行业数据对标、测评应用最佳实践等。

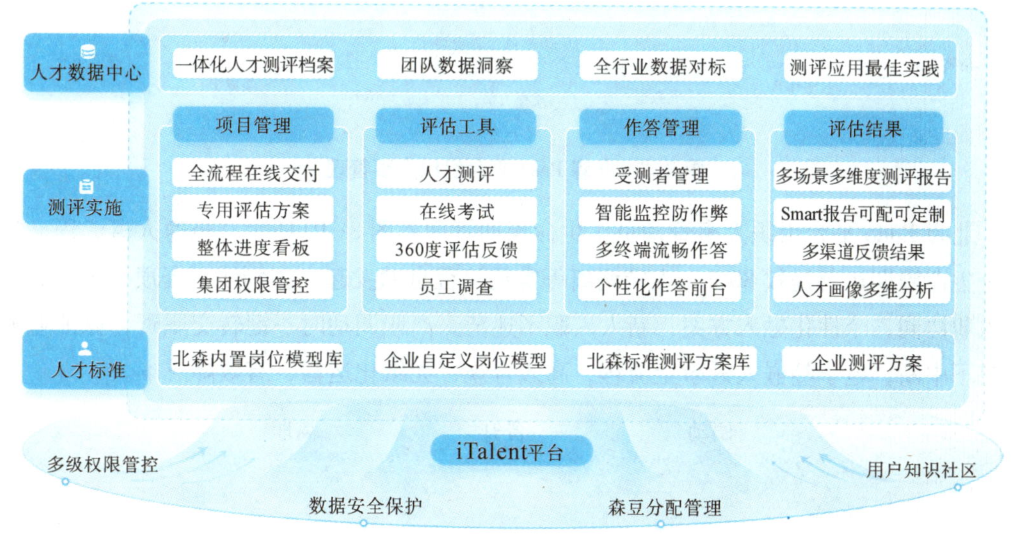

图 8-8 北森 PaaS 平台人才测评

公司有专门的测试中心，可以根据需要进行整个过程的设计，在项目的每一个阶段都有自己的需求，从而创造出一个属于自己的人才数字化系统。人性化的多终端体验，注重测试者的感受，建立方便、舒适、亲切的测试平台，获得优质的测评资料。

（三）组织人事管理

北森 PaaS 平台组织人事管理如图 8-9 所示。灵活的组织管理，灵活的人力计划，多业态、多法人、多层级的组织结构，为集团的经营提供了高效的支持。分步指导，拖拽式的组织调整，对策略的改变作出了快速的反应，建立了一套灵活的岗位制度，将人才发展的通道整合起来，实现了全面的编制管理，让强弱管控收放自如。

角色工作台，全场景的角色全场景；首席执行官的数据驾驶舱，掌控公司的整体布局；负责管理岗位，了解本部门的现状，并推动工作目标的实现；专属 HR 工作站，全面掌控团队全景，成为企业的好参谋；给员工发奖章、打赏、祝福等社交软件，让员工们有了更多的成就感。

图 8-9　北森 PaaS 平台组织人事管理

北森 PaaS 平台组织人事管理员工生命周期管理如图 8-10 所示。极速人事流程，员工全生命周期运营提效 80%，入转调离等常见流程自助发起，告别线下繁琐手续，流程化入职协同，个性化融入方案，新人入职不迷茫，离职调动时一键转交职责，保证业务连贯不中断，电子签嵌入人事全流程，高效合规，无纸化运营，有效降成本。

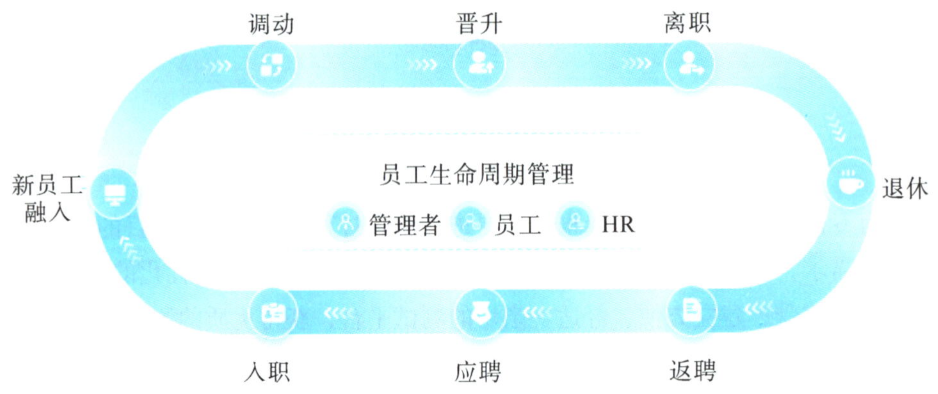

图 8-10　北森 PaaS 平台组织人事管理员工生命周期管理

二、中智集团

（一）招聘培训

中智集团以其十余年累积的人才储备及广阔的关系网，以及良好的品牌影响力，不断吸收着大批优秀的人才。公司拥有十余年的猎头服务经验，建立了多样化的猎头渠道，帮助企业快速寻找合适的人才。招聘团队都是一群拥有多年招聘经验的资深咨询人员，他们能够为客户提供专业而有效的招聘服务。

中智集团招聘培训如图 8-11 所示。

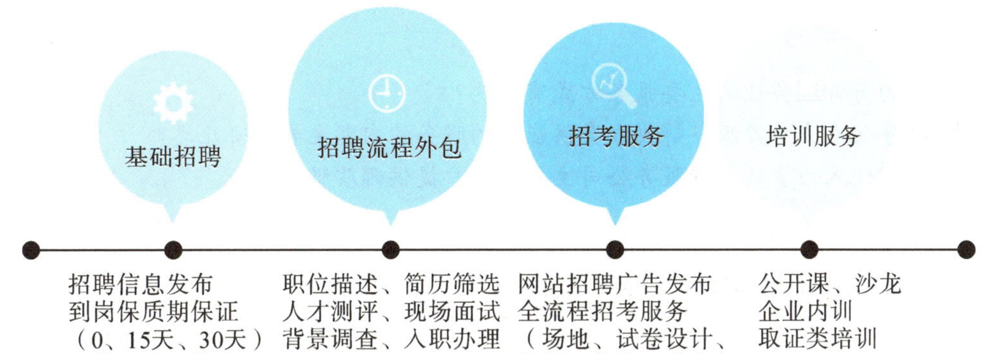

图 8-11 中智集团招聘培训

（二）管理咨询

中智依托多家现代化的人力资源研究所、业务拓展中心、专业咨询团队，自主研发并构筑起一整套完整的、由多种类型的产品构成的完整的服务链条。

定制，以适应变化。从企业的实际出发，既要注意规划的科学性，又要考虑到将来公司的环境会发生什么样的变化，要注意可操作性和灵活性。

系统性思维，整体性构建。综合考虑咨询服务与信息技术建设，将两者有机地融合在一起，使企业的人力资源管理费用降到最低，从而提升企业的经营水平。

服务内容：①人力资源诊断；②人力资源规划；③组织管理及组织体系设计；④中长期激励体系设计；⑤薪酬福利体系设计；⑥绩效管理体系设计。

（三）岗位外包

灵活雇佣模式是一种比较好地解决员工流失问题的战略与办法，可以使企业因经营活动的不断变化而引起人力资源需求的改变。对于临时的、辅助性的岗位，可以根据企业的时间周期和人员需求的多少，适时地增加或减少。灵活的用人机制保证了人才的人尽其才，从而推动了企业的效率不断提高。

通过实施岗位外包服务，实现“招人不养人”，提高企业在面临风险时的组织适应力能力。不需要专门的人员和机构来管理服务人员，只需要作出相应的规定，根据服务的内容来引导和评价。同时也免去了长期规定聘请和留住人才所需的高昂薪酬，降低了顾客的负担，方便了顾客在职业发展的变动中增加或减少人员。

中智集团与劳务派遣方签署劳务合同，劳务派遣方与中智集团无劳动关系，劳务派遣方可免除其与中智集团发生劳动争议。与此同时，劳务外包服务程序简单，见效快，风险小。

【讨论与思考题】

1. 人力资源服务业的主要服务方式有哪些？
2. 数字化人力资源服务解决方案供应商的服务的内容主要有哪几类？
3. 数字化人力资源咨询服务公司主要为客户提供哪些服务？

【案例 8-1】

光迅科技："产品"转向"用户"为核心的生态战略

一、概述

光迅技术是我国第一家在深圳股票交易所上市的光电设备企业，它的前身是 1976 年设立在国家邮政局的固态元件研究所。

在"立足于集团核心能力，向外拓展，构建金字塔形的多元文化产业格局"创新战略的指引下，光迅集团已开始走出一条以文化为主线、以产业为主线、以资本运作为保证、以多元化经营为保证的多元化发展道路。

但是，这种转变的途径是：在外部，要抓住中国文化制度改革和传媒产业结构调整的大好时机，采取战略投资、并购、重组、合作等各种形式，实现多元化发展，然而，在实行了内部多元化发展战略，进行重组之后，一定会面临许多问题，如何使集团各企业的文化和业务融合起来？团队管理是什么？怎样才能使集团内的资源发挥到最大的作用？怎么能看到机会，怎么能赚钱？这是当前报业在战略转变之后所要面对的一个关键问题。

二、人力资源管理挑战

光迅技术有限公司的战略目标是做一家世界一流的光电设备制造商。光迅科技以此为基础，以构建高增值的光芯片平台为战略方向，通过两条路径：一是通过自主研发的芯片，在光组件领域构筑起自己的竞争壁垒，增加盈利，从而享受 5G 对光通信行业的高速发展；二是充分发挥光芯片研发的优势，由传统光通信领域向消费类电子、量子通信等领域延伸。因此，光迅科技的数字化人力资源管理究竟要在公司的战略发展中，发挥怎样的作用？

1. "人力资源支撑战略和业务"

能够以战略伙伴的身份参与到企业的战略决策之中，对企业的策略进行持续的接触和影响，并且以一种更加具有战略意义的方式对人力资源进行管理，对其进行规划，指导其管理行为；作为商业合作伙伴，对企业的经营状况有深刻的理解，并为其建立起良好的沟通渠道，并为其提供专业的 HR 解决方案。

2. "以业务发展为导向，优化 HR 管理结构"

现在，战略工作占据了 6%，开发性工作占据了 17%，事务性工作占据了 77%，整个人力资源管理工作陷入了事务性工作之中，不能为公司的发展提供很好的支持。在今后，期望能够对人力资源管理架构进行优化，加强战略性和开发性工作，减少事务性工作的比例，为业务提供更好的支持，促进公司的发展。

3. "决策分析，支持业务"

在此基础上，结合企业的战略与业务的发展，建立了一个人力资源的数据分析模式，为企业的发展提供了一个组织和一个员工的配备。在此基础上，还可以将人力资源的数据与企业的运营、业务进行联系和分析，从而为企业的合并或者是扩大企业的经营活动提供决策参考。

三、数字化人力资源解决方案

光讯科技在构建高附加值光学芯片平台的过程中，最重要的一项工作就是引入和培育高技术人才。因此，光迅科技集团提出了“建立一个支持集团战略实施的团队”的人力资源管理战略，主要工作有两个部分：一是选择合适的人选，给团队提供足够的、有实施策略能力的人才；二是用人，育人，激发人，充分发挥员工的积极性。要实现企业的战略目标，需要建立一种与业务发展模式相适应的集成人力资源数字化运营体系，重点是要强化人力资源组织结构支持、人力资源制度体系支持、人力资源数字化系统支持这三个支撑建设。

光迅科技人力资源规划落实路径如图 8-12 所示。

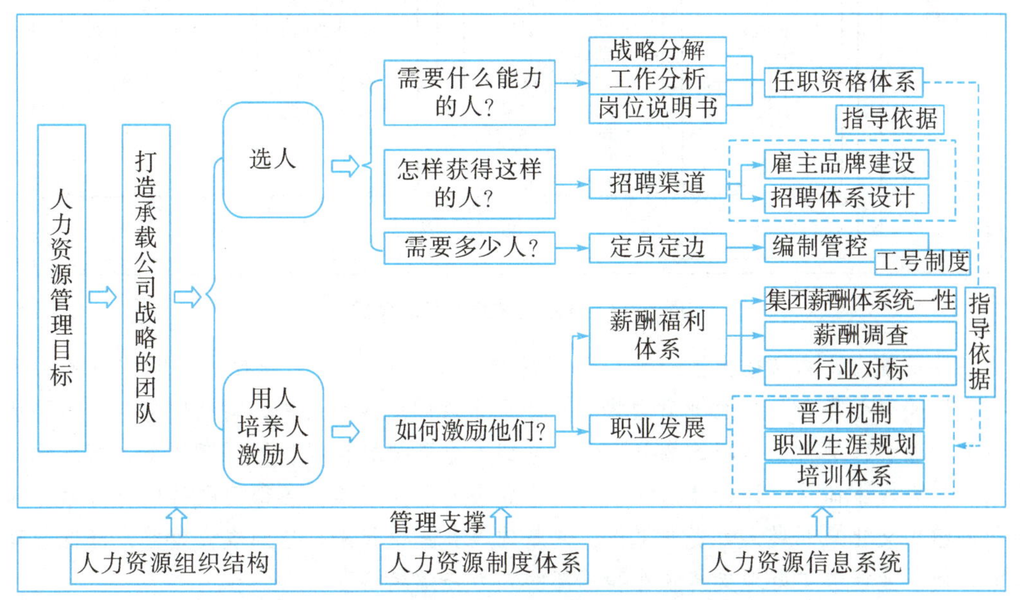

图 8-12 光迅科技人力资源规划落实路径

光迅技术集团公司于 2020 年 9 月联合金蝶软件公司，正式启动了集团人力资源信息化平台的构建工作。通过两个项目团队一年多的共同努力，在金蝶企业人力资源管理系统的帮助下，建立起了一个面向企业发展的统一的、基于企业发展的数字化人力资源管理平台。

1. “职能制”转向“能力素质业务制”

光迅科技企业管理模式如图 8-13 所示。

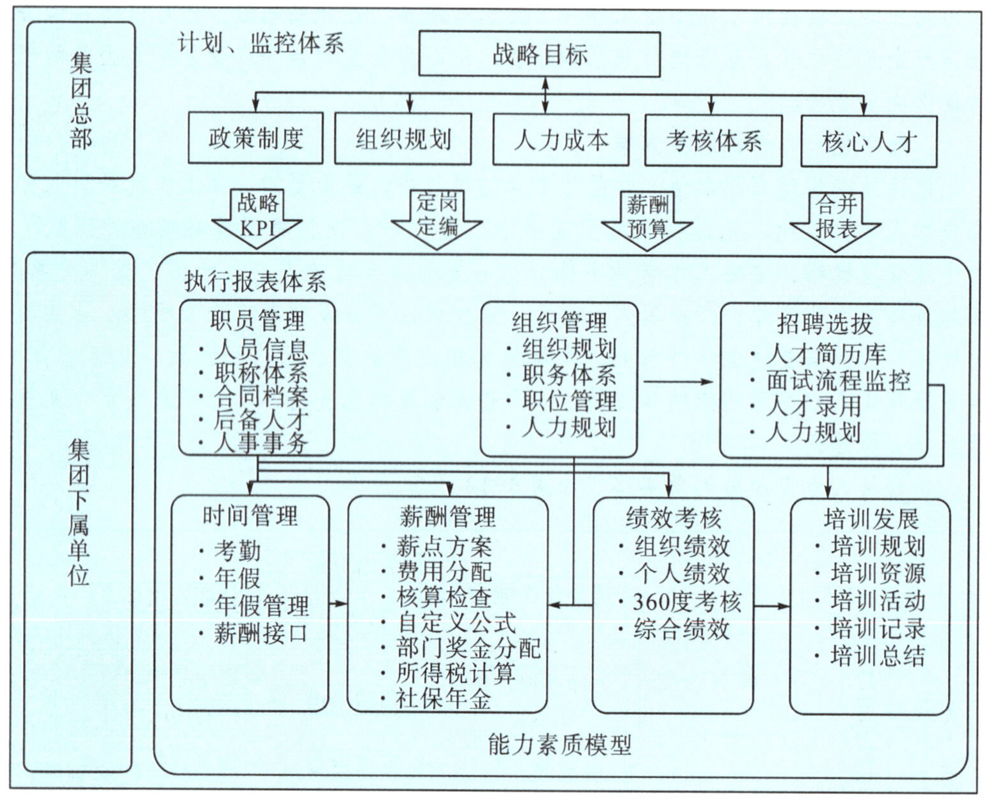

图 8-13 光迅科技企业管理模式

在此基础上，本文提出了一种基于“功能分工”的企业管理模式，即“以能力为导向、以顾客为导向”的企业管理模式。在重组后的组织结构中，对集团总部及其下属单位的管理责任进行了清晰的划分，集团总部人力资源的构成包括制度体系、组织规划体系、人力成本体系、评价体系和核心人才五个方面。而集团各部门则将以能力素养为指导的组织文化来开展人力资源工作，使基础事务集中起来，达到规模效益，降低管理成本，使企业能够更好地支持企业和总部的人力资源战略。

2.“无序化管理”转向“规范化管理”

“金蝶 S-HR 系统上线后，人事业务流程效率有了很大的提高，再也不用拿着审批单据到处找领导签字了。”光迅科技的 HRBP 在项目总结时提到。在此之前，光迅科技的人事审批过程比较烦琐，也比较混乱，经过两个团队的共同努力，金蝶的 HR 系统对入职、转正、调动、离职、退休、签订合同等各个部门的电子化审批过程进行了标准化，员工和经理可以通过这个自助的入口，独立地进行各种流程的启动和审批。电子化的工作过程避免了人为干涉，使人员工作过程标准化，为数字人力资源联网打下了基础。

光迅科技关键解决方案如图 8-14 所示。

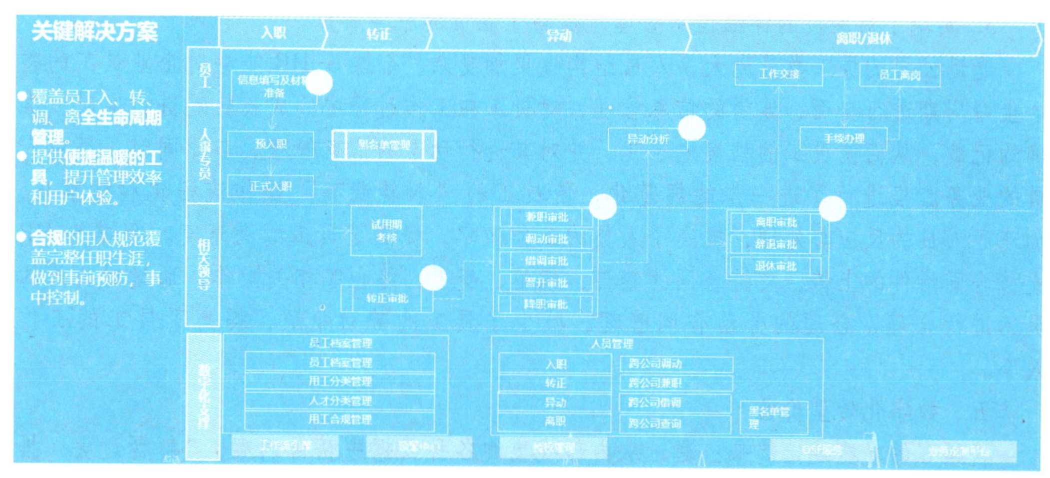

图 8-14　光迅科技关键解决方案

3.“拍脑袋决策”转向“数字化决策”

金蝶 S-HR 信息化系统主要是通过对企业的基本数据和海量的商业数据进行采集，对与企业发展策略有关的数据进行统计、分析，从而判定并解答出与企业发展策略有关的人员数量、类型、能力要求和发展趋势等问题，这一点可以帮助职业人士制定出恰当的人力资源策略和具体的人力资源规划，另一方面能够提供实时、精确的数据分析，保证企业高管能够及时、准确地掌握集团的人力资源情况，为公司的经营决策提供有力的支持。例如，在招聘程序中，企业可以迅速地筛选出合适的候选人，在大量的数据支撑下，再加上一个合理的模式，可以迅速地筛选出合适的人选。另外，还能根据过去的资料，对公司未来的人力资源发展方向和需求动向进行预测，从而提早进行人力资源开发的决策。

四、数字化人力资源管理价值

1. 提升了人力资源集团管控能力，辅助战略决策

从光讯科技的总体战略、股权结构、行业板块、子公司的成熟程度和管理水平以及企业规模等方面来看，金蝶的 S-HR 采用的是“集—而治之”的适当管理方式，同时还对集团内部各企业的人力资源管控的权责、管理手段和业务过程做了区别性的规划。在此基础上，对集团内部的超额雇佣进行弹性控制，在线审批员工需求，对工资总额进行控制，对薪酬预算执行的风险进行监测，并对下级公司进行差别化的人力成本控制和人力效率进行分析，从而使整个人力集团的控制水平得到极大的提高，为战略的实施提供支持。

2. 优化了人力资源战略、开发、事务管理结构，支撑业务发展

在原来的人事管理架构中，6%是战略型工作，17%是开发性工作，77%是事务性工作，人事管理仍然以事务性工作为主，利用金蝶 S-HR 系统，人力战略规划、组织发展、资源配置等战略工作的比重提高到 15%，人才引进、培养、考核、激励等人力资源开发比重提高到 50%，而入职手续、签订合同、开具凭证、薪酬发放等事务性工作减少到 35%，人力资源管理工作重心从事务性工作转向开发性工作，有效支撑业务发展。

3. 实现了对雇员的详细信息管理，提高了雇员的服务质量。

光迅公司的员工数量庞大，人员结构也更加复杂。金蝶 S-HR 能够对企业员工的整个生命周期进行全面、连贯的信息管理，对员工在工作过程中的成长轨迹进行实时、准确的记载，从而使员工的档案电子化，并对其进行动态的信息管理。与此同时，还对人员的业务流程进行了进一步的规范化，使员工的“入转调离”操作流程化和标准化，加速了人员的反应与处理，提高了人员的工作效率，提高了员工的满意度。金蝶 S-HR 支持合同附件的上传，支持合同的签订，续签，变更，终止等相关操作；通过对公司的员工进行合理、合理的劳动合同管理，减少了员工的劳动争议，提高了员工的工作效率。

五、数字化转型价值

将顾客的功能连接起来：通过从内部收集的各种数据中获得洞察，“解释过去，推动现在，决定未来”，改善企业的业绩，帮助企业取得总体的成功。

将员工的能力连接起来：以“制度流程化、流程系统化、系统数据化”的方式，将人力资源运作流程融入数字化系统平台，经过反复的过程，将更多的能量逐渐地释放到高价值的工作上，按照“用户为中心”的原则，实现数字化的服务体验。

文化转换：国有企业重组，新制度、新模式与现行运营模式并存，企业高层和员工都认同数字化转型，更加坚定了数字化转型的决心。并以“价值服务”“价值创造”为指导，使光迅公司的 HR 从战略向运作、管控转变，达到精益管理的目的。

国有企业数字化转型，通过组织重组，建立了全新的数字化作战能力，对员工的连接进行了重新配置，通过“制度流程化、流程系统化、系统数据化”的方式，将人力资源运作流程融入数字化系统平台，经过反复的过程，逐渐将更多的精力放在了高价值的工作上，按照“用户为中心”的原则，实现了数字化的服务体验。通过对内部沉淀的各种数据进行分析，重新构建联系顾客的能力，以获得“解释过去，驱动现在，决定未来”的洞察，提升企业内部的业绩，并帮助企业取得总体的成功。

思考题：

1. 请思考光迅科技数字化人力资源转型的主要驱动因素。
2. 请分析光迅科技数字化人力资源转型的主要举措。
3. 请分析光迅科技数字化人力资源转型取得的主要成效。

参考文献

王永贵，汪淋淋，2021. 传统企业数字化转型战略的类型识别与转型模式选择研究［J/OL］. 管理评论，33（11）：84－93. https://doi.org/10.14120/j.cnki.cn11－5057/f.20211123.001.

易露霞，吴非，徐斯旸，2021. 企业数字化转型的业绩驱动效应研究［J］. 证券市场导报（8）：15－25，69.

翟云，蒋敏娟，王伟玲，2021. 中国数字化转型的理论阐释与运行机制［J/OL］. 电子政务（6）：67－84. https://doi.org/10.16582/j.cnki.dzzw.2021.06.007.

TENG X，WU Z，YANG F，2022. Research on the relationship between digital transformation and performance of SMEs［J/OL］. Sustainability，14（10）：6012. https://doi.org/10.3390/su14106012.

MATT C，HESS T，BENLIAN A，2015. Digital transformation strategies［J/OL］. Business & Information Systems Engineering，57（5）：339－343. https://doi.org/10.1007/s12599－015－0401－5.

VIAL G，2019. Understanding digital transformation：A review and a research agenda［J/OL］. The Journal of Strategic Information Systems，28（2）：118－144. https://doi.org/10.1016/j.jsis.2019.01.003.

李辉，梁丹丹，2020. 企业数字化转型的机制、路径与对策［J］. 贵州社会科学（10）：120－125.

莫国柱，2021. 发电企业数据资产管理体系规划与建设［J］. 现代科学仪器，38（5）：255－259.

关晓晴，张鸿辉，2022. 深化转型发展，从“规划+”走向“智慧+”——访广东国地规划科技股份有限公司联席总裁张鸿辉［J］. 中国测绘（7）：70－73.

宋元明，2021. 企业数字化的方案设计与实施步骤——基于中国石油、中国石化和中国海油的多案例分析［J］. 管理会计研究（4）：13－21，87.

郭克莎，田潇潇，2021. 加快构建新发展格局与制造业转型升级路径［J］. 中国工业经济（11）：44－58.

万倩，康婕，2023. 企业经营管理视角下数字化转型的发展研究［J］. 商场现代化（12）：91－93.

李树，王雨，2023. 企业数字化转型与内部收入不平等［J］. 产业经济评论（1）：81-104.

李开潮，2021. 企业数字化转型文献综述［J］. 现代商业（31）：26-28.

廖福崇，2022. 数字治理体系建设：要素、特征与生成机制［J］. 行政管理改革，7（7）：84-92.

王琼洁，高婴劢，2020. 数字经济新业态新模式发展研判［J］. 软件和集成电路（8）：82-86，88，90.

钟葳，梁丽芝，张运，2022. 基于用户技术接受模型的政府数据开放平台研究：以深圳政府数据开放平台为例［J］. 湖南工业大学学报（社会科学版），27（6）：47-54.

张英奇，吴一凡，薛雨田，等，2022. 平台经济违法犯罪概述［J］. 中国农业会计（10）：44-46.

曾峰，2021. 平台经济发展如何严监管补短板［J］. 中国集体经济（28）：32-33.

王世婷，2024. 数字化时代制造业企业人力资源管理思考［J］. 合作经济与科技，（17）：115-117.

庄宇韬，2023. 企业数字化人力资源管理探讨［J］. 合作经济与科技（4）：113-115.

李晟，刘海真，2023. 高精尖企业人力资源管理数字化转型策略［J］. 合作经济与科技（18）：130-132.

李亚杰，2023. 大数据时代企业人力资源管理数字化转型的对策研究［J］. 中小企业管理与科技（8）：82-85.

朱文菁，2023. 企业人力资源管理数字化转型策略研究——以碧桂园公司为例［J］. 商展经济（4）：162-164.

徐瑞，2024. 数字化政务背景下基层政务服务人力资源管理的策略［J］. 今日财富（18）：86-88.

孙刚俭，2024. 人工智能时代人力资源管理的创新发展策略研究［J］. 商展经济（11）：177-180.

冯雅力，2024. 数字化转型背景下酒店人力资源管理课程改革效果差异性研究［J］. 陕西开放大学学报，26（2）：83-89.

孙乔，薛婧，李书杰，等，2024. 科研行业单位人力资源管理数字化转型之路怎么走［J］. 中国商界（6）：121-123.

陈同扬，包心怡，2024. 构建数字化人力资源管理系统［J］. 人力资源（11）：112-113.

李方方，2024. 数字化时代的人力资源转型［J］. 财经界（15）：174-176.

曾歌，冷德俊，高佳薇，等，2024. 大数据背景下民办高校人力资源管理数字化转型研究［J］. 经济师（6）：204-206.

张占英，2024. ZK 公司人力资源管理数字化转型策略研究［D］. 北京：北方工业大学.

张英，2022. 数字化时代能源行业人力资源管理发展趋势及创新路径研究［J］. 财经界（24）：171-173.

黄曼，2024. 数字化时代事业单位人力资源管理模式研究［J］. 环渤海经济瞭望（5）：107-110.

张慧明，2024. 数字化时代下的人力资源战略与人事管理创新［J］. 老字号品牌营销（10）：97-99.

马海刚，2022. HR+数字化［M］. 北京：中国人民大学出版社，2022.

王骁，2020. 从数字化到智慧化：高校人力资源管理系统的应用现状与发展趋势［J］. 人力资源（2）：68-69.

孙刚俭，2024. 人工智能时代人力资源管理的创新发展策略研究［J］. 商展经济（11）：177-180.

李羽飞，2023. 数字化背景下人力资源管理发展路径研究［J］. 商业 2.0（15）：4-6.

许彩慧，孙小泽，2024. 数字经济窗口期下中国产业链数字化转型面临的挑战及路径探析［J］. 当代经济管理，46（1）：43-51.

刘书生，陈莹，等，2023. 人力资源管理数据分析［M］. 北京：中国商业出版社.

任康磊，2022. 人力资源量化管理与数据分析［M］. 北京：人民邮电出版社.

陈雪频，2021. 一本书读懂数字化转型［M］. 北京：机械工业出版社.

李燕萍，李乐，胡翔，2021. 数字化人力资源管理：整合框架与研究展望［J］. 科技进步与对策，38（23）：151-160.

郭红丽，袁道唯，2010. 客户体验管理［M］. 北京：清华大学出版社.

罗文豪，霍伟伟，赵宜萱，等，2022. 人工智能驱动的组织与人力资源管理变革：实践洞察与研究方向［J］. 中国人力资源开发（1）：4-16.

陈春花，刘超，2020. 数字化生存与管理价值重构（五）平衡个体与组织目标：共生人力资源下的 OKR 探索［J］. 企业管理（10）：100-102.

沈向洋，施博德，2018. 计算未来-人工智能及社会角色［M］. 北京：北京大学出版社.

龙立荣，梁佳佳，董婧霓，2021. 平台零工工作者的人力资源管理：挑战与对策［J］. 中国人力资源开发（10）：6-9.

陈德金，2020. OKR，追求卓越的管理工具［J］. 清华管理评论（12）：78-83.

刘书博，2021. 算法时代，人的力量［J］. 清华管理评论（4）：95-101.

伯纳德·马尔，2019. 人力资源数据分析：人工智能时代的人力资源管理［M］. 北京：机械工业出版社.

黄诗龙，项杰，2013. “大数据”点亮人力资源管理系统的“大智慧”：结合新华社人力资源大数据实践探析［J］. 中国传媒科技（23）：76-78.

张德，2016. 人力资源开发与管理［M］. 5 版. 北京：清华大学出版社.

张军伟，龙立荣，王桃林，2017. 高绩效工作系统对员工工作绩效的影响：自我概念的视角［J］. 管理评论（3）：136-146.

王琦，吴清军，杨伟国，2018. 平台企业劳动用工性质研究：基于 P 网约车平台的案例［J］. 中国人力资源开发，35（8）：96-104.

靳娟，2024. 数字化人力资源管理［M］. 北京：首都经济贸易大学出版社.

汪鑫，2022. 人力资源数字化管理（中级）［M］. 上海：复旦大学出版社.

刘凤瑜，2020. 人力资源服务与数字化转型：新时代人力资源管理如何与新技术融合［M］. 北京：人民邮电出版社.

蔡治，2016. 大数据时代的人力资源管理［M］. 北京：清华大学出版社.

艾媒咨询，2021. 2021年中国招聘数字化现状专题研究报告［R］. 广州：艾媒研究院.

李方方，2024. 数字化时代的人力资源转型［J］. 财经界（15）：174-176.

蔡治，2016. 大数据时代的人力资源管理［M］. 北京：清华大学出版社.

杨健，2016. 降维打击："互联网+大数据"时代颠覆性变革的力量［M］. 北京：北京时代华文书局.

杜启，2017. 大数据大战略［M］. 北京：中国言实出版社.

江青编，2018. 数字中国：大数据与政府管理决策［M］. 北京：中国人民大学出版社.

黄诗龙，项杰，2013. "大数据"点亮人力资源管理系统的"大智慧"：结合新华社人力资源大数据实践探析［J］. 中国传媒科技（23）：76-78.

李利香，2019. "互联网+"和大数据环境下的人力资源管理创新路径［J］. 知识经济（16）：11-13.

叶红春，王昕正，2019. 大数据背景下企业人力资源管理应用研究［J］. 人才资源开发（11）：65-67.

姚凯，桂弘诣，2018. 大数据人力资源管理：变革与挑战［J］. 复旦学报（社会科学版），60（3）：146-155.

张欣瑞，范正芳，陶晓波，2015. 大数据在人力资源管理中的应用空间与挑战：基于谷歌与腾讯的对比分析［J］. 中国人力资源开发（22）：52-57.

石恒，2019. 大数据时代A水泥制造企业人力资源管理的优化研究［D］. 北京：北京邮电大学.

王元元，2017. 大数据时代互联网企业人力资源管理研究［D］. 北京：中央民族大学.

孟萍莉，李曼，2023. 国际数字服务税发展及我国的应对策略［J］. 价格理论与实践（3）：120-123，205.

马聪，李梦莹，2018. 电信业数字化趋势下运营商人才转型研究［J］. 互联网天地（6）：26-33.

SMITH A，JOHNSON B，WILLIAMS C，2022. The impact of digital health management tools on employee absenteeism and productivity［J］. Journal of Occupational Health，54（3）：210-217.

JOHNSON L，WILLIAMS M，2023. Effectiveness of mental health support apps in reducing workplace stress and improving employee well-being［J］. International Journal of Stress Management，20（1）：85-98.

ANDERSON N，POTOCNIK K，ZHOU J，2014. Innovation and creativity in organizations: a state-of-the-science review, prospective commentary, and guiding framework [J]. Journal of management, 40 (5): 1297-1333.

BASU S, MAJUMDAR B, MUKHERJEE K, et al., 2023. Artificial intelligence-hrm interactions and outcomes: a systematic review and causal configurational explanation [J]. Human Resource Management Review, 33 (1): 1-16.

BAYGI R M, INTRONA L D, HULTIN L, 2021. Everything flows: studying continuous socio-technological transformation in a fluid anddynamic digital world [J]. Mis Quarterly, 45 (1): 423-456.

BHAVE D P, TEO L H, DALAL R S, 2020. Privacy at work: a review and a research agenda for a contested terrain [J]. Journal of Management, 46 (1): 127-164.